2025

고졸 NCS
문제해결능력

핵심이론 + 예상문제

타임 NCS 연구소

2025
고졸 NCS 문제해결능력 핵심이론 + 예상문제

인쇄일 2025년 1월 1일 4판 1쇄 인쇄
발행일 2025년 1월 5일 4판 1쇄 발행
등 록 제17-269호
판 권 시스컴2025

발행처 시스컴 출판사
발행인 송인식
지은이 타임 NCS 연구소

ISBN 979-11-6941-493-7 13320
정 가 16,000원

주소 서울시 금천구 가산디지털1로 225, 514호(가산포휴) | **홈페이지** www.siscom.co.kr
E-mail siscombooks@naver.com | **전화** 02)866-9311 | Fax 02)866-9312

발간 이후 발견된 정오사항은 나두공 홈페이지 도서정오표에서 알려드립니다(나두공 홈페이지 → 자격증 → 도서정오표).

머리말

NCS(국가직무능력표준, 이하 NCS)는 현장에서 직무를 수행하기 위해 요구되는 능력을 국가적 차원에서 표준화한 것으로 2015년부터 공공기관을 중심으로 본격적으로 실시되었습니다. NCS는 산하기관을 포함한 약 600여 개의 공공기관으로 확대 실시되었습니다.

NCS는 기존의 스펙위주의 채용과정을 줄이고자 실제로 직무에 필요한 능력을 위주로 평가하여 인재를 채용하겠다는 국가적 방침입니다. 기존 공공기관의 적성검사는 NCS 취지가 반영된 형태로 변하고 있기 때문에 변화하는 양상에 맞추어 NCS를 준비해야 합니다.

NCS 문제해결능력은 NCS 영역 중 핵심영역으로 출제되는 영역입니다. 문제해결능력은 명제찾기, 조건추론, 자료분석 등 다른 영역에 비해 문제 유형이 다양하며, 까다로운 지문을 상대할 뿐만 아니라 수리능력과 의사소통능력을 응용하고 분석해야 하는 영역입니다. 그렇기 때문에 취업준비생들은 문제해결능력의 정확한 출제유형을 알고, 다양한 문제를 학습함으로써 시험에 완벽하게 대비할 수 있도록 해야 합니다.

본서는 NCS 공식 홈페이지의 자료를 연구하여 필요한 지문과 이론을 정리하여 수록하였고, 이에 맞춰 실전문제를 수록하여 시험 대비에 충분한 연습을 할 수 있게 제작되었습니다.

취업준비생들에게 아름다운 합격이 함께하길 시스컴이 기원하겠습니다.

NCS(기초직업능력평가)란 무엇인가?

1. 표준의 개념

국가직무능력표준(NCS, national competency standards)은 산업현장에서 직무를 수행하기 위해 요구되는 지식 · 기술 소양 등의 내용을 국가가 산업부문별 수준별로 체계화한 것으로 산업현장의 직무를 성공적으로 수행하기 위해 필요한 능력(지식, 기술, 태도)을 국가적 차원에서 표준화한 것을 의미함

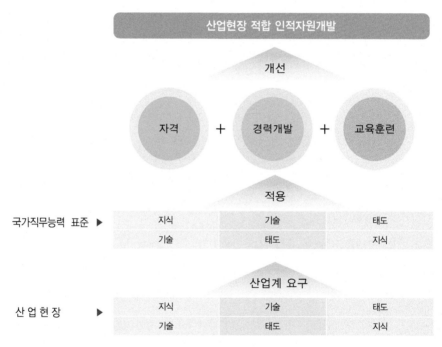

〈국가직무능력표준 개념도〉

2. 표준의 특성

Ⅰ 한 사람의 근로자가 해당 직업 내에서 소관 업무를 성공적으로 수행하기 위하여 요구되는 실제적인 수행 능력을 의미
- 직무수행능력 평가를 위한 최종 결과의 내용 반영
- 최종 결과는 '무엇을 하여야 한다' 보다는 '무엇을 할 수 있다'는 형식으로 제시

▎ 해당 직무를 수행하기 위한 모든 종류의 수행능력을 포괄하여 제시

- 직업능력 : 특정업무를 수행하기 위해 요구되는 능력
- 직업관리 능력 : 다양한 다른 직업을 계획하고 조직화하는 능력
- 돌발상황 대처능력 : 일상적인 업무가 마비되거나 예상치 못한 일이 발생했을 때 대처하는 능력
- 미래지향적 능력 : 해당 산업관련 기술적 및 환경적 변화를 예측하여 상황에 대처하는 능력

▎ 모듈(Module)형태의 구성

- 한 직업 내에서 근로자가 수행하는 개별 역할인 직무능력을 능력단위(unit)화 하여 개발
- 국가직무능력표준은 여러 개의 능력단위 집합으로 구성

▎ 산업계 단체가 주도적으로 참여하여 개발

- 해당분야 산업별인적자원개발협의체(SC), 관련 단체 등이 참여하여 국가직무능력표준 개발
- 산업현장에서 우수한 성과를 내고 있는 근로자 또는 전문가가 국가직무능력표준 개발 단계마다 참여

3. 표준의 활용 영역

- 국가직무능력표준은 산업현장의 직무수요를 체계적으로 분석하여 제시함으로써 '일-교육 · 훈련-자격'
을 연결하는 고리 즉 인적자원개발의 핵심 토대로 기능

〈국가직무능력표준의 기능〉

– 국가직무능력표준은교육훈련기관의 교육훈련과정, 직업능력개발 훈련기준 및 교재 개발 등에 활용되어 산업수요 맞춤형 인력양성에 기여함. 또한, 근로자를 대상으로 경력개발경로 개발, 직무기술서, 채용·배치·승진 체크리스트, 자가진단도구로 활용 가능함

– 한국산업인력공단에서는 국가직무능력표준을 활용하여 교육훈련과정, 훈련기준, 자격종목 설계, 출제기준 등제·개정시 활용함

– 한국직업능력개발원에서는 국가직무능력표준을 활용하여 전문대학 및 마이스터고·특성화고 교과과정을 개편함

구 분		활용콘텐츠
산업현장	근로자	평생경력개발경로, 자가진단도구
	기 업	직무기술서, 채용·배치·승진 체크리스트
교육훈련기관		교육훈련과정, 훈련기준, 교육훈련교재
자격시험기관		자격종목 설계, 출제기준, 시험문항, 시험방법

NCS 구성

능력단위

– 직무는 국가직무능력표준 분류체계의 세분류를 의미하고, 원칙상 세분류 단위에서 표준이 개발됨
– 능력단위는 국가직무능력표준 분류체계의 하위단위로서 국가직무능력표준의 기본 구성요소에 해당됨

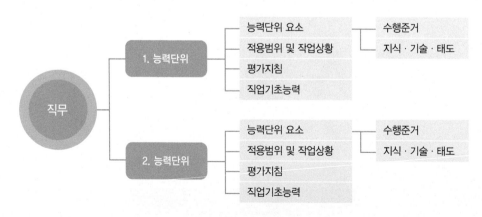

〈 국가직무능력표준 능력단위 구성 〉

NCS 기반 채용 전형절차

NCS 기반 채용 전형절차는 기존의 채용절차와 형식은 같지만 세부 내용은 다른 부분이 많음
이를 전형절차대로 살펴보면 다음과 같음

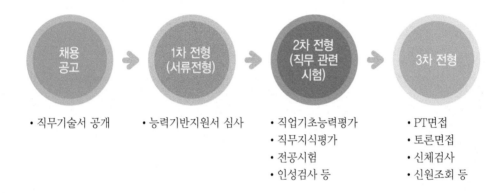

• 직무기술서 공개   • 능력기반지원서 심사   • 직업기초능력평가   • PT면접
                                              • 직무지식평가   • 토론면접
                                              • 전공시험   • 신체검사
                                              • 인성검사 등   • 신원조회 등

1. 채용공고

세부 직무기술서를 사전에 공개하여 어떤 직무 영역의 인재를 선발하는지 구체적으로 알 수 있고, 모집인원
역시 세부적으로 공개하여 지원자가 지원 영역에 대해 예측하고 선별할 수 있도록 함

2. 1차 전형(서류전형)

능력기반지원서는 기존의 인적사항, 학력, 외국어, 자격증 등의 항목 외에 직무관련성이 높은 사항 및 해당
직무에 기본적으로 갖추어야 하는 능력 관련 경험을 기재하도록 되어 있음

3. 2차 전형(직무관련 시험)

직업기초능력평가의 경우 10개의 영역 중 해당 기업체에서 중시하는 능력들을 채택하여 검사를 시행함. 또한
직무지식평가, 전공시험, 인성검사 등 해당 기업체에 따라 시행함

4. 3차 전형

PT면접, 토론면접, 신체검사, 신원조회 등이 시행됨. 1차 전형에서 제출했던 능력기반지원서에 대한 사항을
직무 관련 중심으로 확인하고, 지원자의 직무 영역에 대한 해당 기관의 실제 직무 상황이 주어지고 이에 대한
대처법 등을 답변으로 요구함

● 한국전력공사

❙ 채용절차

– 서류심사 : 입사지원서

– 필기시험

구분	사무	전기	ICT
직무능력검사	의사소통능력, 수리능력, 문제해결능력		
	자원관리능력, 정보능력	자원관리능력, 기술능력	정보능력, 기술능력

– 인성검사 : 태도, 직업윤리, 대인관계능력

– 직무면접/종합면접

직무면접	전공지식 등 직무수행능력
종합면접	인성, 조직적합도

※ 1차 전형은 『직무능력전형』, 『특성화고 재학생 전형』 별도진행,

　 2차 이후 통합전형

※ 3~4개월 인턴 근무 후 종합평가결과에 따라 일정비율의 인원 정규직 전환

※ 채용분야, 인원, 시기는 변경 가능

● 한국수력원자력

| 채용절차

– 서류전형 : 입사지원서

– 필기전형

구분	배점	내용
NCS 직무역량검사	50	• 직업기초능력검사 　– 의사소통, 수리, 문제해결, 자원관리, 기술능력 총 50문항 　– 해당영역의 근본적인 능력을 평가하는 간단한 문항부터 직무 맥락적인 상황을 포 　　함하는 긴 문항까지 다양한 형태의 문제출제 가능 • 직무수행능력검사 　– 선발분야별 기초전공지식 및 기초상식(원자력 · 회사 · 일반) 총 30문항 　– 기초전공지식의 경우 직무수행과 관련성이 있는 전공지식 중심의 문항출제
영어	50	• 토익브릿지 단체평가 결과 반영

– 인성검사/심리건강진단

– 면접전형

구분	배점	내용
면접	100	• 직업기초능력면접(40점) 　– 내용 : 자기소개서 기반 직업기초능력(근로윤리, 자기개발능력 등) 　– 평가를 위한 질의응답 진행(개인별 약 20분) 　– 평가등급 : A(40), B(35), C(30), D(25), E(부적격) • 직무수행능력면접(30점) 　– 내용 : 회사 직무상황 관련 주제에 대해서 문제해결 방안 토의, 개인별 질의응답을 통해 직 　　무수행능력(의사소통능력, 문제해결능력 등) 평가(조별 약 60분) 　– 평가등급 : A(30), B(25), C(20), D(15), E(부적격) • 관찰면접(30점) 　– 내용 : 조별과제 수행 관찰평가(의사소통능력, 대인관계능력, 문제해결능력 등)를 통해 지원 　　자의 인재상 부합여부 검증 (조별 약 120분) 　– 평가등급: A(30), B(25), C(20), D(15), E(부적격)

● 한국토지주택공사

┃ 채용절차

− 서류심사 : 입사지원서

− 필기전형

구분		문항수	평가기준
직무능력검사	NCS 직업기초능력	50	의사소통능력, 문제해결능력, 수리능력 등 (갑질 · 성희롱 · 직장내 괴롭힘 분야 5% 수준 포함)

※ NCS 배점의 40% 미만 득점자는 과락(불합격) 처리

− 면접전형 : 종합 심층면접(직무면접 + 인성면접)

면접방식	평가항목
온라인 인성검사(면접 참고자료)	태도, 직업윤리 등 인성전반
AI면접(면접 참고자료)	
직무역량 및 인성 검증면접 (자기소개서, 인성검사 결과지 등 활용 인터뷰 형식)	문제해결 및 논리전개 능력 등
	직업관, 가치관, 사회적 책임감 등

※ 코로나19 관련 사회적 거리두기 단계 상향 등 필요시 온라인 면접을 실시할 수 있으며, 면접방식 등 세부내용은 필기시험 합격자 발표 전후 홈페이지 안내 예정

● 한전kps

┃ 채용절차

- 1차전형 : 자격증, 직무능력기반지원서(적부판정)

- 2차전형

구분	배점	유의사항
응시분야별 직업기초능력(NCS)	100점	• 3배수 또는 5배수 선발
전공시험	50점	• 필기시험 결과 배점(150점)대비 40%미만 득점자는 합격배수에 상관없이 불합격

- 3차전형

구분	분야	유의사항
실기시험	용접, 중기분야	실기시험 결과 배점(200점)대비 40% 미만 득점자는 합격배수에 상관없이 불합격
개별면접	공통	
체력검정	송전분야	체력검정 부적격자는 합격배수에 상관없이 불합격
인성검사 · 신체검사 · 신원검사	공통	적부판정

※ 영어성적 : 제한 없음

※본서에 수록된 채용 정보는 추후 변경 가능성이 있으므로 반드시 응시 기간에 채용 홈페이지를 참고하시기 바랍니다.

구성과 특징

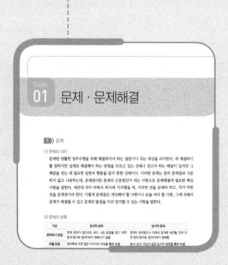

이론편

고졸 NCS 직업기초능력 평가와 직무수행능력평가를 완벽히 준비하기 위해서 문제해결능력의 이론을 요약·정리하여 수록하였습니다. 각 영역의 빈출이론, 핵심 개념을 충분히 공부할 수 있도록 수록하여 수험에 도움이 되도록 하였습니다.

문제편

각 영역의 예상문제들을 통해 실전감각을 익힐 수 있도록 하였습니다.

정답 및 해설

정답에 대한 해설뿐만 아니라 오답에 대한 해설도 상세히 설명하여, 학습한 내용을 체크할 수 있도록 하였습니다. 문제의 해설 이외에도 문제와 관련된 이론 내용을 첨부하여 관련 문제를 쉽게 이해하고 풀 수 있도록 하였습니다.

Tip

문제 풀이를 도와주는 공식과 시험에 꼭 출제되는 핵심 암기 이론을 수록하여, 실전에서 당황하지 않고 완벽히 대응할 수 있도록 하였습니다.

1 문제해결능력

- 문제해결능력의 기초 원리를 알아보고 문제해결의 전반적인 유형을 이해한다.
- 문제를 해결하고 개발시키기 위한 방법과 이를 방해하는 요소에 대해 공부한다.
- 목표와 현상을 분석하고, 이 분석 결과를 토대로 주요과제를 도출한다.
- 주어진 자료를 바탕으로 바람직한 상태나 기대되는 결과가 나타나도록 최적의 해결안을 찾아 실행, 평가해간다.
- 전체적이고 체계적인 관점을 가지고 근본적인 문제해결과정에 필요한 스킬 등을 습득한다.

2 사고력

- 당면한 문제를 해결하기 위해 이미 알고 있는 경험과 지식을 해체하여 다시 새로운 정보로 결합함으로써 가치 있는 참신한 아이디어를 산출한다.
- 사고의 전개에 있어서 전후의 관계가 일치하고 있는지를 살피고, 아이디어를 평가한다.
- 어떤 논증, 추론, 증거, 가치를 표현한 사례를 타당한 것으로 수용할 것인가 아니면 불합리한 것으로 거절할 것인가에 대한 결정을 내린다.
- 창의적, 논리적, 비판적 사고를 통해 주어진 무수한 정보 중에서 이를 알맞게 선택하고 다른 사람과 의견을 공유한다.
- 문제를 사전에 찾아내는 힘, 문제해결에 있어서 다각도로 힌트를 찾아내는 힘, 문제해결을 위해 끈기 있게 도전하는 태도를 기른다.

3 문제처리능력

- 목표와 현상을 분석하고 이 분석결과를 토대로 문제를 도출하여 최적의 해결책을 찾아 실행, 평가해간다.
- 문제해결 절차를 인식하고 순서에 맞추어 당면한 문제를 해결해간다.
- 해결해야 할 전체 문제를 파악하여 우선순위를 정하고, 선정문제에 대한 목표를 명확히 하여 분석한다.
- 파악된 핵심문제에 대한 분석을 통해 근본 원인을 도출하고 해결할 수 있는 최적의 해결방안을 수립한다.
- SWOT 분석, Logic Tree 방법 등의 문제해결 기법을 활용하여 주요 과제에 대한 전략과 문제해결 방안을 개발한다.

● 효율적인 시험 계획 작성법

Chapter별로 Page와 오답 수를 쓰고, 오답에 대한 개선점을 기입해 이후에 비슷한 유형의 문제를 접할 때, 같은 실수를 반복하지 않을 수 있다.

D-DAY	Chapter	Page	오답 수	오답노트	Check
DAY-30	명제	65 ~ 88	3	역과 대우를 혼동함	v

D-DAY	Chapter	Page	오답 수	오답노트	Check
D-30					
D-29					
D-28					
D-27					
D-26					
D-25					
D-24					
D-23					
D-22					
D-21					
D-20					
D-19					
D-18					
D-17					
D-16					
D-15					
D-14					
D-13					
D-12					
D-11					
D-10					
D-9					
D-8					
D-7					
D-6					
D-5					
D-4					
D-3					
D-2					
D-1					

CONTENTS

Part 01

이론편

문제 · 문제해결

1 〉〉 문제

(1) 문제의 의미

문제란 원활한 업무수행을 위해 해결되어야 하는 질문이나 의논 대상을 의미한다. 즉 해결하기를 원하지만 실제로 해결해야 하는 방법을 모르고 있는 상태나 얻고자 하는 해답이 있지만 그 해답을 얻는 데 필요한 일련의 행동을 알지 못한 상태이다. 이러한 문제는 흔히 문제점과 구분하지 않고 사용하는데, 문제점이란 문제의 근본원인이 되는 사항으로 문제해결에 필요한 핵심 사항을 말한다. 예컨대 차가 막혀서 회사에 지각했을 때, 지각한 것을 문제라 하고, 차가 막힌 것을 문제점이라 한다. 이렇게 문제점은 개선해야 할 사항이나 손을 써야 할 사항, 그에 의해서 문제가 해결될 수 있고 문제의 발생을 미리 방지할 수 있는 사항을 말한다.

(2) 문제의 분류

구분	창의적 문제	분석적 문제
문제제시 방법	현재 문제가 없더라도 보다 나은 방법을 찾기 위한 문제 탐구로 문제자체가 명확하지 않음	현재의 문제점이나 미래의 문제로 예견될 것에 대한 문제 탐구로, 문제자체가 명확함
해결 방법	창의력에 의한 많은 아이디어 작성을 통해 해결	분석, 논리, 귀납과 같은 논리적 방법을 통해 해결
해답 수	해답의 수가 많으며, 많은 답 가운데 보다 나은 것을 선택	답의 수가 적으며, 한정되어 있음
주요 특징	주관적, 직관적, 감각적, 정성적, 개별적, 특수적	객관적, 논리적, 정량적, 이성적, 일반적, 공통적

(3) 문제의 유형

문제를 효과적으로 해결하기 위해 문제의 유형을 파악하는 것이 우선시 되어야 한다. 문제의 유형은 그 기준에 따라 아래와 같이 구분될 수 있다.

① 기능에 따른 문제 유형

제조문제, 판매문제, 자금문제, 인사문제, 경리문제, 기술상 문제

② 해결방법에 따른 문제 유형

논리적 문제, 창의적 문제

③ 시간에 따른 문제 유형

과거문제, 현재문제, 미래문제

④ 업무수행과정 중 발생한 문제 유형

㉠ 발생형 문제(보이는 문제)

눈앞에 발생되어 당장 걱정하고 해결하기 위해 고민하는 문제를 의미한다. 발생형 문제는 눈에 보이는 이미 일어난 문제로, 어떤 기준을 일탈함으로써 생기는 일탈 문제와 기준에 미달하여 생기는 미달문제로 대변되며 원상복귀가 필요하다. 또한 문제의 원인이 내재되어 있기 때문에 원인지향적인 문제라고도 한다.

㉡ 탐색형 문제(찾는 문제)

현재의 상황을 개선하거나 효율을 높이기 위한 문제를 의미한다. 탐색형 문제는 눈에 보이지 않는 문제로, 이를 방치하면 뒤에 큰 손실이 따르거나 결국 해결할 수 없는 문제로 확대되기도 한다. 탐색형 문제는 잠재 문제, 예측 문제, 발견 문제의 세 가지 형태로 구분된다.

• 잠재 문제 : 문제가 잠재되어 있어 인식하지 못하다가 결국은 확대되어 해결이 어려워진 문제를 말한다. 잠재 문제는 숨어있기 때문에 조사 및 분석을 통해 찾을 수 있다.

• 예측 문제 : 지금 현재는 문제가 아니지만 계속해서 현재 상태로 진행할 경우를 가정하고 앞으로 일어날 수 있는 문제를 말한다.

• 발견 문제 : 현재로서는 담당 업무에 아무런 문제가 없으나 유사한 타 기업의 업무 방식이나 선진기업의 업무 방법 등의 정보를 얻음으로써 지금보다 좋은 제도나 기법, 기술을 발견하여 개선, 향상시킬 수 있는 문제를 뜻한다.

㉢ 설정형 문제(미래 문제)

미래 상황에 대응하는 장래의 경영전략의 문제 '앞으로 어떻게 할 것인가'에 대한 문제를 의미한다. 설정형 문제는 지금까지 해오던 것과 전혀 관계없이 미래 지향적으로 새로운 과제 또는 목표를 설정함에 따라 일어나는 문제로서, 목표 지향적 문제라고 할 수 있다. 이러한 문제를 해결하는 데에는 많은 창조적인 노력이 요구되기 때문에 창조적 문제라고도 한다.

2 〉 문제해결

(1) 문제해결의 정의 및 의의

① 문제해결의 정의

문제해결이란 목표와 현상을 분석하고, 이 분석 결과를 토대로 주요과제를 도출하여 바람직한 상태나 기대되는 결과가 나타나도록 최적의 해결안을 찾아 실행, 평가해 가는 활동을 의미한다.

② 문제해결의 의의

㉠ **조직 측면** : 자신이 속한 조직의 관련분야에서 세계 일류수준을 지향하며, 경쟁사와 대비하여 탁월하게 우위를 확보하기 위해 끊임없는 문제해결 요구

㉡ **고객 측면** : 고객이 불편하게 느끼는 부분을 찾아 개선과 고객감동을 통한 고객만족을 높이는 측면에서 문제해결 요구

㉢ **자기 자신 측면** : 불필요한 업무를 제거하거나 단순화하여 업무를 효율적으로 처리하게 됨으로써 자신을 경쟁력 있는 사람으로 만들어 나가는 데 문제해결 요구

(2) 문제해결의 기본요소

① 체계적인 교육훈련

문제해결을 위해서는 기존의 패러다임 등의 심리적 타성을 극복하고 새로운 아이디어를 효과적으로 낼 수 있어야 한다. 이를 위해서는 체계적인 교육훈련을 통해 창조적으로 문제해결 과정에 필요한 스킬 등을 습득하는 것이 필요하다.

② 문제해결방법에 대한 지식

문제해결을 위해서는 문제해결방법을 적절하게 사용할 수 있어야 하며, 여기에는 일반적인 문제에 적용되는 해결방법과 마케팅 등의 전문영역에 따른 해결방법이 있다.

③ 문제에 관련된 해당지식 가용성

문제해결방법에 대한 지식이 아무리 많다고 하더라도 해결하고자 하는 문제 자체에 대한 지식이 없다면 문제해결은 불가능하다.

④ 문제해결자의 도전의식과 끈기

현상에 대한 도전의식과 새로운 것을 추구하려는 자세, 난관에 봉착했을 때 헤쳐 나가려는 태도 등은 문제해결의 밑바탕이 된다.

⑤ 문제에 대한 체계적인 접근

전체적이고 체계적인 관점이 아닌 각 기능단위별로 개별적으로 바라보는 경우 각 기능과 기능 사이에는 사각지대가 발생하게 되며, 이는 지속적인 문제를 야기하는 요인이 된다.

(3) 문제해결 시 갖추어야 할 사고

① **전략적 사고**

현재 당면하고 있는 문제와 그 해결방법에만 집착하지 말고, 그 문제와 해결방안이 상위 시스템 또는 다른 문제와 어떻게 연결되어 있는지를 생각하는 것이 필요하다.

② **분석적 사고**

전체를 각각의 요소로 나누어 그 요소의 의미를 도출한 다음 우선순위를 부여하고 구체적인 문제해결방법을 실행하는 것이 요구된다.

㉠ **성과 지향의 문제** : 기대하는 결과를 명시하고 효과적으로 달성하는 방법을 사전에 구상하고 실행에 옮긴다.

㉡ **가설 지향의 문제** : 현상 및 원인분석 전에 지식과 경험을 바탕으로 일의 과정이나 결과, 결론을 가정한 다음 검증 후 사실일 경우 다음 단계의 일을 수행한다.

㉢ **사실 지향의 문제** : 일상 업무에서 일어나는 상식, 편견을 타파하여 객관적 사실로부터 사고와 행동을 출발한다.

③ **발상의 전환**

기존에 갖고 있는 사물과 세상을 바라보는 인식의 틀을 전환하여 새로운 관점에서 바라보는 사고를 지향한다.

④ **내 · 외부자원의 효과적인 활용**

문제해결 시 기술, 재료, 방법, 사람 등 필요한 자원 확보 계획을 수립하고 내 · 외부자원을 효과적으로 활용한다.

(4) 문제해결 시 방해요소

① **문제를 철저하게 분석하지 않는 경우**

어떤 문제가 발생하면 직관에 의해 성급하게 판단하여 문제의 본질을 명확하게 분석하지 않고 대책안을 수립하여 실행함으로써 근본적인 문제해결을 하지 못하거나 새로운 문제를 야기하는 결과를 초래할 수 있다.

② **고정관념에 얽매이는 경우**

상황이 무엇인지를 분석하기 전에 개인적인 편견이나 경험, 습관으로 증거와 논리에도 불구하고 정해진 규정과 틀에 얽매여서 새로운 아이디어와 가능성을 무시해 버릴 수 있다.

③ **쉽게 떠오르는 단순한 정보에 의지하는 경우**

문제해결에 있어 종종 우리가 알고 있는 단순한 정보들에 의존하여 문제를 해결하지 못하거나 오류를 범하게 된다.

④ **너무 많은 자료를 수집하려고 노력하는 경우**

무계획적인 자료 수집은 무엇이 제대로 된 자료인지를 알지 못하는 실수를 범할 우려가 많다.

(5) 문제해결 방법

① 소프트 어프로치(Soft approach)

    ㉠ 대부분의 기업에서 볼 수 있는 전형적인 스타일

    ㉡ 직접적인 표현보다는 암시를 통한 의사전달

    ㉢ 결론이 애매하게 끝나는 경우가 적지 않음

    ㉣ 조직 구성원들이 같은 문화적 토양을 가짐

    ㉤ 결론을 미리 그려가면서 권위나 공감에 의지함

② 하드 어프로치(HARD approach)

    ㉠ 직설적인 주장을 통한 논쟁과 협상

    ㉡ 논리, 즉 사실과 원칙에 근거한 토론

    ㉢ 창조적인 아이디어나 높은 만족감을 이끌어내기 어려움

    ㉣ 조직 구성원들이 상이한 문화적 토양을 가짐

    ㉤ 지도와 설득을 통해 전원이 합의하는 일치점 추구

    ㉥ 이론적으로는 가장 합리적인 방법

③ 퍼실리테이션(Faciliation)

    ㉠ 퍼실리테이션(Faciliation)이란 '촉진'을 의미하며, 어떤 그룹이나 집단이 의사결정을 잘하도록 도와주는 일을 가리킴

    ㉡ 깊이 있는 커뮤니케이션을 통해 서로의 문제점을 이해하고 공감함으로써 창조적인 문제해결을 도모함

    ㉢ 구성원의 동기가 강화되고 팀워크도 한층 강화된다는 특징을 보임

    ㉣ 구성원이 자율적으로 실행하는 것이며, 제3자가 합의점이나 줄거리를 준비해놓고 예정대로 결론이 도출되어 가는 것이어서는 안 됨

    ㉤ 퍼실리테이션에 필요한 기본 역량

- 문제의 탐색과 발견
- 문제해결을 위한 구성원 간의 커뮤니케이션 조정
- 합의를 도출하기 위한 구성원들 사이의 갈등 관리

Chapter 02 사고력

1 〉 창의적인 사고의 의의

사고력은 일상생활뿐만 아니라 공동체 생활의 문제를 해결하기 위해 요구되는 기본요소로서 창의적, 논리적, 비판적으로 생각하는 능력이다. 우리에게 주어진 무수한 정보 중에서 이를 알맞게 선택하고 다른 사람과 의견을 공유하기 위해서는 창의적, 논리적, 비판적 사고가 필수이며 이러한 사고력은 다양한 형태의 문제에 대처하고 자신들의 의견 및 행동을 피력하는 데 중요한 역할을 한다.

(1) 창의적인 사고란?

당면한 문제를 해결하기 위해 이미 알고 있는 경험과 지식을 해체하여 다시 새로운 정보로 결합함으로써 가치 있는 참신한 아이디어를 산출하는 사고이며, 다음과 같은 의미를 포함하고 있다.

① 발산적(확산적) 사고로서, 아이디어가 많고 다양하고 독특한 것을 의미한다.
② 새롭고 유용한 아이디어를 생산해 내는 정신적인 과정이다.
③ 통상적인 것이 아니라 기발하거나 신기하며 독창적인 것이다.
④ 유용하고 적절하며 가치가 있어야 한다.
⑤ 기존의 정보(지식, 상상, 개념 등)들을 특정한 요구조건에 맞거나 유용하도록 새롭게 조합시킨 것이다.

(2) 창의적인 사고의 특징

① **정보와 정보의 조합이다.**
정보는 주변에서 발견할 수 있는 지식(내적 정보)과 책이나 밖에서 본 현상(외부 정보)의 두 가지 형태를 의미하는데, 이러한 정보를 조합하여 최종적인 해답으로 통일하는 것이 창의적 사고의 출발이다.
② **사회나 개인에게 새로운 가치를 창출한다.**
창의적 사고는 개인이 갖춘 창의적 사고와 사회적으로 새로운 가치를 가지는 창의적 사고의

두 가지로 구분 가능하다. 모든 창의적 사고는 충분한 가치를 갖고 있으며, 개인이 발휘한 창의력은 경우에 따라 사회발전을 위한 원동력을 제공하기도 하고, 새로운 사회 시스템을 구축하는 데 쓰이기도 한다.

③ **교육훈련을 통해 개발될 수 있는 능력이다.**

창의적인 사고는 창의력 교육훈련을 통해서 개발할 수 있으며, 모험심, 호기심, 적극적, 예술적, 집념과 끈기, 자유분방함 등이 보장될수록 높은 창의력을 보이기도 한다.

창의적 사고에는 '문제를 사전에 찾아내는 힘', '문제해결에 있어서 다각도로 힌트를 찾아내는 힘' 그리고 '문제해결을 위해 끈기 있게 도전하는 태도'뿐만 아니라 사고력을 비롯해서 성격, 태도에 걸친 전인격적인 가능성까지도 포함된다.

2 ⟫ 창의적 사고 개발 방법

창의적으로 사고하기 위해서는 문제에 대한 다양한 사실이나 아이디어를 창출할 수 있는 발산적 사고가 필요하다. 이러한 발산적 사고의 개발 방법으로는 자유연상법, 강제연상법, 비교발상법 등이 있으며, 이는 다음과 같다.

자유연상법	생각나는 대로 자유롭게 발상	브레인스토밍
강제연상법	각종 힌트에 강제적으로 연결 지어서 발상	체크리스트
비교발상법	주제의 본질과 닮은 것을 힌트로 발상	NM법, Synectics

(1) 자유연상법

자유연상법은 어떤 생각에서 다른 생각을 계속해서 떠올리는 작용을 통해 어떤 주제에서 생각나는 것을 계속해서 열거해 나가는 발산적 사고 중 하나의 방법이다. 예를 들어 '신메뉴 출시'라는 주제에 대해서 '광

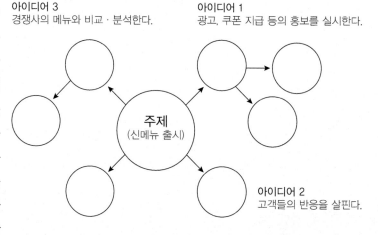

아이디어 3
경쟁사의 메뉴와 비교·분석한다.

아이디어 1
광고, 쿠폰 지급 등의 홍보를 실시한다.

주제
(신메뉴 출시)

아이디어 2
고객들의 반응을 살핀다.

고, 쿠폰 지급 등의 홍보를 실시한다.', '고객들의 반응을 살핀다.', '경쟁사의 메뉴와 비교·분석

한다.' 등 자유롭게 아이디어를 창출하는 것으로 다음 그림과 같다. 가장 대표적인 방법이 브레인스토밍이다.

(2) 강제연상법

강제연상법은 각종 힌트에서 강제로 연결 지어 발상하는 방법이다. 예를 들어 '신메뉴 출시'라는 같은 주제에 대해서 판매방법, 판매대상 등의 힌트를 통해 사고 방향을 미리 정해서 발상을 하는 방법이다. 이때 판매방법이라는 힌트에 대해서는 '신규 가맹점을 물색한다.'라는 아이디어를 떠올릴 수 있을 것이다. 이러한 강제연상법은 다음 그림과 같으며, 가장 대표적인 방법은 체크리스트이다.

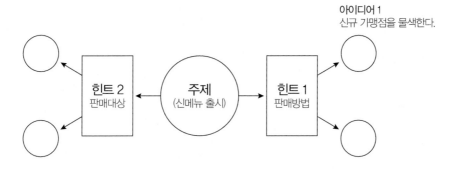

(3) 비교발상법

비교발상법은 주제와 본질적으로 닮은 것을 힌트로 하여 새로운 아이디어를 얻는 방법이다. 이때 본질적으로 닮은 것은 단순히 겉만 닮은 것이 아니고 힌트와 주제가 제시한 개별 아이디어 자체의 의미를 잃지 않은 수준에서 닮았다는 것이다. 예를 들어 '신메뉴 출시'라는 같은 주제에 대해서 생각해보면 신메뉴는 기업에서 새롭게 생산해 낸 제품을 의미한다. 따라서 새롭게 생산해 낸 제품에 대한 힌트를 먼저 찾고, 만약 지난달에 판매실적이 뛰어난 다른 신메뉴가 있었다면, '지난달 신메뉴의 판매 전략을 토대로 신메뉴의 판매 전략을 어떻게 수립할 수 있을까.'하는 아이디어를 도출할 수 있을 것이다. 이러한 비교발상법은 다음 그림과 같다.

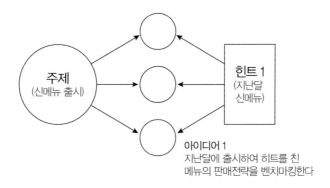

가장 대표적인 방법은 대상과 비슷한 것을 찾아내 그것을 힌트로 새로운 아이디어 등을 생각해 내는 NM법, 서로 관련이 없어 보이는 것들을 조합하여 새로운 것을 도출해내는 집단 아이디어 발상법인 시네틱스(synectics)이다.

(4) 브레인스토밍 진행 방법

① 주제를 구체적이고 명확하게 정한다.
② 구성원들의 얼굴을 볼 수 있는 좌석 배치와 큰 용지를 준비한다.
③ 구성원들의 다양한 의견을 도출할 수 있는 사람을 리더로 선출한다.
④ 구성원은 다양한 분야의 사람들로 5~8명 정도로 구성한다.
⑤ 발언은 누구나 자유롭게 할 수 있도록 하며, 모든 발언 내용을 기록한다.
⑥ 아이디어에 대한 평가는 비판해서는 안 된다.

3 〉 논리적 사고

논리적 사고는 공동체 생활에서 지속적으로 요구되는 능력이다. 논리적 사고력이 없다면, 자신이 만든 계획이나 주장을 주위 사람에게 이해시키거나 실현시키기 어려울 것이다.

(1) 논리적 사고란?

사고의 전개에 있어서 전후의 관계가 일치하고 있는지를 살피고, 아이디어를 평가하는 능력이다. 이러한 논리적 사고는 업무 수행 중에 자신이 만든 계획이나 주장을 주위 사람에게 이해시켜 실현하기 위해 필요하다.

(2) 논리적인 사고를 위해 필요한 요소

① 생각하는 습관

논리적 사고의 가장 기본은 항상 생각하는 습관을 갖는 것이다. 일상적인 대화, 회사의 문서, 신문의 사설 등 접하는 모든 것들에 대해서 늘 생각하는 자세가 필요하다. 만약 '이것은 재미있지만, 왜 재미있는지 알 수 없다.'라는 의문이 들었다면, 계속해서 왜 그런지에 대해 생각해야

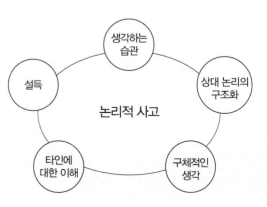

한다. 특히 이런 생각은 출퇴근길, 화장실, 잠자리에 들기 전 등 언제 어디에서나 해야 한다.

② **상대 논리의 구조화**

다른 사람을 설득하는 과정에서 거부당할 수 있다. 그 경우 상대의 논리를 구조화하는 것이 필요하다. 자신의 주장이 받아들여지지 않는 원인 중에 상대 주장에 대한 이해가 부족하다고 하는 것이 있을 수 있다. 상대의 논리에서 약점을 찾고, 자신의 생각을 재구축한다면 상대를 설득할 수 있다.

③ **구체적인 생각**

상대가 말하는 것을 잘 알 수 없을 경우에는 구체적인 이미지를 떠올리거나, 숫자를 활용하여 표현하는 등 다양한 방법을 활용하여 생각해야 한다.

④ **타인에 대한 이해**

상대의 주장에 반론할 경우에는 상대 주장 전부를 부정하지 않고, 동시에 상대의 인격을 존중해야 한다. 예를 들어 '당신이 말하는 이것은 이유가 되지 못한다.'고 하는 것은 주장의 부정이지만, '이런 이유를 설정한다면 공동체 생활을 하기에는 부적합하다.'라고 말하는 것은 바람직하지 못하다.

⑤ **설득**

논리적인 사고는 고정된 견해나 자신의 사상을 강요하는 것이 아니다. 설득은 논쟁을 통하여 이루어지는 것이 아니라 논증을 통해 이루어진다. 이러한 설득의 과정은 나의 주장을 다른 사람에게 이해시켜 공감시키고 그 사람이 내가 원하는 행동을 하게 만드는 것이다.

(3) 논리적인 사고

① **논리적인 사고를 개발하는 방법**

㉠ **피라미드 구조**

하위의 사실이나 현상으로부터 상위의 주장을 만들어나가는 방법이다. 피라미드 구조는 보조 메시지들을 통해 주요 메인 메시지를 얻고, 다시 메인 메시지를 종합한 최종 정보를 도출해 내는 방법이다.

ⓒ So what 기법

"그래서 무엇이지?"하고 자문자답한다는 의미로, 눈앞에 있는 정보로부터 의미를 찾아내어 가치 있는 정보를 이끌어내는 사고이다.

> **[상황]**
> ㉠ 우리 회사의 자동차 판매대수가 사상 처음으로 전년 대비 마이너스를 기록했다.
> ㉡ 우리나라의 자동차 업계 전체는 일제히 적자 결산을 발표했다.
> ㉢ 주식 시장은 몇 주간 조금씩 하락하는 상황에 있다.
>
> **[So what?을 사용한 논리적 사고의 예]**
> ⓐ 자동차 판매의 부진
> ⓑ 자동차 산업의 미래
> ⓒ 자동차 산업과 주식시장의 상황
> ⓓ 자동차 관련 기업의 주식을 사서는 안 된다.
> ⓔ 지금이야말로 자동차 관련 기업의 주식을 사야 한다.
>
> **[해설]**
> ⓐ 상황은 ㉠만 고려하고 있으므로 So what의 사고에 해당하지 않는다.
> ⓑ 상황은 ㉢을 고려하지 못하고 있으므로 So what의 사고에 해당하지 않는다.
> ⓒ 상황은 ㉠~㉢을 모두 고려하고는 있으나 자동차 산업과 주식시장이 어떻게 된다는 것을 알 수 없으므로 So what의 사고에 해당하지 않는다.
> ⓓ, ⓔ 상황은 정보로부터 의미를 찾아내어 "주식을 사지 마라(사라)."는 메시지를 주고 있으므로 So what의 사고에 해당한다.

② 논리적 오류

㉠ 권위에 의존한 논증

논지가 직접적인 관련이 없는 권위자의 견해를 바탕으로 신뢰를 하게 하여 생기는 오류이다.

㉑ 서울대학교와 가까이 살면 나도 서울대에 합격할 수 있을 거야.

㉡ 인신공격에 의존한 논증

주장을 한 사람의 인품이나 성격을 비난함으로써 그 주장이 잘못이라고 하는 데에서 발생하는 오류이다.

㉑ 그 사람은 잘 울기 때문에 그의 말은 틀렸어.

㉢ 허수아비 공격의 오류

상대방의 주장과는 전혀 상관없는 별개의 논리를 만들어 공격하는 경우 범하는 오류이다.

㉑ 그 사람은 범죄를 저지른 적이 있기 때문에 공부를 못 할 거야.

㉣ 무지의 오류

어떤 주장이 거짓이라는 것을 밝힐 수 없어 참이라고 하는 오류이다.

⑩ 외계인의 존재를 증명할 수 없으므로 그 존재를 인정해야 한다.

⑩ **결합의 오류**

부분의 성질로부터 그것의 전체를 참이라고 잘못 추리하는 오류이다.

⑪ 아이스크림은 금방 녹는다. 그렇기 때문에 아이스크림 1톤도 금방 녹을 것이다.

ⓑ **분할의 오류**

전체의 성질이 참인 것을 전제로 부분의 성질 또한 가지고 있을 것으로 판단하여 발생하는 오류이다.

⑪ 미국은 경제 대국이다. 따라서 미국 사람들은 모두 부자이다.

ⓢ **성급한 일반화의 오류**

부적합하고 대표성이 결여된 근거들을 이용하여 특수한 사례를 성급하게 일반화하여 발생하는 오류이다.

⑪ 그는 학교에 지각했다. 따라서 그는 게으른 사람이다.

ⓞ **복합 질문의 오류**

두 개 이상의 복합적 질문에 단순한 대답을 할 때 범하는 오류이다.

⑪ 이제는 술을 끊을 거지? ('예'나 '아니요' 중 어떤 대답을 하더라도 과거에 술을 마셨다는 것을 인정하게 된다.)

ⓩ **과대 해석의 오류**

문맥을 무시하고 과도하게 문구에만 집착할 경우 범하는 오류이다.

⑪ '쓰레기를 버리지 말자'라는 말을 문구대로 과대 해석할 경우 쓰레기통에도 쓰레기를 버리지 않는 오류를 범할 것이다.

ⓩ **애매성의 오류**

두 가지 이상의 의미를 지닌 애매어를 사용하거나 애매한 문법적 구조 때문에 의미가 잘못 이해되는 오류이다.

⑪ 모든 죄인은 감옥에 가두어야 한다. 인간은 모두 죄인이다. 그러므로 모든 인간은 감옥에 가야 한다.

ⓚ **연역법의 오류**

⑪ 늦게 자면 지각한다.

은서는 주로 일찍 잔다.

따라서 은서는 지각하지 않는다.

→ '늦게 자면 지각한다.'는 대전제와 '늦게 자지 않으면 지각하지 않는다.'는 주장은 별개 이다.

4 》 비판적 사고

(1) 비판적 사고란?

① 어떤 주제나 주장 등에 대해서 적극적으로 분석하고 종합하며 평가하는 능동적인 사고이다.

② 어떤 논증, 추론, 증거, 가치를 표현한 사례를 타당한 것으로 수용할 것인가 아니면 불합리한 것으로 거절할 것인가에 대한 결정을 내릴 때 요구되는 사고력이다.

③ 제기된 주장에 어떤 오류가 있는지를 찾아내기 위하여 지엽적인 부분을 확대하여 문제로 삼는 것이 아니라, 지식, 정보를 바탕으로 한 합당한 근거에 기초를 두고 현상을 분석하고 평가하는 사고이다.

(2) 비판적 사고 개발 태도

종류	내용
지적 호기심	다양한 질문이나 문제에 대한 해답을 탐색하고 사건의 원인과 설명을 알기 위하여 왜, 언제, 누가, 어디서, 어떻게, 무엇에 관한 질문을 제기한다.
객관성	결론을 도달하는 데 있어서 감성적, 주관적 요소를 배제하고 경험적 증거나 타당한 논증을 근거로 한다.
개방성	다양한 여러 신념들이 진실일 수 있다는 것을 받아들이며, 편견이나 선입견에 의하여 결정을 내리지 않는다.
융통성	개인의 신념이나 탐구방법을 변경할 수 있으며, 특정한 신념의 지배를 받는 고정성, 독단적 태도, 경직성을 배격한다.
지적 회의성	모든 신념은 의심스러운 것으로 간주하는 것이며, 적절한 결론이 제시되지 않는 한 결론이 참이라고 받아들이지 않는다.
지적 정직성	어떤 진술이 우리가 바라는 신념과 배치되는 것이라 할지라도 충분한 증거가 있으면 그것을 진실로 받아들인다.
체계성	결론에 이르기까지 논리적 일관성을 유지하며, 논의하고 있는 문제의 핵심에서 벗어나지 않도록 한다.
지속성	쟁점의 해답을 얻을 때까지 끈질기게 탐색하는 인내심을 갖도록 하는 것이며, 증거와 논증의 추구를 포기하지 않고 특정 관점을 지지한다.
결단력	증거가 타당할 때는 결론을 맺는다는 것이며, 모든 필요한 정보가 획득될 때까지 불필요한 논증, 속단을 피하고 모든 결정을 유보한다.
다른 관점에 대한 존중	내가 틀릴 수 있으며 내가 거절한 아이디어가 옳을 수 있다는 것을 기꺼이 받아들이는 태도이다.
문제의식	문제의식을 가지고 있다면 주변의 사소한 일에서도 정보를 수집할 수 있으며, 이러한 정보를 통해서 새로운 아이디어를 끊임없이 생산해 낼 수 있다. 당장 눈앞의 문제를 자신의 문제로 여기고 진지하게 다루지 않는 한 절대로 답을 얻을 수 없기 때문에 자신이 지니고 있는 문제와 목적을 확실하고 정확하게 파악하는 것이 중요하다.
고정관념 타파	고정관념은 사물을 보는 시각에 영향을 주며, 일방적인 평가를 내리기 쉽게 한다. 따라서 지각의 폭을 넓히기 위해 고정관념을 타파해야 한다.

문제처리능력

1 〉 문제처리능력의 의의

(1) 문제처리능력이란?

목표와 현상을 분석하고 이 분석결과를 토대로 문제를 도출하여 최적의 해결책을 찾아 실행, 평가해가는 활동을 할 수 있는 능력이다.

(2) 문제해결절차

① **문제인식**

해결해야 할 전체 문제를 파악하여 우선순위를 정하고, 선정문제에 대한 목표를 명확히 하는 단계

② **문제 도출**

선정된 문제를 분석하여 해결해야 할 것이 무엇인지를 명확히 하는 단계

③ **원인 분석**

파악된 핵심문제에 대한 분석을 통해 근본 원인을 도출하는 단계

④ **해결안 개발**

문제로부터 도출된 근본원인을 효과적으로 해결할 수 있는 최적의 해결방안을 수립하는 단계

⑤ **실행 및 평가**

실행계획을 실제 상황에 적용하는 활동으로 장애가 되는 문제의 원인들을 해결안을 사용하여 제거하는 단계

(1) 문제 인식 절차

해결해야 할 전체 문제를 파악하여 우선순위를 정하고, 선정문제에 대한 목표를 명확히 하는 단계로, '환경 분석 → 주요 과제 도출 → 과제선정'을 통해 수행된다.

절차	환경분석	주요 과제 도출	과제 선정
내용	Business System상 거시 환경 분석	• 분석 자료를 토대로 성과에 미치는 영향 • 의미를 검토하여 주요 과제 도출	후보과제를 도출하고 효과 및 실현 가능성 측면에서 평가하여 과제 도출

① 환경 분석

문제가 발생하였을 때, 가장 먼저 고려해야 하는 점은 환경을 분석하는 일이다. 예를 들어 'B상품의 판매 이익이 감소하고 있다.'라는 현상이 발견된다면, 주요 과제는 'B상품의 판매 이익을 개선할 수 있는가'가 된다. 이때 주요 과제를 해결하기 위해 가장 먼저 실시하는 것이 환경 분석이다. 환경 분석을 위해서 주요 사용되는 기법으로는 3C 분석, SWOT 분석 방법이 있다.

ⓘ 3C 분석 : 시업 환경을 구성하고 있는 요소인 자사(Company), 경쟁사(Competitor), 고객(Customet)을 3C라고 한다. 3C 분석에서 고객 분석은 고객이 자사의 상품/서비스에 만족하고 있는지를 분석하고, 자사 분석은 자사가 세운 달성 목표와 현상 간에 차이가 없는지를 분석하며, 경쟁사 분석은 경쟁기업의 우수한 점과 자사의 현상과 차이가 없는지를 질문을 통해 분석하는 방법이다. 이처럼 3C에 대한 체계적인 분석을 통해서 환경 분석을 수행할 수 있다.

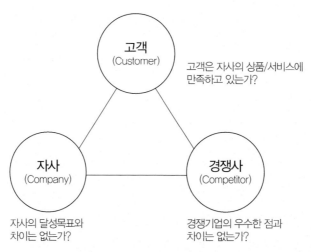

ⓛ SWOT 분석 : 기업 내부의 강점(Strengths), 약점(Weaknesses), 외부환경의 기회 (Opportunities), 위협요인(Threats)을 분석·평가하고 이들을 서로 연관 지어 전략을 개발하고 문제해결 방안을 개발하는 방법이다. SWOT 분석은 내부환경요인과 외부환경요인으로 구성되어 있다. 내부환경요인은 자사 내부의 환경을 분석하는 것으로 자사의 강점과 약점으로 구분된다. 외부환경요인은 기회와 위협으로 구분된다. 내부환경요인과 외부환경요인에 대한 분석이 끝난 후에 교차표가 겹치는 SO, WO, ST, WT 영역별 분석 결과를 작성하면 된다.

		내부환경요인	
		강점 (Strengths)	약점 (Weaknesses)
외부환경요인	기회 (Opportunities)	SO 내부강점과 외부기회 요인을 극대화	WO 외부기회를 이용하여 내부약점을 강점으로 전환
	위협 (Threats)	ST 외부위협을 최소화 하기위해 내부강점을 극대화	WT 내부약점과 외부위협을 최소화

• SWOT 분석방법
  – 외부환경요인 분석(Opportunities, Threats)
    ⓐ 자신을 제외한 모든 것(정보)을 기술한다.
      좋은 쪽으로 작용하는 것은 기회, 나쁜 쪽으로 작용하는 것은 위협으로 분류한다.
    ⓑ 언론매체, 개인 정보망 등을 통하여 입수한 상식적인 세상의 변화 내용을 시작으로 당사자에게 미치는 영향을 순서대로, 점차 구체화한다.
    ⓒ 인과관계가 있는 경우 화살표로 연결한다.
    ⓓ 동일한 data라도 자신에게 긍정적으로 전개되면 기회로, 부정적으로 전개되면 위협으로 구분한다.
    ⓔ 외부환경분석에는 SCEPTIC 체크리스트를 활용하면 편리하다.
      Social(사회), Competition(경쟁), Economic(경제), Politic(정치), Technology(기술), Information(정보), Client(고객)
  – 내부환경 분석(Strength, Weakness)
    ⓐ 경쟁자와 비교하여 나의 강점과 약점을 분석한다.
    ⓑ 강점과 약점의 내용 : 보유하거나 동원 가능하거나 활용 가능한 자원(resources)
    ⓒ 내부환경분석에는 MMMITI 체크리스트를 활용할 수도 있지만, 반드시 적용해서

분석할 필요는 없다.

Man(사람), Material(물자), Money(돈), Information(정보), Time(시간), Image(이미지)

② 주요 과제 도출

환경 분석을 통해 현상을 파악한 후 분석결과를 검토하여 주요 과제를 도출해야 한다. 과제 도출을 위해서는 다양한 과제 후보안을 표를 이용해서 하는 것이 체계적이며 바람직하다.

③ 과제 선정

과제는 과제안 중 효과 및 실행 가능성 측면을 평가하여 가장 우선순위가 높은 안을 선정한다. 우선순위 평가 시에는 과제의 목적, 목표, 자원현황 등을 종합적으로 고려하여 평가해야 하며 다음 그림과 같은 표를 활용함으로써 효과적으로 진행할 수 있다.

④ 과제안 평가기준

과제해결의 중요성, 과제착수의 긴급성, 과제해결의 용이성을 고려하여 여러 개의 평가기준을 동시에 설정하는 것이 바람직하다. 또한 과제해결의 중요성에 대한 평가기준은 매출/이익 기여도, 지속성/파급성, 고객만족도 향상, 경쟁사와의 차별화, 자사 내부적 문제해결 등이 있으며, 과제착수의 긴급성에 대한 평가 기준으로는 달성의 긴급도와 달성에 필요한 시간 등이 이용될 수 있다. 과제해결의 용이성에 대한 평가 기준은 실시상의 난이도, 필요자원 적정성 등이 있다.

3 〉〉 문제 도출

(1) 세부 절차

선정된 문제를 분석하여 해결해야 할 것이 무엇인지를 명확히 하는 단계로, 현상에 대해 문제를 분해하여 인과관계 및 구조를 파악하는 단계이다. '문제 구조 파악 → 핵심 문제 선정'의 절차를 거쳐 수행된다.

절차	문제 구조 파악	핵심 문제 선정
내용	전체 문제를 개별화된 세부 문제로 쪼개는 과정으로 문제의 내용 및 미치고 있는 영향 등을 파악하여 문제의 구조를 도출해내는 것이다.	문제에 큰 영향력을 미칠 수 있는 이슈를 핵심 이슈로 선정한다.

(2) 문제 구조 파악

전체 문제를 개별화된 세부 문제로 재구성하는 과정으로 문제의 내용 및 부정적인 영향 등을 파악하여 문제의 구조를 도출해내는 것이다. 문제 구조 파악에서 중요한 것은 본래 문제가 발생한 배경이나 문제를 일으키는 원인을 분명히 하는 것이다. 또한 문제 구조 파악을 위해서는 현상에 얽매이지 말고 문제의 본질과 실제를 봐야 하며, 다양하고 넓은 시야에서 문제를 바라봐야 한다.

(3) Logic Tree 방법 : 해결책을 구체화 할 때 제한된 시간 속에 넓이와 깊이를 추구하는 데 도움이 되는 기술로, 주요 과제를 나무모양으로 분해·정리하는 기술이다. 이러한 로직트리(Logic Tree)를 작성할 때에는 다음과 같은 점을 주의해야 한다.

① 전체 과제를 명확히 해야 한다.

② 분해해 가는 가지의 수준을 맞춰야 한다.

③ 원인이 중복되거나 누락되지 않고 각각의 합이 전체를 포함해야 한다.

4 〉원인 분석

(1) 세부 절차

파악된 핵심문제에 대한 분석을 통해 근본 원인을 도출하는 단계이다. 'Issue 분석 → Data 분석 → 원인 파악'의 절차로 진행되며 핵심 이슈에 대한 가설을 설정한 후 가설 검증을 위해 필요한 데이터를 수집, 분석하여 문제의 근본원인을 도출해 나가는 것이다.

절차	Issue 분석	Data 분석	원인 파악
내용	• 핵심이슈설정 • 가설설정 • Output이미지 설정	• Data 수집계획 수립 • Data 정리, 가공 • Data 해석	• 근본원인을 파악하고 원인과 결과를 도출

① Issue 분석

Issue 분석은 핵심이슈 설정, 가설 설정, 분석결과 이미지 결정의 절차를 거쳐 수행된다.

㉠ 핵심이슈 설정

현재 수행하고 있는 업무에 가장 크게 영향을 미치는 문제로 선정하며, 사내외 고객 인터뷰 및 설문조사, 관련 자료 등을 활용하여 본질적인 문제점을 파악하는 방법으로 수행된다.

㉡ 가설설정

핵심이슈를 설정한 후에는 자신의 직관, 경험, 지식, 정보 등에 의존하여 이슈에 대한 일시적인 결론을 예측해 보는 가설을 설정한다. 가설설정은 관련자료, 인터뷰 등을 통해 검증할 수 있어야 하며 간단명료하게 표현하고 논리적이며 객관적이어야 한다.

㉢ 분석결과 이미지 결정

가설설정 후에는 가설검증계획에 의거하여 분석결과를 미리 이미지화한다.

② 데이터 분석

데이터 분석은 데이터 수집계획 수립, 데이터 수집, 데이터 분석의 절차를 거쳐 수행된다.

데이터 수집 시에는 목적에 따라 수집 범위를 정하고, 전체 자료의 일부인 표본을 추출하는 전통적인 통계학적 접근과 전체 데이터를 활용한 빅데이터 분석을 구분해야 한다. 이때, 객관적인 사실을 수집해야 하며 자료의 출처를 명확히 밝힐 수 있어야 한다. 데이터 수집 후에는 목적에 따라 수집된 정보를 항목별로 분류 정리한 후 "무엇을", "어떻게", "왜"라는 것을 고려해서 데이터 분석을 실시하고, 의미를 해석해야 한다.

③ 원인파악의 패턴

원인 파악은 이슈와 데이터 분석을 통해서 얻은 결과를 바탕으로 최종 원인을 확인하는 단계이다. 원인 파악 시에는 원인과 결과 사이에 패턴이 있는지를 확인하는 것이 필요하며, 이러한 원인의 패턴은 다음과 같다.

원인의 종류	내용
단순한 인과관계	• 원인과 결과를 분명하게 구분할 수 있는 경우로, 어떤 원인이 앞에 있어 여기에서 결과 가 생기는 인과관계를 의미한다. • 소매점에서 할인율을 자꾸 내려서 매출 Share가 내려가기 시작하는 경우가 이에 해당 한다.
닭과 계란의 인과관계	• 원인과 결과를 구분하기 어려운 경우이다. • 브랜드의 향상이 매출 확대로 이어지고, 매출 확대가 다시 브랜드의 인지도 향상으로 이어지는 경우가 이에 해당한다.
복잡한 인과관계	• 단순한 인과관계와 닭과 계란의 인과관계의 두 가지 유형이 복잡하게 서로 얽혀 있는 경우이다. • 대부분의 경영상 과제가 이에 해당한다.

5 해결안 개발의 의미와 절차

(1) 세부 절차

해결안 개발은 해결안 도출, 해결안 평가 및 최적안 선정의 절차로 진행되며, 해결안 개발은 문 제로부터 도출된 근본원인을 효과적으로 해결할 수 있는 최적의 해결방안을 수립하는 단계이다.

절차	해결안 도출	해결안 평가 및 최적안 선정
내용	• 문제로부터 최적의 해결안을 도출 • 아이디어를 명확화	• 최적안 선정을 위한 평가기준 선정 • 우선순위 선정을 통해 최적안 선정

① **해결안 도출**

해결안 도출은 열거된 근본 원인을 어떠한 시각과 방법으로 제거할 것인지에 대한 독창적이 고 혁신적인 아이디어를 도출하고, 이를 바탕으로 유사한 방법이나 목적을 갖는 내용은 군집 화를 거쳐 최종 해결안으로 정리하는 과정을 거쳐 제시해야 한다.

② **해결안 평가 및 최적안 선정**

해결안 평가 및 최적안 선정 과정에서는 문제(what), 원인(why), 방법(how)을 고려해서 해 결안을 평가하고 가장 효과적인 해결안을 선정해야 한다. 해결안 선정을 위해서는 중요도와 실현가능성 등을 고려해서 종합적인 평가와 각 해결안의 채택 여부를 결정하는 과정이다.

6 실행 및 평가

(1) 세부 절차

해결안 개발을 통해 만들어진 실행계획을 실제 상황에 적용하는 활동으로 당초 장애가 되는 문제의 원인들을 해결안을 사용하여 제거하는 단계이다.

절차	실행계획 수립	실행	사후관리(Follow-up)
내용	최종 해결안을 실행하기 위한 구체적인 계획 수립	실행계획에 따른 실행 및 모니터	실행 결과에 대한 평가

① 실행계획 수립

실행계획 수립은 무엇을(what), 어떤 목적으로(why), 언제(when), 어디서(where), 누가(who), 어떤 방법으로(how)의 물음에 대한 답을 가지고 계획하는 단계로, 자원(인적, 물적, 예산, 시간)을 고려하여 수립해야 한다. 실행계획 수립 시에는 세부 실행내용의 난이도를 고려하여 가급적 각 해결안 별 구체 실행계획서를 작성함으로써 실행의 목적과 과정별 진행내용을 일목요연하게 파악하도록 하는 것이 필요하다.

② 실행 및 사후관리(Follow-up)

실행 및 사후관리 단계는 가능한 사항부터 실행하며, 그 과정에서 나온 문제점을 해결해가면서 해결안의 완성도를 높이고 일정한 수준에 도달하면 전면적으로 전개해 나가는 것이 필요하다. 즉 사전 조사(pilot test)를 통해 문제점을 발견하고, 해결안을 보안한 후 대상 범위를 넓혀서 전면적으로 실시해야 한다. 특히 실행상의 문제점 및 장애요인을 신속히 해결하기 위해서 감시 체제(monitoring system)를 구축하는 것이 바람직하며, 다음과 같은 사항을 고려해야 한다.

㉠ 바람직한 상태가 달성되었는가?

㉡ 문제가 재발하지 않을 것을 확신할 수 있는가?

㉢ 사전에 목표한 기간 및 비용은 계획대로 지켜졌는가?

㉣ 혹시 또 다른 문제를 발생시키지 않았는가?

㉤ 해결책이 주는 영향은 무엇인가?

Part 02

문제편

1 문제해결의 기초 | 정답 및 해설 p.224

01 다음 중 문제의 의미에 대한 설명으로 옳지 <u>않은</u> 것은?

① 업무를 수행함에 있어 해결해야 되는 사항

② 해답이 있지만 그 해답을 얻는 데 필요한 행동을 알지 못하는 상태

③ 해결하기를 원하지만 실제로 해결해야 하는 방법을 모르고 있는 상태

④ 받아야 할 것을 필요에 의하여 달라고 청함. 또는 그 청.

02 다음은 창의적 문제와 분석적 문제에 대한 설명이다. 이중 창의적 문제에 대한 진술인 것으로 옳은 것은?

> ㉠ 현재 문제가 없더라도 보다 나은 방법을 찾기 위한 문제
>
> ㉡ 분석, 논리, 귀납과 같은 방법을 사용하여 해결하는 문제
>
> ㉢ 정답의 수가 적으며, 한정되어 있는 문제
>
> ㉣ 주관적, 직관적, 감각적 특징에 의존하는 문제

① ㉠, ㉢   ② ㉠, ㉣

③ ㉡, ㉢   ④ ㉡, ㉣

03 다음 중 문제의 유형에 대한 설명으로 옳지 <u>않은</u> 것은?

① 제조 문제, 판매 문제, 자금 문제 등은 기능에 따른 문제 유형이다.

② 앞으로 어떻게 할 것인가 하는 문제는 탐색형 문제이다.

③ 시간에 따른 문제 유형에는 과거, 현재, 미래 문제가 있다.

④ 현재 직면하여 해결하기 위해 고민하는 문제는 발생형 문제이다.

04 다음 중 문제해결을 하기 위한 기본요소로 옳지 <u>않은</u> 것은?

① 체계적인 교육훈련

② 문제 해결 방법에 대한 다양한 지식

③ 문제해결자의 지인 도움

④ 문제해결자의 도전의식과 끈기

05 문제를 해결할 때 필요한 분석적 사고에 대한 설명으로 옳은 것은?

① 전체를 각각의 요소로 나누어 그 요소의 의미를 도출한 다음 우선순위를 부여하고 구체적인 문제해결 방법을 실행하는 것이 요구된다.

② 성과 지향의 문제는 일상 업무에서 일어나는 상식, 편견을 타파하여 객관적 사실로부터 사고와 행동을 출발해야 한다.

③ 가설 지향의 문제는 기대하는 결과를 명시하고 효과적으로 달성하는 방법을 사전에 구상하고 실행에 옮겨야 한다.

④ 사실 지향의 문제는 현상 및 원인분석 전에 지식과 경험을 바탕으로 일의 과정이나 결과, 결론을 가정한 다음 검증 후 사실일 경우 다음 단계의 일을 수행해야 한다.

06 다음 2가지 사례를 읽고 문제해결을 위해서 갖추어야 하는 사고로 옳은 것은?

[사례1]

C씨는 영업부서의 신입사원이다. C가 입사한 회사는 보험업에서 다른 기업에 비해 성과가 뒤떨어지는 회사였고, 그 기업에 근무하는 사람들은 모두 현실을 받아들이고 있었다. C는 이러한 상황에 불만을 느끼고 다른 기업과 자신의 기업과의 차이를 분석하게 되었다. 그 결과 C씨는 자신의 회사가 영업사원의 판매교육이 부족하다는 것을 알게 되었고, 이를 문제, 원인, 해결안을 보고서로 제출하였지만, 결국 회사의 전략으로 채택되지 못했다.

[사례2]

설계, 기술, 영업, 서비스 각 부문의 핵심 인력들이 모여 최근에 경합하고 있는 B사에 추월당할 우려가 있다는 상황에 대한 회의가 열렸다. 설계부서에서는 우리 회사의 기술이 상대적으로 뒤처져 있는 것을 지적하였으며, 영업부서에서는 제품의 결함이 문제라고 지적하였다. 서비스 부서에서는 매상목표를 달성할 수 없다는 문제를 지적하였으며, 기술 부서에서는 고객의 클레임에 대한 대응이 너무 느리다는 지적이 있었다. 결국 이 회의에서는 회사 내의 내외부적인 자원을 활용하지 못한 채 서로의 문제만을 지적하고 특별한 해결책을 제시하지 못한 채 끝나고 말았다.

---

① 전략적 사고, 발상의 전환

② 전략직 사고, 내·외부 자원의 효과적인 활용

③ 분석적 사고, 내·외부 자원의 효과적인 활용

④ 분석적 사고, 발상의 전환

07 다음 중 퍼실리테이션에 의한 문제해결 방법으로 옳은 것은?

㉠ 어떤 그룹이나 집단이 의사결정을 잘 하도록 도와주는 일이다.

㉡ 깊이 있는 커뮤니케이션을 통해 서로의 문제점을 이해하고 공감함으로써 창조적인 문제해결을 도모할 수 있다.

㉢ 대부분의 기업에서 볼 수 있는 전형적인 문제해결 방법이다.

㉣ 사실과 원칙에 근거한 토론으로 해결하는 방법이다.

㉤ 결론이 애매하게 끝나는 경우가 적지 않다.

---

① ㉠, ㉡

② ㉠, ㉢

③ ㉢, ㉤

④ ㉡, ㉢, ㉣

08 다음은 창의적 사고를 개발하는 방법과 구체적인 기법이다. 서로 관련 있는 것끼리 짝지은 것으로 옳은 것은?

㉠ 자유연상법	㉡ 강제연상법	㉢ 비교발상법
㉣ NM법	㉤ 브레인스토밍	㉥ 체크리스트

① ㉠-㉣   ② ㉡-㉤

③ ㉡-㉥   ④ ㉢-㉤

09 논리적 사고를 하기 위해 필요한 요소로 옳지 않은 것은?

① 생각하는 습관

② 미시적인 관점

③ 타인에 대한 이해 · 설득

④ 구체적인 생각

10 다음과 같은 상황이 발생하였을 때, "so what?"을 사용하여 논리적인 사고를 한 사람은?

[상황]
㉠ 우리 회사의 자동차 판매대수가 사상 처음으로 전년 대비 마이너스를 기록했다.
㉡ 우리나라의 자동차 업계 전체는 일제히 적자 결산을 발표했다.
㉢ 주식 시장은 몇 주간 조금씩 하락하는 상황에 있다.

① 홍 대리 : 자동차 판매의 부진이네.

② 허 부장 : 자동차 산업의 미래를 보여주고 있어.

③ 신 대리 : 자동차 산업과 주식시장의 상황을 보여주고 있어.

④ 김 부장 : 지금이야말로 자동차 관련 기업의 주식을 사야해.

11 다음 중 비판적 사고에 대해 이해가 부족한 팀은?

① A팀 : 비판적 사고는 지식·정보를 바탕으로 한 근거에 기초를 두고 현상을 분석, 평가한다.

② B팀 : 비판적 사고를 하기 위해서는 고정관념을 타파해야 한다.

③ C팀 : 비판적 사고를 하기 위해서는 다른 관점에 대해 배제해야 한다.

④ D팀 : 제기된 주장의 지엽적인 부분을 확대하여 문제로 삼는 것은 비판적 사고라 할 수 없다.

12 다음은 문제해결 과정을 무작위로 나타낸 것이다. 순서대로 나열했을 때, 이 중 네 번째 과정은 무엇인가?

㉠ 문제 도출	㉡ 원인 분석	㉢ 실행 및 평가
㉣ 문제 인식	㉤ 해결안 개발	

① ㉠   ② ㉡

③ ㉢   ④ ㉤

13 다음 사례를 읽고, 문제해결과정 중 A공장장이 간과한 과정으로 옳은 것은?

P사는 1950년대 이후 세계적인 자동차 생산 회사로서의 자리를 지켜왔다. 그러나 최근 P사의 자동차 생산라인에서 문제가 발생하고 있었는데, 이 문제는 자동차 문에서 나타난 멍 자국이었다. 문을 어느 쪽으로 보는가에 따라 다르기는 하지만, 이 멍 자국은 눌린 것이거나 문을 만드는 과정에서 생긴 것 같았다. 문을 만들 때는 평평한 금속을 곡선으로 만들기 위해 강력한 프레스기에 넣고 누르게 되는데, 그 때 표면이 올라 온 것처럼 보였다. 실제적으로 아주 작은 먼지나 미세한 입자 같은 것도 프레스기 안에 들어가면 문짝의 표면에 자국을 남길 수 있을 것으로 추정되었다.

그러던 어느 날 공장의 생산라인 담당자 B로부터 다음과 같은 푸념을 듣게 되었다.

"저는 매일같이 문짝 때문에 재작업을 하느라 억만금이 들어간다고 말하는 재정 담당 사람들이나, 이 멍 자국이 진열대까지 올라가면 고객들을 열 받게 해서 다 쫓아 버린다고 말하는 마케팅 직원들과 싸우고 있어요." 처음에 A공장장은 이 말을 듣고도 '멍 자국이 무슨 문제가 되겠어?'라고 별로 신경을 쓰지 않았다. 그러나 자기 감독 하에 있는 프레스기에서 나오는 멍 자국의 수가 점점 증가하고 있다는 것을 알게 되었고, 그것 때문에 페인트 작업이나 조립 공정이 점점 늦어짐으로써 회사에 막대한 추가 비용과 시간이 든다는 문제를 인식하게 되었다.

① 원인 분석   ② 문제 도출

③ 문제 인식   ④ 해결안 개발

14 다음 중 환경 분석의 방법으로 사업 환경을 구성하고 있는 자사, 경쟁사, 고객에 대한 분석방법은?

① SWOT 분석　　　　　　　　　　② 3C분석

③ 목표 분석　　　　　　　　　　　④ 심층면접 분석

15 다음 기사를 보고 한식 뷔페의 입장에서 SWOT 분석을 할 때, 옳지 <u>않은</u> 것은?

> 한식 뷔페의 독주가 지속되자 기존 뷔페 레스토랑들이 저마다 살 길 찾기에 나섰다. 한식 뷔페 레스토랑은 소비자가 줄을 설 정도로 인기를 얻는 반면 ⊙ 기존 양·중식 뷔페 레스토랑은 손님이 없어 파리만 날리는 상황이 이어지고 있기 때문이다.
> 업계에 따르면 10년이 넘어가는 뷔페 브랜드는 새로운 생존 전략을 짜고 있다. 양식 뷔페 레스토랑 ○○○은 이번 겨울 시청점을 새롭게 단장하며 소비자 반응 살피기에 나섰다. 인테리어는 물론 주문과 이용 방식도 변경했다. 주문 방식의 경우, 기존 뷔페 대신 코스방식을 선택했다. 기존 뷔페 방식에서는 디저트, 음료 등 사이드 메뉴를 무제한으로 즐길 수 있지만 코스 방식에서는 디저트와 음료가 각각 한 번씩 제공된다. 디저트와 음료 무제한 서비스를 없앤 대신 요리 메뉴 가격을 낮췄다. 기존 ○○○매장에서 대부분 20,000원 이상인 요리 메뉴는 시청점에서 8,900원~19,000원대에 즐길 수 있다. ⓒ 한식뷔페의 가격이 대부분 1인당 2만 원대 초반을 넘지 않는다는 점을 고려하여 보다 합리적인 가격으로 소비자 마음을 잡겠다는 의도다.
> 중식 뷔페 레스토랑 △△는 프리미엄 전략으로 한식 뷔페에 대응하기로 했다. 프리미엄 브랜드 스페셜 △△로 차별화된 메뉴를 선보인다는 전략이다. 스페셜 △△는 전 세계 총 20여 가지의 메뉴를 제공하고 있다. 스페셜 △△의 가격은 런치 29,900원, 디너 49,900원으로 일반 △△의 두 배가 넘는 수준이지만 전략이 성공적이라는 평가다. ⓒ 11월에는 청담동 1호점에 이어 압구정에 2호점을 오픈했고 대기 시간이 한 시간을 넘는 등 인기를 끌고 있다.
> 이들은 차별화 전략을 통해 매장 수 감소를 막는 것이 목표다. 뷔페 레스토랑은 매장이 줄어들면 매출 규모도 축소되고 영업이익도 줄어든다. ○○○의 경우 2014년 말 15개 였던 매장 수가 2015년 10월 7개로 줄어들었다. ⓔ 150석 규모 대형 매장이었던 ○○○강남점 마저 한식 뷔페에 자리를 내줬다. △△ 매장수도 점차 감소하는 추세다. 2014년 172개였던 매장은 2015년 현재 133개로 줄었다.
> 외식업계 관계자는 "한식 인기가 뜨거워 외식 업체들도 한식 뷔페 레스토랑에 힘을 실어줄 수밖에 없는 상황"이라며 "그러나 패밀리 레스토랑, 양식 뷔페, 중식 뷔페, 한식 뷔페 등으로 선호가 옮겨가는 것을 보면 한식 뷔페에만 모든 것을 올인 할 수도 없는 상황"이라고 말했다.

① S(강점) : ⓒ　　　　　　　　　② W(약점) : ⓔ

③ O(기회) : ⊙　　　　　　　　　④ T(위협) : ⓒ

16 다음 중 창의적 사고 개발 방법이 <u>아닌</u> 것은?

① 브레인스토밍   ② 체크리스트
③ NM법   ④ 피라미드 구조

17 다음 중 연결 관계가 적절한 것은?

구분	문제의 유형
㉠	생산 부서 이혜원 팀장에게 제품 불량에 대한 고객들의 클레임이 발생했다.
㉡	기획실의 최지혁 부장에게 프렌차이즈 확장 사업에 발생 가능한 문제를 파악하라는 지시가 내려왔다.
㉢	제조 공장의 A파트에 생산성을 20% 높이라는 지시가 떨어졌다.

	㉠	㉡	㉢
①	설정형 문제	탐색형 문제	발생형 문제
②	탐색형 문제	설정형 문제	발생형 문제
③	발생형 문제	탐색형 문제	설정형 문제
④	발생형 문제	설정형 문제	탐색형 문제

18 다음 중 연결 관계가 알맞은 것은?

구분	문제해결 방법
A	소프트 어프로치에 의한 문제해결
B	하드 어프로치에 의한 문제해결
C	퍼실리테이션에 의한 문제해결

㉠ 깊이 있는 커뮤니케이션을 통해 서로의 문제점을 이해하고 공감함으로써 창조적인 문제해결을 도모한다.
㉡ 서로의 생각을 직설적으로 주장하고 논쟁이나 협상을 통해 서로의 의견을 조정해가는 방법이다.
㉢ 문제해결을 위해서 직접적인 표현이 바람직하지 않다고 여기며, 무언가를 시사하거나 암시를 통하여 의사를 전달하고 기분을 서로 통하게 함으로써 문제해결을 도모하려고 한다.

① A-㉠, B-㉡, C-㉢
② A-㉡, B-㉠, C-㉢
③ A-㉡, B-㉢, C-㉠
④ A-㉢, B-㉡, C-㉠

19 다음 중 빈칸에 들어갈 말은?

> (㉠)이란 업무를 수행함에 있어서 답을 요구하는 질문이나 의논하여 해결해야 되는 사항을 의미한다. (㉠)은/는 흔히 (㉡)와/과 구분하지 않고 사용되는데, (㉡)(이)란 (㉢)의 원인이 되는 사항으로 해결을 위해서 손을 써야 할 대상을 말한다.

	㉠	㉡	㉢
①	문제	문제점	결과
②	문제점	문제	결과
③	문제	문제점	문제
④	문제점	오류	문제

20 다음은 문제해결절차의 문제 인식 단계에 대한 설명이다. 다음 빈칸에 들어갈 말이 바르게 연결된 것은?

> 문제 인식 단계에서는 일련의 절차를 통해 해결해야 할 문제를 파악한다. 문제가 발생하였을 때, 가장 먼저 해야 하는 일은 (㉠)(으)로, 주로 3C 분석이나 SWOT 분석이 사용된다. (㉠)을/를 통해 현상을 파악한 후에는 (㉡)의 단계를 거친다. (㉡)을/를 위해서는 다양한 후보안을 찾는 것이 바람직하다. 마지막으로 (㉢)은/는 과제안 중 효과 및 실행 가능성 측면을 평가하여 우선순위 평가 시에는 과제의 목적, 목표 등을 종합적으로 고려하여 평가한다.

	㉠	㉡	㉢
①	환경 분석	주요 과제 도출	과제 선정
②	환경 분석	과제 선정	주요 과제 도출
③	과제 분석	과제 선정	주요 과제 도출
④	과제 분석	주요 과제 도출	과제 선정

21 다음 중 '문제점'에 관한 설명으로 옳지 않은 것은?

① 손을 쓰지 않아도 되나 개선이 필요한 상황
② 문제의 원인이 되는 사항
③ 문제해결에 필요한 열쇠의 핵심 사항
④ 문제 발생을 미리 방지할 수 있는 사항

22 다음 중 문제 해결에서 가장 중요한 요소로 볼 수 있는 것은?

① 업무 상황에서 발생하는 문제의 인식

② 문제 자체의 객관적 파악

③ 문제 해결을 위한 실천적 의지

④ 문제의 특성과 의미

23 다음 중 탐색형 문제(찾는 문제)와 관련된 내용에 해당하는 것은?

① 원인지향적인 문제

② 일탈문제와 미달문제

③ 잠재문제, 예측문제, 발견문제

④ 창조적 문제

24 다음 중 문제해결과 관련된 설명으로 옳지 <u>않은</u> 것은?

① 문제해결이란 목표와 현상을 분석하고 그 결과를 토대로 과제를 도출하여 최적의 해결책을 찾아 실행 · 평가하는 활동을 의미한다.

② 문제해결은 조직과 상품, 고객의 세 가지 측면에서 도움을 줄 수 있다.

③ 문제해결을 위해서는 고정관념 등의 심리적 타성과 기존의 패러다임을 극복해야 한다.

④ 문제해결에는 새로운 아이디어 발휘를 위한 창조적 문제해결 스킬이 필요하다.

25 다음 중 문제해결을 위해 기본적으로 갖추어야 할 사고에 대한 설명으로 적절하지 <u>않은</u> 것은?

① 당면한 문제와 해결방안만 집착하지 않고 그 상위 시스템 또는 다른 문제와의 연결성을 생각하는 전략적 사고가 필요하다.

② 전체를 각각의 요소로 나누어 각 의미를 도출한 후 우선순위를 부여하는 분석적 사고가 필요하다.

③ 사물을 바라보는 인식의 틀을 전환하는 발상의 전환을 방지하는 사고가 필요하다.

④ 문제해결에 필요한 조직 내·외부 자원을 효과적으로 활용해야 한다.

26 분석적 사고가 요구되는 문제의 유형 중, 현상 및 원인 분석 전 일의 과정이나 결론을 가정한 후 일을 수행하는 문제의 종류는?

① 가설 지향의 문제
② 사실 지향의 문제
③ 성과 지향의 문제
④ 산출 지향의 문제

27 다음 중 문제해결을 위한 장애요소와 가장 거리가 <u>먼</u> 것은?

① 작관에 의한 문제의 성급한 판단
② 단순한 정보에의 의지
③ 많은 자료를 얻으려는 노력
④ 새로운 아이디어와 가능성의 수용

28 다음 중 문제해결 방법에 대한 설명으로 옳지 <u>않은</u> 것은?

① 소프트 어프로치에서는 문제해결을 위해 직접적인 표현은 바람직하지 않다고 여기며, 무언가를 시사하거나 암시를 통해 의사를 전달한다.

② 하드 어프로치에 의한 문제해결 방법은 생각을 직설적으로 주장하고 논쟁이나 협상을 통해 서로의 의견을 조정해가는 방법이다.

③ 퍼실리테이션(Facilitation)에 의한 문제해결에서 코디네이터는 권위나 공감에 의지하여 의견을 중재하고, 타협과 조정을 통하여 해결을 도모한다.

④ 최근 많은 조직에서는 보다 생산적 결과를 가져오고 주제에 대한 공감을 이룰 수 있도록 능숙하게 도와주는 퍼실리테이터를 활용하고 있다.

29 다음 중 창의적인 사고를 개발하기 위한 발산방법 중 가장 흔히 사용되는 방법으로, 두뇌에 폭풍을 일으킨다는 뜻의 발상법은 무엇인가?

① 브레인스토밍   ② 체크리스트

③ NM법   ④ Synectics법

30 브레인스토밍(Brain Storming)의 4대 원칙으로 적절하지 <u>않은</u> 것은?

① 비판엄금

② 자유분방

③ 양보다 질

④ 결합과 개선

31 다음 중 논리적 사고를 구성하는 요소와 가장 거리가 먼 것은?

① 생각하는 습관

② 자기 논리를 기준으로 하는 생각

③ 구체적인 생각

④ 설득

32 논리적 사고의 구성요소 중, 자신의 사상을 강요하지 않고, 함께 일을 진행하는 상대와 의논하는 가운데 자신이 깨닫지 못했던 새로운 가치를 발견하는 과정으로 가장 알맞은 것은?

① 생각하는 습관

② 상대 논리의 구조화

③ 타인에 대한 이해

④ 설득

33 다음 중 논리적 사고를 개발하는 방법의 하나로, 하위의 사실이나 현상부터 사고함으로써 상위의 주장을 만들어가는 방법을 무엇이라 하는가?

① 마름모형 구조 방법

② 피라미드 구조 방법

③ So what 방법

④ Why so 방법

34 다음 중 비판적 사고의 의미에 대한 설명으로 옳지 <u>않은</u> 것은?

① 비판적 사고는 어떤 주제나 주장에 대해서 적극적으로 분석 · 평가하는 사고를 의미한다.

② 비판적 사고는 어떤 논증이나 추론을 표현한 사례를 타당한 것으로 수용할 것인가 여부에 대한 결정에서 요구되는 사고력이다.

③ 비판적 사고는 지엽적인 것을 확대하여 문제로 삼는 과정이 필요하다.

④ 지식이나 정보를 토대로 합당한 근거에 기초를 두고 현상을 분석 · 평가하는 것이다.

35 다음 중 비판적 사고를 개발하기 위한 태도로 적절하지 <u>않은</u> 것은?

① 지적 호기심

② 주관성

③ 지적 회의성

④ 지속성

36 다음 중 비판적 사고를 저해하는 것으로, 사물을 바라보는 편견이나 편협적인 시각을 의미하는 것은?

① 문제의식

② 독창성

③ 고정관념

④ 발상의 전환

37 다음 중 문제처리능력의 일반적인 절차 또는 과정 순서대로 바르게 나열한 것은?

① 원인분석 → 문제도출 → 문제인식 → 해결안 개발 → 실행 및 평가

② 원인분석 → 문제인식 → 문제도출 → 실행 및 평가 → 해결안 개발

③ 문제인식 → 원인분석 → 문제도출 → 실행 및 평가 → 해결안 개발

④ 문제인식 → 문제도출 → 원인분석 → 해결안 개발 → 실행 및 평가

38 환경 분석을 위한 주요 기법 중 사업 환경을 구성하고 있는 자사, 경쟁사, 고객에 대한 체계적인 분석을 무엇이라 하는가?

① 3C 분석
② SWOT 분석
③ MECE 사고
④ SMART 기법

39 다음은 SWOT 분석에 의한 발전전략의 수립 방법을 나열한 것이다. 관련된 것을 모두 바르게 나타낸 것은?

> ㉠ 외부 환경의 기회를 활용하기 위해 강점을 사용하는 전략
> ㉡ 외부 환경의 위협을 회피하기 위해 강점을 사용하는 전략
> ㉢ 자신의 약점을 극복함으로써 외부 환경의 기회를 활용하는 전략
> ㉣ 외부 환경의 위협을 회피하고 자신의 약점을 최소화하는 전략

	㉠	㉡	㉢	㉣
①	SO전략	WO전략	ST전략	WT전략
②	WO전략	SO전략	WT전략	ST전략
③	SO전략	ST전략	WO전략	WT전략
④	WO전략	WT전략	SO전략	ST전략

40 다음 중 문제 도출 단계에 대한 설명으로 옳지 <u>않은</u> 것은?

① 문제 도출은 선정된 문제를 분석해 무엇을 해결해야 할 것인지를 명확히 하는 단계이다.

② 문제 도출 단계는 문제해결과정 중 문제 인식 단계 다음으로 수행되는 단계이다.

③ 문제 도출은 문제 구조 파악과 핵심 문제 선정의 절차를 거쳐 수행되는데, 문제 구조 파악에서 중요한 것은 문제 발생 배경이나 메커니즘을 분명히 하는 것이다.

④ 핵심 문제 선정은 문제를 작고 다룰 수 있는 세부문제로 쪼개는 과정이다.

41 주요 과제를 나무모양으로 분해 · 정리하는 Logic Tree를 작성할 때 주의할 사항과 거리가 <u>먼</u> 것은?

① 전체 과제를 명확히 해야 한다.

② 업무 마감일을 설정해야 한다.

③ 분해해가는 가지의 수준을 맞춰야 한다.

④ 원인이 중복되거나 누락되지 않고 각각의 합이 전체를 포함해야 한다.

42 원인 분석 단계와 관련된 설명 중 옳지 <u>않은</u> 것은?

① 원인 분석은 핵심 이슈에 대한 가설을 설정한 후 필요한 데이터를 수집 · 분석하여 문제의 근본 원인을 도출해 나가는 것이다.

② Issue 분석 중 가설 설정은 간단명료하고 논리적이며, 객관적이어야 한다.

③ Data 분석 내용은 Data 수집계획 수립, 정리 및 가공, 해석으로 구성된다.

④ 원인과 결과 사이의 패턴 중 복잡한 인과관계는 원인과 결과를 구분하기 어려운 경우에 나타난다.

43 해결안을 도출함에 있어 같은 해결안을 정리하는 절차에 대한 설명 중 옳지 <u>않은</u> 것은?

① 근본 원인으로 열거된 내용을 선택할 방법을 명확히 한다.

② 독창적이고 혁신적인 방안을 도출한다.

③ 전체적인 관점에서 해결의 방향이 같은 것을 그룹핑한다.

④ 최종 해결안을 정리한다.

44 다음 중 해결안을 평가 · 선정할 때 실현 가능성의 평가 기준에 해당하지 <u>않는</u> 것은?

① 문제해결

② 개발기간

③ 적용 가능성

④ 개발능력

45 다음 중 실행계획을 수립할 때 고려해야 되는 사항이 <u>아닌</u> 것은?

① 인적 · 물적 자원과 예산, 시간에 대한 고려를 통해 수립해야 한다.

② 실행상의 장애요인을 해결하기 위해 Monitoring 체제를 구축해야 한다.

③ 세부 실행내용은 가급적 구체적으로 세워야 한다.

④ 실행의 목적과 과정별 진행내용을 일목요연하게 파악하도록 한다.

46 다음과 같은 사례에서 이슈를 명확히 파악하기 위해 요구되는 능력으로, 사고의 전개에 있어 전후 관계가 일치하고 있는가를 살피고 아이디어를 평가하는 것을 의미하며, 이를 통해 보다 짧은 시간에 사고할 수 있고 다른 사람을 공감시켜 움직일 수 있게 하는 능력은 무엇인가?

> A : 20대에 제안할 수 있는 일이란 어떤 것일까? 작은 업무 개선이라도 좋지 않을까?
>
> B : 일전에 어떤 경영자와 이야기했을 때, "이익을 내게 할 수 있었음에도 회사 안에서, 담당할 사람이 없다는 이유로 착수하지 못한 일이 있었어. 그것을 찾아내서 구체적으로 제안할 걸"이라는 말을 들었는데...
>
> C : 그렇지만 같은 제안이라도 제안하는 사람에 따라 받아들여질지 어떨지 분명하지가 않아. 어떤 친구에게 기회가 돌아가도록 상사로 하여금 생각이 들게 하려면, 기본적인 일을 실수 없이 처리하고, 새로운 관점의 제안을 들고 왔을 때, 가능하지 않을까?
>
> B : 아마도 젊을 때는 모두 틀에 짜인 일을 하게 되는 경우가 많아서 귀찮다고 생각하는 일이 많겠지? 그래서 모순점이 생기는 것은 아닐까? "더욱 일을 하고 싶어 하는 마음"을 가지고 있으면서도 사람은 귀찮은 일을 하지 않으려고 하지.
>
> C : 그렇게 생각하면 충분히 그럴 수 있다고 생각하는데, 스스로 아주 귀찮아한다든지, 누구든 했으면 좋겠다고 생각하는 일을 "간단한", "누구라도 할 수 있는" 일로 바꿔갈 수 있는 계획을 생각한다면 좋지 않을까?

① 논리적 사고력   ② 창의적 사고력

③ 비판적 사고력   ④ 직관적 사고력

47 최근 흔히 사용되는 퍼실리테이션(Facilitation)에 의한 문제해결 방법에 대한 설명으로 옳지 <u>않은</u> 것은?

① 어떤 집단이 의사결정을 잘 하도록 도와주는 일을 의미한다.

② 문제해결방법은 깊이 있는 커뮤니케이션을 통해 창조적인 문제해결을 도모하는 것이다.

③ 구성원이 자율적으로 실행할 수 있으나 팀워크를 약화시키는 문제가 있다.

④ 제3자가 합의점을 준비해놓고 결론을 도출하는 식으로 진행해서는 안 된다.

48 ○○회사는 창의적인 사고를 가장 중요한 능력으로 여겨, 매년 직원을 대상으로 창의공모대회를 개최하여 최고의 창의적 인재를 선발해 수상하고 있다. 이번 해에 직원 A는 동료들과 창의 공모 대회에 참가하고자 결정하고, 대회에 참가하는 동료들과 함께 창의적 사고에 대해 생각을 공유하는 시간을 가졌다. 다음 중 A가 받아들이기 가장 <u>어려운</u> 대화는 무엇인가?

① B : "창의적인 사람은 새로운 아이디어가 많고 다소 독창적인 사람을 말하는 것 같아."

② C : "그래, 그들의 독특하고 기발한 재능은 선천적으로 타고나는 것이라 할 수 있어."

③ D : "창의적인 사고는 개인의 경험과 지식을 통해 새로운 아이디어로 다시 결합해 참신한 아이디어를 산출하는 것이 아닐까?"

④ E : "그러한 아이디어는 유용하고 적절해야 하고, 무엇보다 가치가 있어야 한다고 봐. 창의적 사고에는 사고력 외에 전인격적 가능성까지도 포함되는 것이거든."

49 한 제품 회사에서 신제품을 개발하여 러시아 시장에 진출하고자 한다. 윤 부장은 하 대리에게 3C 분석 결과를 건네주며, 사업 기획에 반영할 수 있는 회사의 전략 과제가 무엇인지 파악해 보고하라는 지시를 내렸다. 다음 중 회사에서 해결해야 할 전략 과제로 적합하지 <u>않은</u> 것은?

Customer(고객)	Company(자사)	Competitor(경쟁사)
• 러시아 시장은 매년 10% 성장하는 추세 • 러시아 시장 내 제품의 규모는 급성장 추세 • 20~30대 젊은 층 중심 • 온라인 구매가 약 80% 이상 • 인간공학 지향	• 국내시장 점유율 부분 1위 • A/S 등 고객서비스 부문 우수 • 해외 판매망 취약 • 온라인 구매시스템 미흡 • 높은 생산원가 구조 • 높은 기술개발 및 경쟁력	• 러시아 기업들의 압도적 시장점유 • 러시아 기업들 간의 치열한 가격 경쟁 • A/S 및 사후관리 취약 • 생산 및 유통 노하우 보유

① 원가 절감을 통한 생산비용 절감

② 젊은 층을 겨냥한 제품 확대

③ 기술향상을 통한 경쟁력 확보

④ 온라인 구매시스템의 보완 및 강화

50 정책 평가는 욕구 평가, 과정 평가, 평가성 사정, 결과 평가 등으로 구성되어 있다. 다음 글을 읽고 '과정 평가'의 관점에서 평가자가 물어야 할 질문으로 가장 적합한 것은?

> 과학기술정보통신부와 한국지능정보사회진흥원은 정보 접근성을 증진시키기 위한 사업의 일환으로 1997년부터 '중고 PC 보급 사업'을 시행하여 오고 있다. 이 사업의 목적은 정보화에 소외되어 온 계층에게 정보화의 혜택을 부여하여 계층 간 정보 격차를 해소하고 자원을 재활용함으로써 환경을 보전하는 데 있다. '사랑의 PC 보내기 운동'으로도 알려진 이 사업은 정부와 공공 기관, 민간 기업 등에서 사용하지 않는 중고 PC를 수집하고 이를 정비하여 소년소녀 가장, 장애인, 생활 보호 대상자, 복지 시설 등 정보화에 소외된 계층에게 무상으로 보급하는 사업이다. 1997년부터 2002년까지 34,363대의 중고 PC를 기증받았으며, 23,305대를 1,533개 사회 복지 시설 및 단체와 5,681명의 개인에게 보급하였다.
> - 과정 평가란 사업의 목적물이 적절한 대상 집단에게 전달되고 있는지에 초점을 두는 평가 유형을 의미한다.

① 기증받은 중고 PC의 수가 전년과 대비하여 얼마만큼 증가하였는가?

② 이 사업을 통해 중고 PC를 보급 받은 이들이 정보화 소외 계층을 어느 정도 대표하고 있는가?

③ 집행된 중고 PC 보급 사업을 전면적으로 평가하기에 앞서서 이 사업에 대한 평가를 집행하는 데 문제가 없는가?

④ 이 사업의 주제인 정보통신부와 한국정보문화진흥원이 대상 집단인 정보화 소외 계층의 정보화 수요를 잘 파악하였는가?

51 다음의 문제해결방법을 순서대로 바르게 나열한 것은?

> ㉠ 전체적 관점에서 방향과 방법이 같은 해결안을 그룹화한다.
> ㉡ 자사, 경쟁사, 고객사에 대해 체계적으로 분석한다.
> ㉢ 주요 과제를 나무 모양으로 분해·정리한다.
> ㉣ 부분을 대상으로 먼저 실행한 후 전체로 확대하여 실행한다.

① ㉠ – ㉡ – ㉢ – ㉣

② ㉡ – ㉢ – ㉠ – ㉣

③ ㉢ – ㉠ – ㉡ – ㉣

④ ㉣ – ㉢ – ㉠ – ㉡

52 문제해결을 위해 개인에게 요구되는 기본 요소를 다섯 가지로 나누어 볼 때, 다음 사례에서 문제
해결에 어려움을 겪고 있는 박민지씨에게 부족한 기본 요소는?

> 게임 어플을 개발하는 박민지씨는 관련 지식을 바탕으로 다양한 앱을 개발하기 위해 노력하고 있지만,
> 큰 성공을 거두지는 못하고 있다. 박민지씨는 처음에 코로나 유행으로 인해 여행을 가지 못하는 사람들
> 을 위한 여행 관련 게임 어플을 개발하여 사용자들의 관심을 끌었으나, 사람들의 관심은 오래가지 못했
> 다. 결국 박민지씨가 개발한 앱은 광고성 정보만 제공하는 플랫폼으로 전락하고 말았다. 광고비로 많은
> 수익을 얻은 경쟁사의 어플을 따라잡기 위해 처음 개발할 때의 목적과 비전을 쉽게 포기해 버렸기 때문
> 이다. 박민지씨가 최초의 비전을 끝까지 추구하지 못하고 중간에 경로를 변경해 실패한 사례는 이 외에
> 도 많았다. 박민지씨는 자신이 유연하고 변화에 개방된 자세를 견지하고 있다고 생각했지만, 사실은 자
> 신의 아이디어에 대한 확신과 계속해서 추진할 수 있는 자세가 부족한 것이었다.

① 문제에 대한 체계적인 접근
② 문제해결 방법에 대한 지식
③ 문제 관련 지식에 대한 가용성
④ 문제 해결자의 도전 의식과 끈기

53 다음 중 문제의 분류에 대한 설명으로 옳지 <u>않은</u> 것은?

① 창의적 문제 – 문제제시 방법 : 현재 문제가 없더라도 보다 나은 방법을 찾기 위한 문제탐구
로, 문제 자체가 명확하지 않음
② 창의적 문제 – 해답 수 : 해답의 수가 적으며, 한정되어 있음
③ 분석적 문제 – 해결 방법 : 분석 · 논리 · 귀납과 같은 논리적 방법을 통해 해결
④ 분석적 문제 – 주요 특징 : 객관적, 논리적, 이성적, 정량적, 일반적, 공통성

54 다음 중 문제의 유형에 따른 분류로 옳지 <u>않은</u> 것은?

① 기능에 따른 문제 유형 : 설정형 문제

② 해결 방법에 따른 문제 유형 : 논리적 문제

③ 시간에 따른 문제 유형 : 과거 문제

④ 업무 수행 과정 중 발생한 문제 유형 : 발생형 문제

55 다음 중 문제에 대한 설명으로 옳지 <u>않은</u> 것은?

① 문제란 업무를 수행함에 있어서 답을 요구하는 질문이나 의논하여 해결해야 하는 사항을 의미 한다.

② 해결하기를 원하지만 실제로 해결해야 하는 방법을 모르고 있는 상태나 얻고자 하는 해답이 있지만 그 해답을 얻는데 필요한 일련의 행동을 알지 못한 상태이다.

③ 일반적으로 문제는 창의적 문제와 분석적 문제로 구분된다.

④ 해결하지 못할 것 같은 문제는 무리하게 해결하려 하기 보다는 문제제기를 하지 않는 것이 조직의 발전에 도움이 된다.

56 다음 중 문제해결을 위해 필요한 기본적 사고로 옳지 <u>않은</u> 것은?

① 내부자원만을 효율적으로 활용한다.

② 전략적 사고를 해야 한다.

③ 발상의 전환을 해야 한다.

④ 분석적 사고를 해야 한다.

57 다음은 문제해결을 방해하는 장애요소 중 어떤 요소에 대한 설명인가?

> 어떤 문제가 발생하면 직관에 의해 성급하게 판단하고 대책안을 수립하여 실행함으로써 근본적인 문제
> 해결을 하지 못하거나 새로운 문제를 야기하는 결과를 초래할 수 있다.

① 고정관념에 얽매이는 경우
② 쉽게 떠오르는 단순한 정보에 의지하는 경우
③ 너무 많은 자료를 수집하려고 노력하는 경우
④ 문제를 철저하게 분석하지 않는 경우

58 다음은 문제해결방법 중 무엇에 의한 문제해결 방법인가?

> 상이한 문화적 토양을 가지고 있는 구성원을 가정하고, 서로의 생각을 직설적으로 주장하고 논쟁이나 협
> 상을 통해 서로의 의견을 조정해 가는 방법이다. 이 때 중심적 역할을 하는 것이 논리, 즉 사실과 원칙에
> 근거한 토론이다.

① 퍼실리테이션에 의한 문제해결
② 하드 어프로치에 의한 문제해결
③ 소프트 어프로치에 의한 문제해결
④ 커뮤니케이션에 의한 문제해결

59 다음 중 창의적 사고의 특징으로 옳지 않은 것은?

① 창의적 사고란 정보와 정보의 조합이다.
② 창의적 사고는 사회나 개인에게 새로운 가치를 창출한다.
③ 창의적 사고는 창조적인 가능성이다.
④ 창의적인 사고는 통상적인 것이다.

60 업무시행 시트작성 중 체크리스트(Checklist)에 대한 설명으로 옳지 <u>않은</u> 것은?

① 업무를 세부적인 활동들로 나누어 사용한다.

② 시간의 흐름을 표현하는 데에는 한계가 있다.

③ 각 단계를 효과적으로 수행했는지 상사가 점검해볼 수 있는 도구이다.

④ 각 활동별로 기대되는 수행수준을 달성했는지 확인한다.

61 다음 중 문제 해결을 위한 과정 중 문제 구조 파악에 대한 설명들이다. 옳지 <u>않은</u> 것은?

① 전체 문제를 개별화된 세부 문제로 쪼개는 과정이다.

② 문제의 내용 및 미치고 있는 영향 등을 파악하여 구조를 도출해내는 것이다.

③ 중요한 것은 본래 문제가 발생한 배경이나 문제를 일으키는 메커니즘을 분명히 하는 것이다.

④ 눈에 보이는 현상에 집중하여 문제의 결과와 이슈를 정확하게 봐야 한다.

62 A는 한 은행의 프라이빗뱅킹(PB) 서비스를 제공하는 업무를 담당하고 있는데, 최근 실적이 감소하고 있어 그 원인을 파악하고 있다. 아래에 제시된 '5Why'를 참고로 할 때, 다음 중 원인들의 인과관계상 가장 근본적인 원인은 무엇인가?

문제해결을 위한 사고법 – 5Why

문제에 대한 근본적인 원인과 핵심에 대해 구체적으로 파고드는 기법으로, 첫 번째 프로세스는 해결해야 할 사항이나 문제를 한 문장으로 적고 5번의 Why(왜)를 통하여 표면으로 나타나는 이유가 아닌 진정한 원인을 찾아내어 각 관점의 명확한 원인을 발견하는 것이다. 체중 감소를 둘러싼 태도와 행동을 이해하기 위한 인터뷰를 예로 들면 다음과 같다.

Why? #1 : 왜 당신은 운동하는가? – 건강 때문이다.
Why? #2 : 왜 건강인가? – 심박수를 높이기 때문이다.
Why? #3 : 왜 그것이 중요한가? – 그러면 많은 칼로리를 소모한다.
Why? #4 : 왜 그것을 하고 싶어하는가? – 체중을 줄이기 위함이다.
Why? #5 : 왜 체중을 줄이고 싶은가? – 건강해 보이도록 사회적 압력을 느낀다.

---

① 고객의 PB서비스 계약 감소

② 고객정보의 수집 부족

③ 금융상품의 다양성 부족

④ 절대적인 고객 수의 감소

① 명제

| 정답 및 해설 p.236

01 다음 전제를 보고 항상 참인 결론을 고르면?

> • 내성적인 사람은 팝송을 좋아한다.
> • 진달래를 좋아하는 사람은 내성적이다.
> • 해바라기를 좋아하는 사람은 팝송을 싫어한다.
> 따라서_____

① 진달래를 싫어하는 사람은 해바라기를 좋아한다.
② 팝송을 좋아하는 사람은 진달래를 좋아한다.
③ 팝송을 싫어하는 사람은 해바라기를 좋아한다.
④ 진달래를 좋아하는 사람은 팝송을 좋아한다.
⑤ 진달래를 좋아하는 사람은 해바라기를 좋아한다.

02 다음 전제를 보고 항상 참인 결론을 고르면?

> • 모든 화가는 천재이다.
> • 모든 천재는 악필이다.
> • 철주는 천재다.
> 따라서_____

① 철주는 악필이다.   ② 철주는 화가이다.
③ 철주는 시인이다.   ④ 철주는 악필도 아니고 화가도 아니다.
⑤ 철주는 시인이 아니다.

03 다음 전제를 보고 항상 참인 결론을 고르면?

- 주원은 시험점수에서 은희보다 15점 덜 받았다.
- 주미의 점수는 주원의 점수보다 5점이 높다.

그러므로 _____

① 주미의 점수가 가장 높다.
② 주원의 점수가 가장 높다.
③ 은희의 점수가 가장 높다.
④ 은희의 점수가 가장 낮다.
⑤ 주원의 점수는 주미보다 높다.

04 다음 전제를 보고 항상 참인 결론을 고르면?

- 은희는 카레를 좋아한다.
- 카레를 좋아하는 사람은 고기덮밥도 좋아한다.
- 주원은 고기덮밥을 좋아한다.

그러므로 _____

① 주원은 카레를 좋아하지 않는다.
② 고기덮밥을 좋아하는 사람은 카레도 좋아한다.
③ 카레를 좋아하지 않는 사람은 고기덮밥도 좋아하지 않는다.
④ 은희는 고기덮밥도 좋아한다.
⑤ 은희는 카레를 좋아하지 않는다.

05 다음 전제를 보고 항상 참인 결론을 고르면?

> • 치킨을 좋아하는 사람은 맥주를 좋아한다.
> • 맥주를 좋아하는 사람은 감자튀김을 좋아한다.
> • 은희는 치킨을 좋아한다.
> 그러므로 _____

① 은희는 감자튀김을 좋아한다.
② 감자튀김을 좋아하는 사람은 맥주를 좋아한다.
③ 맥주를 좋아하는 사람은 치킨을 좋아한다.
④ 은희는 치킨을 좋아하지만 감자튀김은 좋아하지 않는다.
⑤ 감자튀김을 좋아하는 사람은 치킨을 좋아한다.

06 다음 전제를 보고 항상 참인 결론을 고르면?

> • 황금을 좋아하는 사람은 재즈를 좋아한다.
> • 재즈를 좋아하는 사람은 마음이 따뜻하다.
> • 클래식을 좋아하지 않는 사람은 황금을 좋아한다.
> 그러므로 _____

① 클래식을 좋아하는 사람은 락을 싫어한다.
② 클래식을 싫어하는 사람은 마음이 따뜻하다.
③ 황금을 싫어하는 사람은 재즈를 좋아한다.
④ 재즈를 좋아하는 사람은 황금을 좋아한다.
⑤ 재즈를 싫어하는 사람은 락을 좋아한다.

07 다음 전제를 보고 항상 참인 결론을 고르면?

> • 물리를 좋아하는 주원은 화학도 좋아한다.
> • 은희는 화학도 잘하지만 지구과학은 더 잘한다.
> • 주미는 화학은 주원보다 잘하지만 지구과학은 은희보다 못한다.
> 그러므로 _____

① 주원은 주미보다 화학을 못한다.
② 주원은 은희보다 화학을 잘한다.
③ 주미는 주원보다 화학을 못한다.
④ 주미는 주원보다 지구과학을 더 좋아한다.
⑤ 은희는 주원보다 지구과학을 더 잘한다.

08 다음 전제를 보고 항상 참인 결론을 고르면?

> • 항상 싸가는 점심은 샌드위치 아니면 볶음밥이다.
> • 그러나 오늘 점심은 샌드위치가 아니다.
> 그러므로 _____

① 어제 점심은 볶음밥이다.
② 오늘 점심은 볶음밥이다.
③ 내일 저녁은 샌드위치다.
④ 모레 점심은 볶음밥이다.
⑤ 내일 점심은 샌드위치다.

09 다음 전제를 보고 항상 참인 결론을 고르면?

> • 원숭이는 하늘다람쥐보다 날쌔다.
> • 하늘다람쥐는 청설모보다 몸집이 크다.
> • 원숭이는 하늘다람쥐보다 몸집이 크다.
> 그러므로 _____

① 청설모는 하늘다람쥐보다 몸집이 더 크다.
② 하늘다람쥐는 청설모보다 날쌔다.
③ 원숭이는 청설모보다 몸집이 더 크다.
④ 원숭이는 청설모보다 키가 크다.
⑤ 하늘다람쥐의 날쌔기로는 원숭이와 청설모의 중간이다.

10 다음 전제를 보고 항상 참인 결론을 고르면?

> • 은희가 회식에 오지 않으면 주원이 회식에 오지 않는다.
> • 은희가 회식에 오지 않으면 주미가 회식 중간에 집으로 간다.
> 그러므로 _____

① 주원이 회식에 오지 않으면 주미가 회식 중간에 집으로 간다.
② 주미가 회식 중간에 집에 가는 날에는 주원이 오지 않는다.
③ 은희가 회식에 오면 주원이 회식 중간에 집으로 가지 않는다.
④ 주미가 회식 중간에 집으로 가는 날에는 은희가 회식에 오지 않는다.
⑤ 주미가 회식 중간에 집에 가지 않으면 은희가 온다.

11 다음 전제를 보고 항상 참인 결론을 고르면?

> • 만약 철수가 여행을 가지 않는다면, 동창회에 참석할 것이다.
> • 철수가 동창회에 참석한다면, 영희를 만날 것이다.
> 따라서_____

① 철수는 여행에 가지 않을 것이다.
② 철수는 동창회에 참석할 것이다.
③ 철수는 동창회에 갔다가 여행을 갈 것이다.
④ 철수가 여행을 간다면 영희를 만날 것이다.
⑤ 철수가 여행을 가지 않는다면 영희를 만날 것이다.

12 다음 전제를 보고 항상 참인 결론을 고르면?

> • 블루투스 이어폰을 구매하는 사람은 케이스를 구매한다.
> • 스마트폰을 구매하지 않는 사람은 케이스도 구매하지 않는다.
> • 스마트폰을 구매하는 사람은 충전기를 구매하지 않는다.
> 그러므로_____

① 블루투스 이어폰을 구매한 사람은 충전기를 구매하지 않는다.
② 스마트폰을 구매하는 사람은 충전기를 구매한다.
③ 케이스를 구매한 사람은 스마트폰을 구매하지 않는다.
④ 스마트폰을 구매하지 않는 사람은 충전기를 구매하지 않는다.
⑤ 충전기를 구매하지 않는 사람은 블루투스 이어폰을 구매한다.

13 다음 전제를 보고 항상 참인 결론을 고르면?

> • 급식을 먹은 학생 가운데 대부분이 식중독에 걸렸다.
> • 식중독에 걸린 학생들은 급식 메뉴 중 냉면을 먹었다.
> 그러므로 _____

① 냉면은 모든 식중독의 원인이다.
② 식중독에 걸리지 않은 학생들은 쫄면을 먹었다.
③ 급식을 먹은 학생 중 일부는 냉면을 먹지 않았다.
④ 급식의 모든 음식은 식중독균에 노출되어 있다.
⑤ 냉면을 먹지 않은 학생들은 급식을 먹지 않았다.

14 다음 전제를 보고 항상 참인 결론을 고르면?

> • 축구에 관심 없는 사람은 야구에도 관심이 없다.
> • 휴식을 중시하는 사람은 심신의 안정에 신경 쓴다.
> • 심신의 안정에 신경 쓰지 않는 사람은 축구에 관심이 없다.
> 그러므로 _____

① 축구에 관심 있는 사람은 휴식을 중시하지 않는다.
② 야구에 관심 없는 사람도 심신의 안정에 신경 쓴다.
③ 심신의 안정에 신경 쓰지 않는 사람은 야구에 관심이 없다.
④ 휴식을 중시하지 않는 사람도 심신의 안정에 신경 쓴다.
⑤ 휴식을 중시하는 사람은 야구에 관심이 없다.

15 다음 전제를 보고 항상 참인 결론을 고르면?

> • 모든 여성은 초록색을 좋아한다.
> • 송이는 초록색을 좋아하지 않는다.
> 따라서_____

① 송이는 여성이다.

② 송이는 여성이 아니다.

③ 송이는 나무를 좋아한다.

④ 어떤 여성은 초록색을 싫어한다.

⑤ 모든 사람들은 초록색을 좋아한다.

16 다음 전제를 보고 항상 참인 결론을 고르면?

> • 주원은 면접점수가 가장 높고, 필기점수는 은희보다 낮다.
> • 은희는 주미보다 면접점수가 낮지만 필기점수는 높다.
> 따라서 세 사람 중_____

① 주원은 필기점수가 가장 낮다.

② 주원은 주미보다 면접점수는 높지만 필기점수는 낮다.

③ 은희는 필기점수가 가장 높다.

④ 은희는 면접점수와 필기점수를 합한 총점이 첫 번째이다.

⑤ 은희는 필기점수가 가장 낮다.

17 다음 전제를 보고 항상 참인 결론을 고르면?

> • 게임을 좋아하는 사람 중에는 의사도 있다.
> • 정치인 중에는 게임을 좋아하는 사람도 있다.
> 그러므로_____

① 독서를 좋아하는 사람 중에는 정치인도 있다.

② 게임을 좋아하는 모든 사람은 의사이다.

③ 의사 중에는 정치인은 없다.

④ 모든 정치인은 의사일 수도 있다.

⑤ 게임을 좋아하지 않는 사람은 의사가 아니다.

18 다음 전제를 보고 항상 참인 결론을 고르면?

> • 성공한 작가는 존경받는다.
> • 어떤 하루 종일 글만 쓰는 작가는 존경받지 못한다.
> 그러므로_____

① 존경받는 작가는 모두 하루 종일 글만 쓴다.

② 하루 종일 글만 쓰는 작가는 모두 성공한다.

③ 모든 작가는 하루 종일 글만 쓴다.

④ 성공한 모든 작가는 하루 종일 글만 쓴다.

⑤ 어떤 작가는 하루 종일 글만 씀에도 불구하고 성공하지 못한다.

19 다음 전제를 보고 항상 참인 결론을 고르면?

> • 하루에 두 번만 식사를 해도 어떤 사람도 배고프지 않다.
> • 아침을 먹는 모든 사람은 하루에 두 번 식사한다.
> 그러므로 _____

① 아침을 먹는 모든 사람은 배고프지 않다.
② 하루에 세 번 식사하는 사람이 있다.
③ 아침을 먹는 어떤 사람은 배고프다.
④ 하루에 한 번 식사하는 사람은 배고프지 않다.
⑤ 배고프지 않은 사람은 하루에 두 번 식사한다.

20 다음 전제를 보고 항상 참인 결론을 고르면?

> • 야간 근무를 하는 모든 사람은 생산관리팀 사원들이다.
> • 야간 근무를 하는 모든 사람은 품질관리팀 사원들이다.
> 그러므로 _____

① 품질관리팀 업무를 하는 모든 사람은 야근을 한다.
② 야근을 하는 어떤 사람은 생산관리팀의 업무를 하지 않는다.
③ 생산관리팀 업무를 하는 모든 사람은 야근을 한다.
④ 생산관리팀 업무를 하는 모든 사람은 품질관리팀 업무를 한다.
⑤ 품질관리팀 업무를 하는 어떤 사람은 생산관리팀 업무를 한다.

21 다음 전제를 보고 항상 참인 결론을 고르면?

> • 오늘 별똥별이 떨어지면 내일 비가 올 것이다.
> • 바다가 기분이 좋으면 별똥별이 떨어진다.
> • 바다는 아름답다.
> 따라서, _____

① 바다가 아니면 아름답지 않다.
② 바다가 아름다우면 내일 별똥별이 떨어질 것이다.
③ 오늘 바다가 기분이 좋으면 내일 비가 올 것이다.
④ 바다가 아름다우면 오늘 별똥별이 떨어질 것이다.
⑤ 오늘 별똥별이 떨어지지 않으면 내일 비가 오지 않는다.

22 다음 전제를 보고 항상 참인 결론을 고르면?

> • 미영이는 토익 시험에서 연재보다 20점 더 받았다.
> • 연아의 점수는 미영이 보다 10점이 적다.
> 그러므로, _____

① 연재의 점수가 가장 높다.
② 연아의 점수가 가장 높다.
③ 미영이와 연재의 점수는 같다.
④ 연아의 점수는 연재의 점수보다 낮다.
⑤ 연아와 연재의 점수 차는 10점이다.

23 다음 전제를 보고 항상 참인 결론을 고르면?

> • A는 봄을 좋아하고, B는 여름을 좋아한다.
> • D는 특별히 좋아하거나 싫어하는 계절이 없다.
> • C는 A의 의견과 동일하다.
> 따라서, _____

① C는 봄을 좋아한다.
② D는 사계절을 모두 싫어한다.
③ B는 겨울을 싫어한다.
④ C는 여름도 좋아한다.
⑤ D는 여름을 싫어한다.

24 다음 전제를 보고 항상 참인 결론을 고르면?

> • A를 구매하는 사람은 B를 구매한다.
> • C를 구매하지 않는 사람은 B도 구매하지 않는다.
> • C를 구매하는 사람은 D를 구매하지 않는다.
> 따라서, _____

① A를 구매한 사람은 D를 구매하지 않는다.
② B를 구매하는 사람은 C를 구매하지 않는다.
③ C를 구매하는 사람은 A를 구매하지 않는다.
④ B를 구매하지 않는 사람은 C도 구매하지 않는다.
⑤ A를 구매한 사람은 B, C, D를 모두 구매한다.

25 다음 전제를 보고 항상 참인 결론을 고르면?

> • 이번 수학 시험에서 민정이가 가장 높은 점수를 받았다.
> • 정연이는 수학 시험에서 86점을 받아 2등을 했다.
> • 가영이는 지난 수학 시험보다 10점 높은 점수를 받았다.
> 따라서,_____

① 가영이는 민정이와 같은 수학 점수를 받았다.
② 가영이는 정연이보다 높은 수학 점수를 받았다.
③ 민정이의 수학 점수는 86점보다 높다.
④ 가영이는 정연이보다 10점 낮은 점수를 받았다.
⑤ 민정이는 지난 수학 시험보다 높은 점수를 받았다.

26 다음 전제를 보고 항상 참인 결론을 고르면?

> • 모든 나무는 산을 좋아한다. 그리고 약간 짧은 🌲는 나무이다.
> 그러므로._____

① 모든 나무는 🌲이다.
② 모든 긴 🌲는 산을 싫어한다.
③ 모든 긴 🌲는 산을 좋아한다.
④ 어떤 짧은 🌲는 산을 좋아한다.
⑤ 약간 짧은 🌲는 산을 싫어한다.

27 다음 전제를 보고 항상 참인 결론을 고르면?

> • 진달래를 싫어하지 않는 사람은 알로에를 싫어한다.
> • 국화를 좋아하는 사람은 해바라기도 좋아한다.
> • 알로에를 좋아하는 사람은 선인장을 싫어하지 않는다.
> • 해바라기를 좋아하는 사람은 진달래를 싫어한다.
> 그러므로, _____

① 진달래를 싫어하는 사람은 해바라기를 좋아한다.
② 선인장을 좋아하는 사람은 알로에를 싫어한다.
③ 국화를 좋아하는 사람은 진달래를 싫어한다.
④ 알로에를 좋아하지 않는 사람은 해바라기를 좋아하지 않는다.
⑤ 진달래를 좋아하는 사람은 알로에도 좋아한다.

28 다음 전제를 보고 항상 참인 결론을 고르면?

> • 종탁이는 준영이의 사촌 오빠이다.
> • 소영이와 준영이는 자매이다.
> • 미라는 종탁이의 누나이다.
> 그러므로, _____

① 미라는 준영이와 동갑이다.
② 종탁이와 소영이는 나이가 같다.
③ 미라는 소영이와 사촌 간이다.
④ 소영이는 준영이보다 나이가 많다.
⑤ 미라는 준영이보다 나이가 적다.

29 다음 전제를 보고 항상 참인 결론을 고르면?

> • 모든 텔레비전은 어떤 DVD이다.
> • 모든 비행기는 책이다.
> • 모든 라디오는 비행기이다.
> • 어떤 책은 텔레비전이다.
> 그러므로, _____

① 어떤 책은 어떤 DVD이다.
② 모든 라디오는 어떤 DVD이다.
③ 모든 텔레비전은 어떤 책이다.
④ 모든 라디오가 책인 것은 아니다.
⑤ 모든 라디오는 어떤 책이다.

30 다음 전제를 보고 항상 참인 결론을 고르면?

> • 당근을 좋아하는 사람은 라디오를 갖고 있다.
> • 모든 거짓말쟁이는 긴 코를 가지고 있다.
> • 우유를 마시지 않는 사람은 모두 키가 작다.
> • 키가 작은 사람 중 일부는 당근을 싫어한다.
> • 긴 코를 가진 모든 거짓말쟁이는 모든 텔레비전을 갖고 있다.
> • 당근을 싫어하는 모든 사람은 코가 빨갛다.
> • 텔레비전을 가진 사람 중에는 우유를 마시지 않는 사람도 있다.
> 그러므로 _____

① 긴 코를 가진 거짓말쟁이 중에는 키가 작은 사람이 있다.
② 모든 거짓말쟁이는 당근을 좋아한다.
③ 라디오를 갖고 있지 않은 사람은 키가 크다.
④ 코가 빨갛지 않으면 거짓말쟁이가 아니다.
⑤ 우유를 마시는 사람은 모두 당근을 싫어한다.

31 다음 전제를 보고 항상 참인 결론을 고르면?

> • 가을이 오면 낙엽이 질 것이다.
> • 낙엽이 지지 않았다.
> 따라서_____

① 낙엽이 질 것이다.
② 가을이 오지 않았다.
③ 가을에는 낙엽이 진다.
④ 겨울에는 낙엽이 지지 않는다.
⑤ 가을이 오지 않으면 겨울이 오지 않는다.

32 다음 전제를 보고 항상 참인 결론을 고르면?

> • 모든 전구는 밝다.
> • 어떤 형광등은 백열등보다 밝다.
> 그러므로_____

① 모든 전구는 백열등이다.
② 모든 형광등이 백열등보다 밝은 것은 아니다.
③ 모든 전구는 형광등이다.
④ 모든 형광등은 백열등보다 밝다.
⑤ 모든 백열등은 모든 형광등보다 밝다.

33 다음 전제를 보고 항상 참인 결론을 고르면?

> • 모든 사람은 죽는다.
> • 아리스토텔레스는 사람이다.
> 따라서_____

① 아리스토텔레스는 죽는다.
② 아리스토텔레스는 철학자이다.
③ 모든 사람이 죽는 것은 아니다.
④ 아리스토텔레스는 사람이 아니다.
⑤ 모든 죽지 않는 존재는 사람이 아니다.

34 다음 전제를 보고 항상 참인 결론을 고르면?

> • 비가 오면, 땅이 젖는다.
> • 땅이 젖지 않았다.
> 따라서_____

① 비가 오지 않았다.
② 비가 왔다가 그쳤다.
③ 젖지 않는 땅도 있다.
④ 비는 땅을 적시지 못한다.
⑤ 비가 오지 않으면 땅이 굳는다.

35 다음 밑줄 친 부분에 들어갈 문장으로 알맞은 것은?

> • 문학을 이해하기 위해서는 시대정신을 이해해야 한다.
> • 시대정신을 이해하기 위해서는 시대상황을 이해해야 한다.
> 그러므로, _____

① 문학은 시대상황과 아무런 관련이 없다.
② 문학은 시대상황과 관련이 없을 수도 있다.
③ 문학을 이해하기 위해서는 시대상황을 이해해야 한다.
④ 문학을 이해하기 위해서는 작가의 개성을 이해해야 한다.
⑤ 실제 현실은 문학 속 현실과 많이 닮아 있다.

36 다음 밑줄 친 부분에 들어갈 문장으로 알맞은 것은?

> • 경호는 영업부에 근무한다.
> • 상훈이는 병규와 같은 부서에 근무한다.
> • 기술부에 근무하는 우영이는 병규의 직속 상사이다.
> 따라서 _____

① 병규는 영업부에 근무한다.
② 우영이는 상훈이의 상사이다.
③ 상훈이는 기술부에 근무한다.
④ 경호와 우영이는 같은 부서에 근무한다.
⑤ 상훈이는 경호와 같은 부서이다.

37 다음 밑줄 친 부분에 들어갈 문장으로 알맞은 것은?

- 주영이는 민정이보다 수학을 잘한다.
- 민정이는 은주보다 영어를 못한다.
- 원철이는 주영이보다 수학을 잘한다.

따라서_____

① 은주보다 민정이가 영어를 잘한다.
② 원철이는 수학, 영어 모두 제일 잘한다.
③ 원철이가 영어를 제일 잘한다.
④ 원철이는 민정이보다 수학을 잘한다.
⑤ 원철이는 은주보다 영어를 잘한다.

38 다음 밑줄 친 부분에 들어갈 문장으로 알맞은 것은?

- 은의 열전도율이 금의 열전도율보다 높다.
- 금의 열전도율은 구리보다 낮다.
- 알루미늄의 열전도율은 금보다 낮다.

따라서_____

① 은의 경우 구리보다 열전도율이 낮다.
② 은의 열전도율은 알루미늄보다 낮다.
③ 구리의 열전도율은 알루미늄보다 높다.
④ 금의 열전도율이 가장 낮다.
⑤ 은의 열전도율이 가장 낮다.

39 다음 결론이 반드시 참이 되게 하는 전제는?

> • 헬스를 하루라도 거르면 근육량이 감소한다.
> • _____
> 그러므로 헬스를 하지 않으면 근 손실이 일어난다.

① 근육량이 높으면 근 손실이 일어나지 않은 것이다.
② 근 손실이 일어나지 않은 것은 근육량이 높은 것이다.
③ 근육량이 높으면 헬스를 한 것이다.
④ 헬스를 한다면 근육량이 증가한다.
⑤ 근육량이 유지된다면 헬스를 한 것이다.

40 다음 결론이 반드시 참이 되게 하는 전제는?

> • 강의를 꾸준히 시청한 학생은 모두 대기업에 들어갔다.
> • _____
> 그러므로 대기업에 들어간 학생 중 일부는 건강을 중요시한다.

① 건강을 중요시하는 학생 중 일부는 대기업에 들어가지 못했다.
② 건강을 중요시하지 않는 학생은 대기업에 들어갔다.
③ 강의를 꾸준히 시청한 어떤 학생은 건강을 중요시한다.
④ 대기업에 들어간 학생은 건강을 중요시하지 않는다.
⑤ 강의를 꾸준히 시청하는 학생 중 일부는 대기업에 들어가지 못했다.

41 다음 결론이 반드시 참이 되게 하는 전제는?

> - 청설모는 다람쥣과의 동물이다.
> - _____
> - 나무 위에서 도토리를 따는 동물은 청설모이다.
> 그러므로 나뭇잎을 먹는 동물은 다람쥣과이다.

① 나뭇잎을 먹지 않는 동물은 다람쥣과 동물이 아니다.
② 청설모는 나뭇잎을 먹는다.
③ 다람쥣과가 아닌 동물은 나무 위에서 살지 않는다.
④ 나무 위에서 도토리를 따지 않는 동물은 나뭇잎을 먹지 않는다.
⑤ 청설모는 다람쥣과 동물이 아니다.

42 다음 결론이 반드시 참이 되게 하는 전제는?

> - 디자인팀은 전시회에 갔다.
> - _____
> 따라서, 회사를 가지 않는 날에 전시회를 간다.

① 회사에 가면 전시회에 가지 않는다.
② 디자인팀이 아니라면 회사를 간다.
③ 회사를 가지 않으면 디자인팀이 아니다.
④ 디자인팀이 아니라면 전시회에 가지 않는다.
⑤ 전시회에 가지 않으면 회사를 가지 않는다.

43 다음 결론이 반드시 참이 되게 하는 전제는?

> • 오늘 하지 않은 청소를 미루면 안 된다.
> • _____
> 그러므로, 청소를 하지 않으면 집안이 더러워진다.

① 청소를 하면 집안이 깨끗해진다.
② 집안이 깨끗한 것은 미루지 않은 것이다.
③ 집안이 깨끗한 것은 청소를 한 것이다.
④ 미루지 않은 것은 청소를 한 것이다.
⑤ 집안에 화분을 두면 깨끗해진다.

44 다음 결론이 반드시 참이 되게 하는 전제는?

> • 체력이 모두 닳으면 다음 난이도를 시작할 수 없다.
> • _____
> 그러므로, 주원은 다음 난이도를 시작하지 못했다.

① 다음 난이도를 했다는 것은 곧 체력이 닳지 않았다는 의미다.
② 주원의 체력이 모두 닳았다.
③ 주원은 다음 난이도를 시작했다.
④ 다음 난이도를 시작하지 못했다는 것이 곧 체력이 모두 닳았다는 의미가 아니다.
⑤ 주원의 체력이 닳지 않았다.

45 다음 결론이 반드시 참이 되게 하는 전제는?

> • 나무를 베지 않으면 산사태가 일어나지 않는다.
> • _____
> • 법으로 규제하면 나무를 베지 않는다.
> 그러므로, 법으로 규제한 것은 가구를 만들지 못했다는 뜻이다.

① 가구를 만들지 못하면 산사태가 일어나지 않는다.
② 가구를 만들어도 법으로 규제한다.
③ 나무를 베면 법으로 규제한다.
④ 가구를 만들면 산사태가 일어난다.
⑤ 가구를 만들지 못하면 산사태가 일어나지 않는다.

46 다음 결론이 반드시 참이 되게 하는 전제는?

> • 재즈 페스티벌에 참가하는 모든 팬은 록페스티벌에도 참가한다.
> • _____
> 그러므로, 록페스티벌에 참가하는 어떤 팬은 일렉트로닉 페스티벌에도 참가한다.

① 재즈 페스티벌에 참가하지 않는 어떤 팬은 일렉트로닉 페스티벌에 참가한다.
② 록페스티벌에 참가하지 않는 모든 팬은 일렉트로닉 페스티벌에 참가하지 않는다.
③ 재즈 페스티벌에 참가하는 모든 사람은 일렉트로닉 페스티벌에 참가하지 않는다.
④ 재즈 페스티벌에 참가하는 어떤 사람은 일렉트로닉 페스티벌에 참가한다.
⑤ 록페스티벌에 참가하는 어떤 팬은 재즈 페스티벌에 참가한다.

47 다음 결론이 반드시 참이 되게 하는 전제는?

> • 음악을 좋아하는 사람은 독서를 싫어한다.
> • _____
> 그러므로, 미술을 좋아하는 사람은 음악을 싫어한다.

① 미술을 싫어하는 사람은 독서를 좋아한다.
② 독서를 싫어하는 사람은 미술을 싫어한다.
③ 음악을 싫어하는 사람은 독서를 좋아한다.
④ 독서를 싫어하는 사람은 미술을 싫어한다.
⑤ 독서를 좋아하는 사람은 음악을 싫어한다.

48 다음 결론이 반드시 참이 되게 하는 전제는?

> • 동영상 사이트를 즐겨 찾는 모든 구독자는 고양이 동영상을 선호한다.
> • _____
> 그러므로 강아지 동영상을 보는 모든 구독자는 고양이 동영상을 선호한다.

① 동영상 사이트를 즐겨 찾는 모든 구독자는 강아지 동영상을 본다.
② 강아지 동영상을 보는 모든 사람은 동영상 사이트를 즐겨 찾는다.
③ 동영상 사이트를 즐겨 찾는 어느 구독자는 강아지 동영상을 본다.
④ 강아지 동영상을 보는 어느 구독자는 동영상 사이트를 즐겨 찾는다.
⑤ 강아지 동영상을 보는 어느 구독자는 동영상 사이트를 좋아하지 않는다.

01 다음 문장으로부터 추론할 수 있는 것은?

> • 미래가 중요하다.
> • 미래보다 더 중요한 것은 현재이다.
> • 과거없이 미래가 없다.

① 과거가 가장 중요하다.
② 미래가 가장 중요하다.
③ 현재가 미래보다 중요하다.
④ 미래가 과거보다 중요하다.
⑤ 과거, 현재, 미래 똑같이 중요하다.

02 다음 문장으로부터 추론할 수 있는 것은?

> • 빨간 상자는 초록 상자에 들어간다.
> • 파란 상자는 검정 상자에 들어간다.
> • 검정 상자와 빨간 상자는 같은 크기이다.

① 빨간 상자는 검정 상자에 들어간다.
② 초록 상자는 검정 상자에 들어간다.
③ 초록 상자는 파란 상자에 들어가지 않는다.
④ 파란 상자는 빨간 상자에 들어가지 않는다.
⑤ 검정 상자는 초록 상자에 들어가지 않는다.

03 다음 문장으로부터 추론할 수 있는 것은?

> • A는 B의 큰형이다.
> • B와 C는 동갑이다.
> • C는 D의 둘째동생이다.

① A는 C와 동갑이다.
② C는 A보다 나이가 적다.
③ A는 D보다 나이가 적다.
④ D는 A보다 나이가 많다.
⑤ B는 D보다 나이가 많다.

04 다음 문장으로부터 추론할 수 있는 것은?

> • 정직한 사람은 거짓말을 하지 않는다.
> • 명랑한 사람은 모두가 좋아한다.
> • 거짓말을 하지 않는 사람은 모두가 좋아한다.

① 정직한 사람은 모두가 좋아한다.
② 명랑한 사람은 정직한 사람이다.
③ 모두가 좋아하는 사람은 정직한 사람이다.
④ 거짓말을 하지 않는 사람은 명랑한 사람이다.
⑤ 거짓말 하는 것을 좋아하지 않는 사람은 명랑한 사람이다.

05 다음 문장으로부터 추론할 수 있는 것은?

> • 그림을 잘 그리는 사람은 감정이 풍부하다.
> • 노래를 잘 부르는 사람은 모두가 좋아한다.
> • 감정이 풍부한 사람은 모두가 좋아한다.

① 감정이 풍부한 사람은 그림을 잘 그리는 사람이다.
② 노래를 잘 부르는 사람은 그림을 잘 그리는 사람이다.
③ 모두가 좋아하는 사람은 그림을 잘 그리는 사람이다.
④ 노래를 잘 부르는 사람은 감정이 풍부하다.
⑤ 그림을 잘 그리는 사람은 모두가 좋아한다.

06 다음 문장으로부터 추론할 수 있는 것은?

> • 마라톤을 좋아하는 사람은 체력이 좋고, 인내심도 있다.
> • 몸무게가 무거운 사람은 체력이 좋다.
> • 명랑한 사람은 마라톤을 좋아한다.

① 체력이 좋은 사람은 인내심이 없다.
② 인내심이 없는 사람은 명랑하지 않다.
③ 마라톤을 좋아하는 사람은 몸무게가 가볍다.
④ 몸무게가 무겁지 않은 사람은 인내심이 있다.
⑤ 인내심이 있는 사람은 마라톤을 좋아하지 않는다.

07 다음 문장으로부터 추론할 수 있는 것은?

> • 녹차를 좋아하는 사람은 커피를 좋아한다.
> • 커피를 좋아하는 사람은 우유를 좋아한다.
> • 우유를 좋아하는 사람은 홍차를 좋아하지 않는다.

① 녹차를 좋아하는 사람은 홍차를 좋아하지 않는다.

② 커피를 좋아하는 사람은 녹차를 좋아한다.

③ 우유를 좋아하지 않는 사람은 홍차를 좋아하지 않는다.

④ 홍차를 좋아하는 사람은 커피를 좋아한다.

⑤ 녹차를 좋아하지 않는 사람은 우유를 좋아한다.

08 다음 문장으로부터 추론할 수 있는 것은?

> • A방송을 시청하는 사람은 B방송을 시청하지 않는다.
> • C방송을 시청하는 사람은 모두 B방송도 시청한다.

① A방송과 C방송을 동시에 시청하는 사람도 있다.

② A방송을 시청하지 않는 사람은 C방송도 시청하지 않는다.

③ A방송을 시청하는 사람들 중 C방송을 시청하는 사람은 없다.

④ C방송을 시청하는 사람들 중 일부는 A방송을 시청한다.

⑤ 어떤 방송도 시청하지 않는 사람이 있다.

09 다음 문장으로부터 추론할 수 있는 것은?

> - 모든 긴수염고래는 가장 큰 범고래보다 크다.
> - 일부 밍크고래는 가장 큰 범고래보다 작다.
> - 모든 범고래는 가장 큰 돌고래보다 크다.

① 어떤 범고래는 가장 큰 돌고래보다 작다.
② 어떤 긴수염고래는 가장 큰 밍크고래보다 작다.
③ 가장 작은 밍크고래만한 돌고래가 있다.
④ 가장 작은 밍크고래는 가장 큰 범고래보다 크다.
⑤ 어떤 밍크고래는 가장 작은 긴수염고래보다 작다.

10 다음 문장으로부터 추론할 수 있는 것은?

> - 민기는 영어를 유창하게 할 것이다.
> - 역사에 관심이 많은 사람은 모두 영어를 유창하게 잘한다.

① 민기는 역사에 관심이 많다.
② 민기는 영어를 좋아한다.
③ 역사에 관심이 많은 사람은 영어를 좋아한다.
④ 영어를 잘하는 사람은 역사에 관심이 많다.
⑤ 영어를 잘하려면 역사를 공부해야 한다.

11 다음 문장으로부터 추론할 수 있는 것은?

> • 초콜릿을 좋아하는 사람은 모두 우유도 좋아한다.
> • 우유를 좋아하는 사람은 모두 두유를 싫어한다.
> • 연수는 초콜릿을 좋아한다.

① 연수는 두유를 좋아한다.
② 연수는 단 것을 싫어한다.
③ 연수는 두유를 싫어한다.
④ 초콜릿을 좋아하는 사람은 두유를 좋아한다.
⑤ 두유를 싫어하는 사람은 모두 우유를 좋아한다.

12 다음 문장으로부터 추론할 수 있는 것은?

> • 소담이는 진호보다 먼저 약속장소에 도착했다.
> • 진호는 약속 때마다 가장 늦게 도착한다.
> • 오늘 영미는 소담이보다 일찍 약속장소에 도착했다.

① 진호와 소담이 중에 누가 먼저 도착했는지 알 수 없다.
② 영미는 진호보다 약속장소에 먼저 도착했다.
③ 영미는 항상 가장 먼저 약속장소에 도착했다.
④ 진호는 오늘 가장 일찍 약속장소에 도착했다.
⑤ 소담이는 항상 약속장소에 먼저 도착한다.

13 다음 문장으로부터 추론할 수 있는 것은?

> • 정희는 직업이 교사이고, 은혜는 회사원이다.
> • 현우는 소설가이다.
> • 창영이는 현우의 동생과 같은 직업으로 회사원이다.

① 현우의 동생은 회사원이다.
② 은혜는 현우의 동생이다.
③ 창영이와 은혜는 같은 회사에 다니고 있다.
④ 은혜와 현우의 동생은 같은 직업이지만 다른 회사에 다니고 있다.
⑤ 창영이와 현우 동생은 같은 부서에서 일한다.

14 다음 문장으로부터 추론할 수 있는 것은?

> • 주원은 은희의 선배이다.
> • 은희와 주미는 동기이다.
> • 주미는 민지의 후배이다.

① 은희는 민지의 선배이다.
② 주미는 주원의 후배이다.
③ 주원은 민지의 후배이다.
④ 주원과 주미는 동기이다.
⑤ 민지는 주원보다 선배이다.

15 다음 문장으로부터 추론할 수 있는 것은?

> • 수아의 앞에는 2명 이상의 사람이 서있고 주미보다는 앞에 서있다.
> • 민지의 바로 앞에는 은희가 서있다.
> • 주원의 뒤에는 2명이 서있다.

① 주원은 수아와 주미 사이에 서있다.
② 민지는 은희와 주원 사이에 서있다.
③ 수아는 다섯 명 중에 한 가운데에 서있다.
④ 주미가 제일 앞에 서있다.
⑤ 민지는 은희 다음에 서있고, 뒤에는 수아가 서있다.

16 다음 문장으로부터 추론할 수 있는 것은?

> • 레이싱 카 A는 C보다 앞서 들어왔지만 D보다는 늦게 들어왔다.
> • 레이싱 카 B는 C보다 앞서 들어왔지만 E보다는 늦게 들어왔다.
> • 레이싱 카 E는 A와 D 사이에 들어왔다.

① 최고 속도는 'D-E-B-A-C'순으로 빠르다.
② 최고 속도는 D가 두 번째로 빠르고 C가 가장 느리다.
③ B의 속도는 E보다 빠르고 C보다 느리다.
④ E의 최고속도는 A와 B보다 빠르다.
⑤ C는 A와 B 사이에 들어왔다.

17 S기업의 진급요인을 정밀 분석한 결과 진급 성과에는 A, B, C가 있다고 한다. 다음 내용을 참고할 때, 참 또는 거짓으로 나눌 수 없는 진술은 무엇인가?

- 진급한 주원은 A, B, C성과를 모두 냈다고 있다.
- 진급심사에서 탈락한 은희는 A, B성과만 냈다고 한다.
- 진급한 주미는 A, C성과만 냈다고 한다.
- 진급심사에서 탈락한 민지는 B성과만 냈고 A, C성과를 내지 못했다고 한다.

---

① 진급한 사람은 A성과가 가장 큰 영향을 끼친다.
② 진급심사에서 탈락한 사람은 C성과를 내지 못했다.
③ 진급한 사람 모두 B성과를 냈다.
④ 진급한 사람만 놓고 보면 A와 C성과를 냈다.
⑤ 진급한 사람은 모두 A성과를 냈다.

18 다음 문장으로부터 추론할 수 있는 것은?

- ○○○○공사의 회의는 다음 주에 개최한다.
- 월요일에는 회의를 개최하지 않는다.
- 화요일과 목요일에 회의를 개최하거나 월요일에 회의를 개최한다.
- 금요일에 회의를 개최하지 않으면, 화요일에도 회의를 개최하지 않고 수요일에도 개최하지 않는다.

---

① 회의를 반드시 개최해야 하는 날의 수는 5일이다.
② 회의를 반드시 개최해야 하는 날의 수는 4일이다.
③ 회의를 반드시 개최해야 하는 날의 수는 3일이다.
④ 회의를 반드시 개최해야 하는 날의 수는 2일이다.
⑤ 회의를 반드시 개최해야 하는 날의 수는 1일이다.

19 다음 문장으로부터 추론할 수 있는 것은?

> • 25세인 주영은 3년씩 터울이 지는 동생 두 명이 있다.
> • 28세인 우경은 2년씩 터울이 지는 동생 세 명이 있다.

① 우경의 막내 동생이 제일 어리다.
② 주영의 둘째 동생은 우경의 막내 동생보다 나이가 많다.
③ 주영의 첫째 동생과 우경의 막내 동생은 나이가 같다.
④ 우경의 첫째 동생이 주영의 첫째 동생보다 어리다.
⑤ 주영의 첫째 동생이 우경의 둘째 동생과 나이가 같다.

20 다음 문장으로부터 추론할 수 있는 것은?

> • 모든 선생님은 노래를 잘한다.
> • 어떤 학생은 춤을 잘 춘다.

① 어떤 선생님은 노래를 잘한다.
② 어떤 학생은 노래를 잘한다.
③ 모든 학생은 춤을 잘 춘다.
④ 모든 선생님은 춤을 잘 춘다.
⑤ 어떤 선생님이 노래를 잘하는지는 알 수 없다.

21 다음 문장으로부터 추론할 수 있는 것은?

> • 버스는 전철보다 느리다.
> • 택시는 전철보다 빠르다.
> • 오토바이는 택시보다 빠르다.

① 택시가 가장 빠르다.
② 전철이 가장 느리다.
③ 버스와 전철은 속도가 비슷하다.
④ 오토바이가 가장 빠르다.
⑤ 전철이 두 번째로 빠르다.

22 다음 문장으로부터 추론할 수 있는 것은?

> • 사과보다 배가 달다.
> • 포도는 사과보다 달다.
> • 홍시는 포도보다 달다.

① 배가 제일 달다.
② 사과가 제일 달지 않다.
③ 포도와 홍시는 당도가 같다.
④ 포도가 배보다 달다.
⑤ 포도가 세 번째로 달다.

23 다음 문장으로부터 추론할 수 있는 것은?

> • 파란 모자를 쓰는 사람은 편집증이 있다.
> • 검은 모자를 쓰는 사람은 우울증이 있다.
> • 결벽증이 있는 사람은 어떠한 모자도 쓰지 않는다.

① 모자를 쓰는 사람은 어떤 증세가 있는 사람이다.
② 검은 모자를 쓰지 않는 사람은 우울증이 없다.
③ 결벽증이 있는 사람은 검은 모자를 쓰지 않는다.
④ 결벽증과 편집증을 모두 가지고 있는 사람은 없다.
⑤ 결벽증이 있는 사람은 파란 모자를 쓴다.

24 다음 정보를 따를 때 추론할 수 <u>없는</u> 것은?

> • 혈당이 낮아지면 혈중 L의 양이 줄어들고, 헐딩이 높아지면 그 양이 늘어난다.
> • 혈중 L의 양이 늘어나면 시상하부 알파 부분에서 호르몬 A가 분비되고, 혈중 L의 양이 줄어들면 시상하부 알파 부분에서 호르몬 B가 분비된다.
> • 시상하부 알파 부분에서 호르몬 A가 분비되면, 시상하부 베타 부분에서 호르몬 C가 분비되고 시상하부 감마 부분의 호르몬 D의 분비가 억제된다.
> • 시상하부 알파 부분에서 호르몬 B가 분비되면, 시상하부 감마 부분에서 호르몬 D가 분비되고 시상하부 베타 부분의 호르몬 C의 분비가 억제된다.
> • 시상하부 베타 부분에서 분비되는 호르몬 C는 물질대사를 증가시키고, 이 호르몬의 분비가 억제될 경우 물질대사가 감소한다.
> • 시상하부 감마 부분에서 분비되는 호르몬 D는 식욕을 증가시키고, 이 호르몬의 분비가 억제될 경우 식욕이 감소한다.

① 혈당이 낮아지면, 식욕이 증가한다.
② 혈당이 높아지면, 물질대사가 증가한다.
③ 혈당이 높아지면, 시상하부 알파 부분과 베타 부분에서 각각 분비되는 호르몬이 있다.
④ 혈당이 낮아지면, 시상하부 감마 부분에서 호르몬의 분비가 억제된다.
⑤ 혈당이 낮아지면, 호르몬 B가 분비된다.

01 다음 제시된 조건을 바탕으로 A, B에 대해 바르게 설명한 것은?

[조건]
• A는 영어보다 수학을 좋아한다.
• B는 수학을 과학보다 좋아한다.
• C는 영어를 과학보다 좋아한다.

[결론]
A : A는 영어, 수학, 과학 중 수학을 가장 좋아한다.
B : B는 영어, 수학, 과학 중 영어를 가장 좋아한다.

① A만 옳다.   ② B만 옳다.
③ A, B 모두 옳다.   ④ A, B 모두 틀렸다.
⑤ A, B 모두 알 수 없다.

02 다음 제시된 조건을 바탕으로 A, B에 대해 바르게 설명한 것은?

[조건]
• 두꺼비는 개구리보다 무겁다.
• 개구리와 독수리의 무게는 같다.

[결론]
A : 두꺼비는 독수리보다 가볍다.
B : 두꺼비는 독수리보다 무겁다.

① A만 옳다.   ② B만 옳다.
③ A, B 모두 옳다.   ④ A, B 모두 틀렸다.
⑤ A, B 모두 알 수 없다.

03 다음 제시된 조건을 바탕으로 A, B에 대해 바르게 설명한 것은?

[조건]
- 철수가 기혼자이면, 자녀가 두 명이다.
- 영희는 자녀가 한 명이다.

[결론]
A : 철수와 영희는 부부이다.
B : 철수와 영희는 부부가 아니다.

① A만 옳다.   ② B만 옳다.
③ A, B 모두 옳다.   ④ A, B 모두 틀렸다.
⑤ A, B 모두 알 수 없다.

04 다음 제시된 조건을 바탕으로 A, B에 대해 바르게 설명한 것은?

[조건]
- 나정이의 아버지는 야구 코치이다.
- 나정이의 어머니는 야구 코치이다.

[결론]
A : 나정이는 야구코치이다.
B : 나정이는 회사원이다.

① A만 옳다.   ② B만 옳다.
③ A, B 모두 옳다.   ④ A, B 모두 틀렸다.
⑤ A, B 모두 알 수 없다.

05 다음 제시된 조건을 바탕으로 A, B에 대해 바르게 설명한 것은?

[조건]
• 모든 갈매기는 과자를 좋아한다.
• 안경을 쓴 ♧는 모두 갈매기이다.

[결론]
A : 안경을 쓴 ♧는 과자를 좋아한다.
B : 안경을 쓴 ♧는 과자를 싫어한다.

① A만 옳다.   ② B만 옳다.
③ A, B 모두 옳다.   ④ A, B 모두 틀렸다.
⑤ A, B 모두 알 수 없다.

06 다음 제시된 조건을 바탕으로 A, B에 대해 바르게 설명한 것은?

[조건]
• 모든 사과는 빨갛다.
• 물렁한 ♧는 사과이다.

[결론]
A : 물렁한 ♧는 초록색이다.
B : 물렁한 ♧는 노란색이다.

① A만 옳다.   ② B만 옳다.
③ A, B 모두 옳다.   ④ A, B 모두 틀렸다.
⑤ A, B 모두 알 수 없다.

07 다음 제시된 조건을 바탕으로 A, B에 대해 바르게 설명한 것은?

[조건]
- 사랑이는 가족 중에서 가장 늦게 일어난다.
- 사랑이의 아버지는 언제나 오전 6시에 일어난다.

[결론]
A : 사랑이는 매일 오전 7시에 일어난다.
B : 사랑이는 가족 중에서 가장 늦게 잠자리에 든다.

① A만 옳다.   ② B만 옳다.
③ A, B 모두 옳다.   ④ A, B 모두 틀렸다.
⑤ A, B 모두 알 수 없다.

08 다음 제시된 조건을 바탕으로 A, B에 대해 바르게 설명한 것은?

[조건]
- 성모는 영수보다 어리다.
- 영수는 길수보다 어리다.

[결론]
A : 성모는 길수보다 어리다.
B : 성모, 영수, 길수 중 길수의 나이가 가장 많다.

① A만 옳다.   ② B만 옳다.
③ A, B 모두 옳다.   ④ A, B 모두 틀렸다.
⑤ A, B 모두 알 수 없다.

09 다음 제시된 조건을 바탕으로 A, B에 대해 바르게 설명한 것은?

> **[조건]**
> • 민지의 수학 점수는 윤지의 점수보다 15점이 낮다.
> • 수지의 수학 점수는 민지의 수학 점수보다 5점이 높다.
>
> **[결론]**
> A : 민지, 윤지, 수지 중 윤지의 수학 점수가 가장 높다.
> B : 민지, 윤지, 수지 중 수지의 수학 점수가 가장 낮다.

① A만 옳다.　　　　　　　　② B만 옳다.

③ A, B 모두 옳다.　　　　　④ A, B 모두 틀렸다.

⑤ A, B 모두 알 수 없다.

10 다음 제시된 조건을 바탕으로 A, B에 대해 바르게 설명한 것은?

> **[조건]**
> • 악어는 뱀보다 예쁘다.
> • 악어는 물개보다 예쁘지 않다.
>
> **[결론]**
> A : 물개는 뱀보다 예쁘다.
> B : 악어, 뱀, 물개 가운데 누가 더 예쁜지 알 수 없다.

① A만 옳다.　　　　　　　　② B만 옳다.

③ A, B 모두 옳다.　　　　　④ A, B 모두 틀렸다.

⑤ A, B 모두 알 수 없다.

11 다음 제시된 조건을 바탕으로 A, B에 대해 바르게 설명한 것은?

[조건]

- 모든 주부는 요리하는 것을 좋아한다.
- 미란이는 요리하는 것을 좋아하지 않는다.

[결론]

A : 미란이는 선생님이다.

B : 미란이는 회사원이다.

① A만 옳다.   ② B만 옳다.

③ A, B 모두 옳다.   ④ A, B 모두 틀렸다.

⑤ A, B 모두 알 수 없다.

12 다음 제시된 조건을 바탕으로 A, B에 대해 바르게 설명한 것은?

[조건]

- C사의 모든 근로자들은 반드시 사내식당에서 아침을 먹는다.
- 사내식당의 아침 메뉴는 된장찌개 아니면 김치찌개이다.
- 사내식당의 오늘 아침 메뉴는 된장찌개가 아니다.

[결론]

A : C사의 인턴인 도희는 오늘 아침 김치찌개를 먹었다.

B : C사의 대리인 성균이는 오늘 아침 된장찌개를 먹었다.

① A만 옳다.   ② B만 옳다.

③ A, B 모두 옳다.   ④ A, B 모두 틀렸다.

⑤ A, B 모두 알 수 없다.

13 다음 제시된 조건을 바탕으로 A, B에 대해 바르게 설명한 것은?

[조건]

- 어떤 침팬지는 천재이다.
- 모든 천재는 바나나를 좋아한다.
- 현민이는 천재이다.

[결론]

A : 현민이는 바나나를 좋아한다.
B : 현민이는 바나나를 좋아하지 않는다.

① A만 옳다.   ② B만 옳다.
③ A, B 모두 옳다.   ④ A, B 모두 틀렸다.
⑤ A, B 모두 알 수 없다.

14 다음 제시된 조건을 바탕으로 A, B에 대해 바르게 설명한 것은?

[조건]

- a, b c d가 벤치에 일렬로 앉는다고 할 때, a의 왼쪽에는 b가 앉는다.
- b의 왼쪽에는 d가 앉아있다.
- c의 오른쪽에는 d가 앉아있다.

[결론]

A : 벤치의 오른쪽 끝에 앉은 사람은 a이다.
B : c와 a 사이에는 두 사람이 앉는다.

① A만 옳다.   ② B만 옳다.
③ A, B 모두 옳다.   ④ A, B 모두 틀렸다.
⑤ A, B 모두 알 수 없다.

15 다음 제시된 조건을 바탕으로 A, B에 대해 바르게 설명한 것은?

> **[조건]**
> • 농구선수가 야구선수보다 손이 크다.
> • 배구선수는 농구선수보다 손이 크다.
> • 역도선수는 야구선수보다 손이 작다.
>
> **[결론]**
> A : 농구선수의 손이 가장 크다.
> B : 야구선수의 손이 가장 작다.

① A만 옳다.   ② B만 옳다.
③ A, B 모두 옳다.   ④ A, B 모두 틀렸다.
⑤ A, B 모두 알 수 없다.

16 다음 제시된 조건을 바탕으로 A, B에 대해 바르게 설명한 것은?

> **[조건]**
> • 책을 많이 읽는 사람은 감수성이 풍부하다.
> • 감수성이 풍부한 사람은 발라드를 즐겨 듣는다.
> • 20대 여성들은 모두 발라드를 즐겨 듣는다.
>
> **[결론]**
> A : 책을 가장 많이 읽는 독자층은 20대 여성이다.
> B : 10대 여성들은 댄스 음악을 즐겨 듣는다.

① A만 옳다.   ② B만 옳다.
③ A, B 모두 옳다.   ④ A, B 모두 틀렸다.
⑤ A, B 모두 알 수 없다.

17 다음 제시된 조건을 바탕으로 A, B에 대해 바르게 설명한 것은?

[조건]

- 송이가 승진하였다면 민준도 같이 승진하였다.
- 세미와 휘경 중에서 한 사람만 승진하였다.
- 송이, 세미, 민준, 휘경 중 적어도 2명은 승진하였다.

[결론]

A : 송이는 승진하였다.
B : 민준은 승진하였다.

---

① A만 옳다.　　　　　　　　② B만 옳다.
③ A, B 모두 옳다.　　　　　　④ A, B 모두 틀렸다.
⑤ A, B 모두 알 수 없다.

18 다음 제시된 조건을 바탕으로 A, B에 대해 바르게 설명한 것은?

[조건]

- 어린이를 좋아하는 사람은 동물을 좋아한다.
- 산을 좋아하는 사람은 나무를 좋아하며 꽃을 좋아한다.
- 꽃을 좋아하는 사람은 어린이를 좋아한다.

[결론]

A : 나무를 좋아하는 사람은 산을 좋아한다.
B : 꽃을 좋아하는 사람은 나비를 좋아한다.

---

① A만 옳다.　　　　　　　　② B만 옳다.
③ A, B 모두 옳다.　　　　　　④ A, B 모두 틀렸다.
⑤ A, B 모두 알 수 없다.

19 다음 제시된 조건을 바탕으로 A, B에 대해 바르게 설명한 것은?

[조건]
- 물개를 좋아하는 사람은 하마도 좋아한다.
- 하마를 좋아하지 않는 사람은 악어도 좋아하지 않는다.
- 악어를 좋아하지 않는 사람은 물소도 좋아하지 않는다.

[결론]
A : 하마를 좋아하지 않는 사람은 물소도 좋아하지 않는다.
B : 악어를 좋아하는 사람은 하마를 좋아한다.

① A만 옳다.
② B만 옳다.
③ A, B 모두 옳다.
④ A, B 모두 틀렸다.
⑤ A, B 모두 알 수 없다.

20 다음 조건을 읽고 옳은 것을 고르면?

[조건]
- A, B, C, D, E는 5층인 아파트에 함께 살고 있다.
- A는 5층에 살고 있다.
- A, B, D는 순서대로 서로 같은 간격을 유지하고 있다.
- C는 E보다 위층에 살고 있다.

① B는 D보다 아래층에 산다.
② E는 3층에 산다.
③ B는 제일 아래층에 산다.
④ B는 C보다 아래층에 산다.
⑤ D는 짝수층에 산다.

21 다섯 개의 의자에 일렬로 한 사람씩 앉아야 한다. 왼쪽에서 세 번째 의자에 앉아 있는 사람은?

- 민정은 왼쪽에서 두 번째 의자에 앉아 있다.
- 영민이는 혜진의 오른쪽, 선영의 왼쪽에 앉아 있다.
- 수영은 민정의 왼쪽에 앉아 있다.

---

① 선영   ② 혜진

③ 영민   ④ 수영

⑤ 민정

22 다음과 같이 다섯 개의 기호 ♠, ◇, ♣, ☆, ◆를 일렬로 배치했을 때 항상 옳은 것은?

- ◇는 ♠보다 오른쪽에 있다.
- ♠는 왼쪽에서 두 번째에 위치한다.
- ♣와 ☆는 이웃해 있다.

---

① ◇는 정중앙에 있다.

② ◆는 가장 왼쪽에 있다.

③ ☆은 가장 오른쪽에 있다.

④ ♣와 ☆은 각각 3, 4번째에 있다.

⑤ ☆은 반드시 ◇의 오른쪽에 위치한다.

23 다음 문장으로부터 올바르게 추론한 것은?

> A씨는 각각의 파란색, 빨간색, 노란색, 초록색, 보라색 사각기둥을 가지고 놀고 있다. 파란색, 노란색, 보라색 기둥의 순으로 나란히 세워 놓은 다음, 빨간색 기둥을 노란색 기둥보다 앞에, 초록색 기둥을 빨간색 기둥보다 뒤에 세워 놓았다.

① 파란색 기둥이 맨 뒤에 있다.

② 노란색 기둥이 맨 뒤에 있다.

③ 초록색 기둥이 맨 뒤에 있다.

④ 보라색 기둥이 맨 뒤에 있다.

⑤ 어떤 기둥이 맨 뒤에 있는지 알 수 없다.

24 지아는 금고의 비밀번호 네 자리를 기억해내려고 한다. 비밀번호에 대한 단서가 다음과 같을 때, 사실이 <u>아닌</u> 것은?

> • 비밀번호를 구성하고 있는 어떤 숫자도 소수가 아니다.
> • 6과 8 중 한 숫자만 비밀번호에 해당한다.
> • 비밀번호는 짝수로 시작한다.
> • 비밀번호는 큰 수부터 작은 수 순서로 나열되어 있다.
> • 같은 숫자는 두 번 이상 포함되지 않는다.

① 비밀번호는 짝수이다.

② 비밀번호의 앞에서 두 번째 숫자는 4이다.

③ 비밀번호는 1을 포함하지만 9는 포함하지 않는다.

④ 제시된 모든 단서를 만족시키는 비밀번호는 세 가지이다.

⑤ 제시된 모든 단서를 만족시키는 비밀번호에는 0이 반드시 포함된다.

25 게임을 하기 위해 A, B, C, D, E, F, G, H, I는 세 명씩 세 팀으로 편을 나누려고 한다. 다음 조건을 만족시키는 경우 팀을 바르게 연결한 것은?

- A와 B는 같은 팀이 될 수 없다.
- E와 G는 같은 팀이 될 수 없다.
- F와 G는 같은 팀이어야 하며, B와 같은 팀이 될 수 없다.
- D와 H는 같은 팀이어야 한다.
- C는 I와 같은 팀이어야 하며, B와 같은 팀이 될 수 없다.

① A, C, E
② B, F, I
③ C, D, H
④ A, F, G
⑤ E, I, H

26 지상 5층짜리 건물에 A, B, C, D, E 5개의 상가가 들어서려고 한다. 다음 조건에 따라 한 층에 하나의 상가만이 들어설 수 있다. 주어진 조건을 만족시켰을 때 반드시 참인 것은?

- B는 A의 바로 위층에 위치한다.
- C는 반드시 4층에 위치한다.
- D, E는 서로 인접한 층에 위치할 수 없다.

① A는 5층에 위치한다.
② D는 1층에 위치할 수 없다.
③ B는 D보다 아래층에 위치한다.
④ B는 2층 또는 3층에 위치한다.
⑤ E는 A보다 무조건 위층에 위치한다.

27 3개의 방에 아래와 같은 안내문이 붙어 있다. 그 중 2개의 방에는 각각 보물과 괴물이 있고, 나머지 방은 비어 있다. 3개의 안내문 중 단 하나만 참이라고 할 때, 가장 올바른 결론을 고르면?

> • 방A의 안내문 : 방B에는 괴물이 있다.
> • 방B의 안내문 : 이 방은 비어있다.
> • 방C의 안내문 : 이 방에는 보물이 있다.

① 방A에는 반드시 보물이 있다.

② 방B에 보물이 있을 수 있다.

③ 괴물을 피하려면 방B를 택하면 된다.

④ 방C에는 반드시 괴물이 있다.

⑤ 방C에는 보물이 있을 수 있다.

28 어떤 살인 사건이 12월 23일 밤 11시에 한강 둔치에서 발생했다. 범인은 한 명이며, 현장에서 칼로 피해자를 찔러 죽인 것이 확인되었다. 하지만 현장에 범인 외에 몇 명의 사람이 있었는지는 확인되지 않았다. 이 사건의 용의자 A, B, C, D, E가 있다. 아래에는 이들의 진술 내용이 기록되어 있다. 이 다섯 사람 중에 오직 두 명만이 거짓말을 하고 있다면, 그리고 그 거짓말을 하는 두 명 중에 한 명이 범인이라면, 누가 살인범인가?

> ㉠ A의 진술 : 나는 살인 사건이 일어난 밤 11시에 서울역에 있었다.
> ㉡ B의 진술 : 그날 밤 11시에 나는 A, C와 있었다.
> ㉢ C의 진술 : B는 그날 밤 11시에 A와 춘천에 있었다.
> ㉣ D의 진술 : B의 진술은 참이다.
> ㉤ E의 진술 : C는 그날 밤 11시에 나와 단 둘이 함께 있었다.

① A ② B

③ C ④ D

⑤ E

29 먼 은하계에 'X, 알파, 베타, 감마, 델타' 다섯 행성이 있다. X 행성은 매우 호전적이어서 기회만 있으면 다른 행성을 식민지화하고자 한다. 다음 조건이 모두 참이라고 할 때, X 행성이 침공할 행성을 모두 고르면?

> ㉠ X행성은 델타행성을 침공하지 않는다.
> ㉡ X행성은 베타행성을 침공하거나 델타행성을 침공한다.
> ㉢ X행성이 감마행성을 침공하지 않는다면 알파행성을 침공한다.
> ㉣ X행성이 베타행성을 침공한다면 감마행성을 침공하지 않는다.

① 베타행성
② 감마행성
③ 알파와 베타행성
④ 알파와 감마행성
⑤ 알파와 베타와 감마행성

30 의료보험 가입이 의무화될 때 다음 조건을 모두 충족하는 선택은?

> ㉠ 정기적금에 가입하면 변액보험에 가입한다.
> ㉡ 주식형 펀드와 해외펀드 중 하나만 가입한다.
> ㉢ 의료보험에 가입하면 변액보험에 가입하지 않는다.
> ㉣ 해외펀드에 가입하면 주택마련저축에 가입하지 않는다.
> ㉤ 연금저축, 주택마련저축, 정기적금 중에 최소한 두 가지는 반드시 가입한다.

① 변액보험에 가입한다.
② 정기적금에 가입한다.
③ 주식형 펀드에 가입한다.
④ 연금저축에 가입하지 않는다.
⑤ 주택마련저축에 가입하지 않는다.

31 마을에는 A, B, C, D, E 다섯 개의 약국이 있다. 다음 조건에 따를 때 문을 연 약국은?

> ㉠ A와 B가 모두 문을 열지는 않았다.
> ㉡ A가 문을 열었다면, C도 문을 열었다.
> ㉢ A가 문을 열지 않았다면, B가 문을 열었거나 C가 문을 열었다.
> ㉣ C는 문을 열지 않았다.
> ㉤ D가 문을 열었다면, B가 문을 열지 않았다.
> ㉥ D가 문을 열지 않았다면, E도 문을 열지 않았다.

① A

② B

③ C

④ D

⑤ E

32 추석을 맞아 철수는 친척들을 방문하려 한다. 다음과 같은 조건이 있을 때 철수가 함께 방문할 수 있는 친척은?

> ㉠ 큰아버지와 형수는 함께 방문할 수 없다.
> ㉡ 고모와 형수는 함께 방문할 수 없다.
> ㉢ 큰어머니와 삼촌은 반드시 함께 방문해야 한다.
> ㉣ 큰어머니와 사촌 동생은 반드시 함께 방문해야 한다.
> ㉤ 할머니와 조카는 함께 방문할 수 없다.
> ㉥ 형수와 할아버지는 반드시 함께 방문해야 한다.
> ㉦ 조카와 삼촌은 반드시 함께 방문해야 한다.
> ㉧ 사촌 동생과 고모는 반드시 함께 방문해야 한다.
> ㉨ 작은아버지와 고모는 함께 방문할 수 없다.

① 큰아버지와 할아버지

② 큰어머니와 고모

③ 큰어머니와 할머니

④ 큰어머니와 형수

⑤ 형수와 사촌 동생

33 다음 주어진 조건을 모두 충족했을 때 반드시 참인 것은?

> ㉠ X시에는 남구와 북구, 두 개의 구가 있다.
> ㉡ 아파트에 사는 사람들은 모두 오른손잡이이다.
> ㉢ 남구에서 아파트에 사는 사람들은 모두 의심이 많다.
> ㉣ 남구에서 아파트에 살지 않는 사람들은 모두 가난하다.
> ㉤ 북구에서 아파트에 살지 않는 사람들은 의심이 많지 않다.
> ㉥ X시에 사는 철수는 왼손잡이다.

① 철수는 가난하지 않다.
② 철수는 의심이 많은 사람이 아니다.
③ 만일 철수가 가난하지 않다면, 철수는 의심이 많지 않다.
④ 만일 철수가 북구에 산다면, 철수는 의심이 많다.
⑤ 만일 철수가 남구에 산다면, 철수는 의심이 많다.

34 다음 주어진 조건을 모두 충족했을 때 반드시 참인 것은?

> ㉠ A종 공룡은 모두 가장 큰 B종 공룡보다 크다.
> ㉡ 일부의 C종 공룡은 가장 큰 B종 공룡보다 작다.
> ㉢ B종 공룡은 모두 가장 큰 D종 공룡보다 크다.

① 가장 작은 A종 공룡만한 D종 공룡이 있다.
② 어떤 A종 공룡은 가장 큰 C종 공룡보다 작다.
③ 가장 작은 C종 공룡만한 D종 공룡이 있다.
④ 어떤 C종 공룡은 가장 큰 D종 공룡보다 작다.
⑤ 어떤 C종 공룡은 가장 작은 A종 공룡보다 작다.

35 다음 주어진 조건을 모두 충족했을 때 반드시 참인 것은?

> ㉠ 모든 금속은 전기가 통한다.
> ㉡ 광택이 난다고 해서 반드시 금속은 아니다.
> ㉢ 전기가 통하지 않고 광택이 나는 물질이 존재한다.
> ㉣ 광택이 나지 않으면서 전기가 통하는 물질이 존재한다.
> ㉤ 어떤 금속은 광택이 난다.

① 금속이 아닌 물질은 모두 전기가 통하지 않는다.
② 전기도 통하고 광택도 나는 물질이 존재한다.
③ 광택을 내지 않고 금속인 물질이 존재한다.
④ 전기가 통하는 물질은 모두 광택이 난다.
⑤ 광택을 내지 않는 금속은 없다.

36 주원, 은희, 주미, 민지, 수아에게 반장을 통해 숙제를 내게 했는데, 한 명을 제외하고 숙제를 내지 않아 선생님이 학생을 불러 따로 면담하는 시간을 가졌다. 다음 중 반장에게 숙제를 낸 학생은?

> • 주원 : 은희는 숙제를 내지 않았습니다.
> • 은희 : 반장에게 숙제를 낸 사람은 수아입니다.
> • 주미 : 반장에게 숙제를 냈습니다.
> • 민지 : 반장에게 숙제를 내지 않았습니다.
> • 수아 : 은희의 말은 거짓말입니다.

① 수아   ② 주원
③ 은희   ④ 주미
⑤ 민지

37 다음의 조건에 따를 때 S회사에 지원한 K씨가 가지고 있는 자격증의 개수는?

- S회사에 지원하기 위해서는 A자격증을 가지고 있어야 한다.
- C자격증을 취득하기 위해서는 B자격증을 가지고 있어야 한다.
- A자격증 시험에 지원하기 위해서는 D자격증을 가지고 있어야 한다.
- D자격증 시험에 지원하기 위해서는 E자격증을 취득하고 1년 이상의 기간이 경과하여야 한다.
- B자격증을 가지고 있는 사람은 E자격증 시험에 지원할 수 없고, E자격증을 취득하면 B자격증 시험에 지원할 수 없다.

① 2개   ② 3개
③ 4개   ④ 5개
⑤ 6개

38 사건 A, B, C, D, E가 어떤 순서로 일어났는지에 대해 알아보기 위해 다음의 갑, 을, 병, 정 네 사람에게 조언을 구했다. 이 조언이 참이라면, 네 번째로 일어난 사건으로 가장 알맞은 것은?

갑 : "A는 B와 E(또는 E와 B) 사이에 일어났다."
을 : "C는 A와 D(또는 D와 A) 사이에 일어났다."
병 : "D가 가장 먼저 일어났다."
정 : "A와 C는 연이어 일어나지 않았다."

① A   ② B
③ C   ④ D
⑤ E

39 어제까지 한국 나이로 18세이고 만 나이로 17세인 한 학생이, 어제부터 366일 후에는 한국 나이로 20세가 되기 때문에 자격증을 취득할 수 있다고 한다. 이 조건이 충족되기 위해서 전제되는 조건으로 모두 옳은 것은?

> ㉠ 그 해는 윤년이어야 한다.
> ㉡ 어제는 12월 31일이어야 한다.
> ㉢ 양력으로 계산하여야 한다.
> ㉣ 어제부터 366일 후에는 1월 2일이 되어야 한다.

① ㉠, ㉡   ② ㉡, ㉢

③ ㉠, ㉢   ④ ㉡, ㉣

⑤ ㉠, ㉡, ㉢

40 어떤 교수가 수요일~금요일에 걸쳐 시험을 본다고 한 경우, 다음 조건을 만족시킨다면 경수는 무슨 요일에 누구와 시험을 보게 되는가?(단, 시험은 하루에 두 명씩 볼 수 있다.)

> • 민희는 목요일에 시험을 본다.
> • 수경은 수요일에 시험을 보지 않는다.
> • 정민은 민희와 시험을 보지 않는다.
> • 영철은 수경과 시험을 본다.
> • 경수는 정민과 시험을 보지 않는다.

① 수요일, 정민

② 목요일, 민희

③ 금요일, 수경

④ 수요일, 영철

⑤ 금요일, 영철

41 다음 진술이 모두 참이라고 할 때, 꼬리가 없는 포유동물 A에 관한 설명 중 반드시 참인 것은?

> ㉠ 모든 포유동물은 물과 육지 중 한 곳에서만 산다.
> ㉡ 물에 살면서 육식을 하지 않는 포유동물은 다리가 없다.
> ㉢ 육지에 살면서 육식을 하는 포유동물은 모두 다리가 있다.
> ㉣ 육지에 살면서 육식을 하지 않는 포유동물은 모두 털이 없다.
> ㉤ 육식동물은 모두 꼬리가 있다.

① A는 털이 있다.
② A는 다리가 없다.
③ A는 육식을 한다.
④ 만약 A가 물에 산다면, A는 다리가 없다.
⑤ 만약 A가 털이 없다면, A는 육식동물이다.

42 어느 회사의 퇴사 요인을 정밀 분석한 결과 퇴사 요인에는 A, B, C가 있다고 한다. 다음의 내용을 참고로 할 때, 반드시 참이라 할 수 <u>없는</u> 진술은 무엇인가?

> • 퇴사한 철수는 A, B, C요인을 모두 가지고 있다.
> • 재직 중인 영희는 A, B요인만 있다고 한다.
> • 퇴사한 미희는 A, C요인만 있다고 한다.
> • 재직 중인 만수는 B요인만 있고 A, C요인은 없다고 한다.

① 퇴사한 사람은 A요인이 가장 큰 영향을 미친다.
② 재직 중인 사람은 C요인을 가지고 있지 않다.
③ 재직 중인 사람은 모두 B요인을 가지고 있다.
④ 퇴사한 사람만 놓고 보면 A와 C요인이 큰 영향을 미친다.
⑤ 미희를 제외한 사람들은 퇴사여부와 상관없이 B요인을 가지고 있다.

43 다음 제시된 문장이 항상 참이 되기 위해 생략되어 있는 것은?

> • A는 D보다 앞서 들어왔으나 E보다 늦게 들어왔다.
> • B는 D보다 앞서 들어왔으나 C보다 늦게 들어왔다.
> • C는 A보다 늦게 들어왔다.

① B는 A보다 빨리 들어왔다.
② C는 E보다 빨리 들어왔다.
③ D는 A보다 빨리 들어왔다.
④ A는 C보다 늦게 들어왔다.
⑤ B는 E보다 늦게 들어왔다.

44 네 개의 의자에 지훈, 재한, 윤훈, 선예가 일렬로 앉으려고 한다. 다음과 같은 조건이 있다면 윤훈이는 왼쪽에서 몇 번째 의자에 앉아야 하는가?

> • 선예가 오른쪽에서 두 번째 의자에 앉아야 한다.
> • 지훈이는 재한이의 바로 오른쪽, 선예의 바로 왼쪽에 앉아야 한다.

① 첫 번째
② 두 번째
③ 세 번째
④ 네 번째
⑤ 알 수 없다.

45 A, B, C, D, E 5명이 키를 비교한 후 큰 순서로 나란히 섰더니 다음과 같은 사항을 알게 되었다. 키 순서로 두 번째 서 있는 사람은 누구인가?

- E의 앞에는 2명 이상의 사람이 있고 C보다는 앞이었다.
- D의 바로 앞에는 B가 있다.
- A의 뒤에는 2명이 있다.

---

① A   ② B
③ C   ④ D
⑤ E

46 7층 건물에 설치된 엘리베이터 안에는 A, B, C, D, E, F가 타고 있다. 엘리베이터가 1층에서 올라가기 시작하였는데, F는 A보다 늦게 내렸지만 D보다 빨리 내렸다. E는 B보다 한 층 더 가서 내렸고 D보다는 세 층 전에 내렸다. D가 마지막 7층에서 내린 것이 아니라고 할 때, 다음 중 홀수층에서 내린 사람을 맞게 연결한 것은?(단, 모두 다른 층에 살고 있으며, 1층에서 내린 사람은 없다.)

	3층	5층	7층
①	A	D	C
②	B	D	C
③	B	F	C
④	E	A	C
⑤	E	F	C

47 주희, 세진, 정운, 희아는 저녁에 피자, 치킨, 보쌈, 탕수육을 먹고 싶어 한다. 다음과 같이 각자 선호하는 음식으로 주문을 할 때 사실을 말하고 있는 것은?(단, 모두 다른 음식을 주문한다.)

- 주희는 피자와 치킨을 좋아하지 않는다.
- 세진은 탕수육을 좋아하지 않는다.
- 정운은 피자를 좋아하지 않는다.
- 희아는 보쌈을 좋아한다.

① 정운은 치킨을 주문할 것이다.

② 주희는 피자를 주문할 것이다.

③ 희아는 탕수육을 주문할 것이다.

④ 세진은 보쌈을 주문할 것이다.

⑤ 주어진 내용만으로는 누가 어떤 음식을 주문할 것인지 알 수 없다.

48 세 문구점이 학교 앞 골목을 따라 서로 이웃하고 있다. 세 문구점 A, B, C는 규모에 따라 임의의 순서로 각각 소형, 중형, 대형으로 구분되며, 골목에서 세 집을 바라볼 때 다음과 같다. 이에 맞추어 사실을 말하고 있는 것은?

- A 문구점은 맨 왼쪽에 있다.
- 대형 문구점은 A 문구점과 접해 있지 않다.
- 팩스를 보낼 수 있는 문구점은 중형 문구점의 바로 오른쪽에 있다.
- 소형 문구점에서는 코팅을 할 수 있다.
- C 문구점에서는 복사를 할 수 있다.

① C 문구점은 중형이다.

② B 문구점에서 코팅을 할 수 있다.

③ 중형 문구점의 바로 오른쪽에 C 문구점이 있다.

④ A 문구점의 바로 오른쪽 문구점에서 팩스를 보낼 수 있다.

⑤ A 문구점과 B 문구점은 서로 접해 있다.

49 나란히 접해 있는 네 개의 우리에 애완동물이 각각 한 마리씩 들어 있다. 네 애완동물은 임의의 순서로 각각 빨간 리본, 노란 리본, 파란 리본, 초록 리본을 달고 있으며, 네 개의 우리 앞에서 애완동물을 바라볼 때 다음과 같다. 이에 맞추어 사실을 말하고 있는 것은?

- 맨 오른쪽 우리의 애완동물은 빨간 리본을 달고 있다.
- 페럿은 기니피그의 바로 오른쪽에 있다.
- 미니 토끼는 파란 리본을 달고 있다.
- 미니 돼지는 초록 리본을 달고 있다.
- 파란 리본을 단 애완동물은 노란 리본을 단 애완동물의 바로 왼쪽에 있다.

---

① 기니피그는 빨간 리본을 달고 있다.
② 기니피그는 미니 돼지의 바로 오른쪽에 있다.
③ 미니 돼지의 바로 왼쪽에는 미니 토끼가 있다.
④ 미니 토끼는 맨 왼쪽의 우리에 있다.
⑤ 미니 토끼의 바로 오른쪽 애완동물은 노란 리본을 달고 있다.

50 명절 선물세트 코너에 각기 다른 종류의 선물세트가 나란히 놓여 있다. 선물세트 A, B, C, D, E에는 임의의 순서로 각각 한우, 홍삼, 굴비, 곶감, 한과가 들어 있으며, 선물세트 코너의 앞에서 선물세트를 바라볼 때 다음과 같다. 이에 맞추어 사실을 말하고 있는 것은?

- B 선물세트는 맨 가운데에 놓여 있다.
- 굴비가 들어 있는 선물세트는 맨 왼쪽에 놓여 있다.
- D 선물세트의 바로 왼쪽에는 E 선물세트가 놓여 있다.
- E 선물세트에는 홍삼이 들어 있다.
- C 선물세트에 굴비는 들어 있지 않다.
- 한우가 들어 있는 선물세트의 바로 오른쪽 선물세트에는 한과가 들어 있다.

---

① B 선물세트에는 한우가 들어 있다.
② D 선물세트의 바로 왼쪽 선물세트에는 곶감이 들어 있다.
③ B 선물세트의 바로 왼쪽에는 D 선물세트가 놓여 있다.
④ C 선물세트의 바로 오른쪽 선물세트에는 한과가 들어 있다.
⑤ A 선물세트에는 곶감이 들어 있다.

51 영희, 은희, 세찬, 찬영, 윤하의 직업은 가수, 공무원, 교사, 의사, 회사원 중 하나이다. 다음 조건에 따를 때, 은희의 직업은?(단, 각자의 직업은 모두 다르다.)

> • 영희는 가수도 의사도 아니다.
> • 은희는 공무원이 아니다.
> • 세찬이는 회사원이다.
> • 찬영이는 가수도 공무원도 아니다.
> • 윤하는 교사이다.

① 가수 ② 교사
③ 의사 ④ 회사원
⑤ 공무원

52 정육각형 모양의 탁자에 6명이 앉아 토론을 하고 있다. A의 오른쪽에는 B가 앉아있고, A의 왼쪽에는 C가 앉아있다. D의 왼쪽에는 E가 앉아있으며, B의 오른쪽에는 F가 앉아있다. 그렇다면 E의 맞은편에는 누가 앉아있는가?

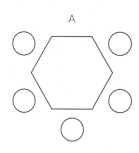

① A ② B
③ C ④ D
⑤ E

53 결혼식에 초대된 세 사람이 나란히 정장을 입었다. 세 사람은 임의의 순서로 각각 회색 정장, 검은 정장, 파란 정장을 입었으며, 맞은편에서 이들을 볼 때 다음과 같다. 이에 맞추어 사실을 말하고 있는 것은?

> • 맨 왼쪽 사람은 검은 정장을 입었다.
> • 철수는 소미의 바로 오른쪽에 있다.
> • 민철이는 회색 정장을 입었다.

① 소미는 파란 정장을 입었다.
② 소미는 민철이의 바로 오른쪽에 있다.
③ 철수는 검은 정장을 입었다.
④ 민철이는 철수의 바로 오른쪽에 있다.
⑤ 민철이의 바로 왼쪽 사람은 검은 정장을 입었다.

54 버스 정류장에 세 학생이 나란히 서 있다. 세 학생은 임의의 순서로 각각 단색, 체크무늬, 줄무늬 티셔츠를 입고 있으며, 각기 다른 종류의 신발을 신고 있다. 맞은편에서 학생들을 바라본 상황이 다음과 같을 때 이에 맞추어 사실을 말하고 있는 것은?

> • 미영은 양준이의 바로 왼쪽에 서 있다.
> • 미영은 운동화를 신고 있다.
> • 샌들을 신은 학생은 슬리퍼를 신은 학생의 바로 오른쪽에 서 있다.
> • 현민이 입고 있는 티셔츠는 줄무늬가 아니다.
> • 줄무늬 티셔츠를 입은 학생과 단색 티셔츠를 입은 학생은 서로 떨어져 있다.

① 양준은 단색 티셔츠를 입고 있다.
② 현민은 슬리퍼를 신고 있다.
③ 현민은 체크무늬 티셔츠를 입고 있다.
④ 양준은 샌들을 신고 있다.
⑤ 미영은 줄무늬 티셔츠를 입고 있다.

55 학생들 일곱 명의 몸무게에 대한 다음의 진술 중에서 하나의 진술은 거짓일 때 효진이 보다 무거운 학생은?

> A : 성민이는 효진이와는 몸무게가 같고 승하보다는 무겁다.
> B : 성민이는 영희와는 몸무게가 같고 선영이보다는 가볍다.
> C : 진욱이와 윤아는 선영이보다 무겁다.
> D : 윤아는 승하보다 가볍다.
> E : 진욱이는 영희보다는 가볍고 성민이보다는 무겁다.

① 승하   ② 윤아

③ 선영   ④ 성민

⑤ 영희

56 왼쪽부터 순서대로 빨간색, 갈색, 검정색, 노란색, 파란색 5개의 컵들이 놓여있다. 그 중 4개의 컵에는 각각 물, 주스, 맥주, 포도주가 들어있으며, 하나의 컵은 비어있다. 이에 맞추어 사실을 말하고 있는 것은?

> • 물은 항상 포도주가 들어있는 컵의 오른쪽 방향의 컵에 있다.
> • 주스는 비어있는 컵의 왼쪽 컵에 있다.
> • 맥주는 빨간색 또는 검정색 컵에 있다.
> • 맥주가 빨간색 컵에 들어있으면 파란색 컵에는 물이 있다.
> • 포도주는 빨간색, 검정색, 파란색 컵 중에 있다.

① 빨간색 컵에는 물이 있다.

② 갈색 컵에는 맥주가 있다.

③ 검정색 컵에는 주스가 있다.

④ 노란색 컵에는 주스가 있다.

⑤ 파란색 컵에는 포도주가 있다.

57 해찬, 영호, 진수, 민규 네 명은 휴가 때 각각 부산, 대구, 강릉, 제주도를 가고 싶어 한다. 다음 조건을 보고, 각자 갈 지역으로 짝지어진 것 중 옳은 것은?

- 해찬이는 부산과 대구를 가고 싶지 않아 한다.
- 영호는 자주 가는 제주도보다 다른 지역으로 가고 싶어 한다.
- 진수는 부산을 가고 싶어 한다.
- 민규는 강릉을 가고 싶어 한다.

① 해찬-강릉   ② 영호-대구

③ 영호-제주도   ④ 진수-제주도

⑤ 민규-부산

58 20장의 카드가 바닥에 겹치지 않게 놓여 있다. A는 20장의 카드 모두 앞면에는 '음' 또는 '양' 중 하나가, 뒷면에는 '해' 또는 '달' 중 하나가 쓰여 있음을 알고 있다. 이 중 12장이 앞면을 보이는데, 그 가운데 10장에 '음'이, 2장에 '양'이 쓰여 있고 나머지 8장 가운데 3장에 '해'가, 5장에 '달'이 쓰여 있다. B가 "이 20장의 카드 중 앞면에 '음'이 쓰인 카드의 뒷면에는 반드시 '달'이 쓰여 있다." 라고 말했다. A는 이 말의 진위를 확인하기 위해 카드를 뒤집어 보려 한다. 하지만 A가 카드 한 장을 뒤집을 때마다 B에게 1만 원씩 내야 한다. 이러한 내용을 바탕으로 추리한 내용이 옳은 것을 모두 고르면?

- ㉠ B의 말이 사실이 아니면, A가 B에게 1만 원을 내고 그 말의 진위를 확인하게 되는 경우가 있을 수 있다.
- ㉡ B의 말이 사실이든 아니든, A가 B에게 내는 돈이 12만 원을 초과하기 전에 그 말의 진위를 반드시 확인하게 해주는 방법이 있다.
- ㉢ B의 말이 사실이면, A가 B에게 15만 원 이상을 내지 않고는 그 말의 진위를 확인할 수 없다.

① ㉠   ② ㉡

③ ㉠, ㉡   ④ ㉠, ㉢

⑤ ㉠, ㉡, ㉢

59 회사원 재준은 자녀가 있고 이직 경력이 있는 사원이다. 주어진 조건을 읽고 추리했을 때, 옳은 것은?

- 재준이 속한 회사의 사원 평가 결과 모든 사원은 'A+, A, B' 중 한 등급으로 분류되었다.
- 'A+'에 속한 사원은 모두 45세 이상이다.
- 35세 이상의 사원은 'A'에 속하거나 자녀를 두고 있지 않다.
- 'A'에 속한 사원은 아무도 이직 경력이 없다.
- 'B'에 속한 사원은 모두 대출을 받고 있으며, 무주택자인 사원 중에는 대출을 받고 있는 사람이 없다.

① 재준은 35세 미만이고 무주택자이다.
② 재준은 35세 이상이고 무주택자이다.
③ 재준은 35세 미만이고 주택을 소유하고 있다.
④ 재준은 35세 이상이고 주택을 소유하고 있다.
⑤ 재준은 45세 미만이고 무주택자이다.

60 아래 그림과 같이 분식점, 피부과, PC방, 고깃집, 미용실, 카페가 골목길 하나를 사이에 두고 위쪽과 아래쪽에 각 3개씩 위치해 있다. 가게 위치에 관한 기술은 다음 조건을 만족시킨다고 할 때, 옳은 것은?

- ㉠ 피부과는 A이다.
- ㉡ 분식점, 고깃집, 미용실 중 그 어떤 가게도 서로 옆에 붙어 있지도, 마주 보지도 않는다.
- ㉢ 분식점은 고깃집과 같은 쪽에 있지만 피부과와 같은 쪽에 있지는 않다.
- ㉣ 미용실과 PC방은 같은 쪽에 위치한다.

A	B	C
D	E	F

① 카페와 분식점은 마주 본다.
② 미용실과 고깃집은 마주 본다.
③ 미용실과 분식점은 서로 붙어 있다.
④ 카페와 고깃집은 서로 붙어 있다.
⑤ 카페와 분식점은 서로 붙어 있지 않다.

61 금은방에 도둑 한 명이 보석을 훔쳐 수사 끝에 용의선상에 오른 A, B, C, D, E가 형사 앞에서 진술했다. 다음 중 보석을 훔친 범인은?

> A : B는 보석을 훔치지 않았다.
> B : C가 보석을 훔쳤다.
> C : B의 말은 거짓 진술이다.
> D : 나는 보석을 훔친 적이 없다.
> E : 다른 사람은 훔친 적이 없다. 내가 훔쳤다.

① A ② B
③ C ④ D
⑤ E

62 어제 생산부서에 근무하고 있는 A~E사원 중 두 사람이 야근을 하기로 한 날, 야근을 하지 않고 집으로 가 다섯 명이 부장에게 불려가 보고하게 되었다. 두 사람은 거짓을 보고하고 나머지는 진실을 보고한다 했을 때, 야근을 하지 않은 두 사람을 짝지은 것은?

> A : B와 C가 야근하지 않고 집으로 갔습니다.
> B : 전 아닙니다. A가 집으로 가는 걸 제 두 눈으로 똑똑히 봤습니다.
> C : 저랑 E는 현장에서 야근하고 있었습니다.
> D : C가 야근하지 않고 집으로 간 게 확실합니다.
> E : B와 저는 같이 야근했습니다.

① B, C ② C, D
③ A, B ④ A, D
⑤ D, E

63 주원, 은희, 주미, 민지, 수아는 캐릭터가 그려진 한정판 기계식 키보드를 사려고 줄을 서다가 새치기 문제로 다툼이 일어났다. 다섯 명 중 한 명이 거짓말을 한다고 했을 때, 거짓말을 하는 사람은?

> 주원 : 은희 다음에 수아가 바로 뒤에 섰다.
>
> 은희 : 민지는 바로 내 뒤에 섰지만 맨 끝에 서 있지 않았다.
>
> 주미 : 스마트폰을 보고 있어 모르겠는데, 내 앞엔 한 명만 서 있었다.
>
> 민지 : 내 뒤엔 두 사람이 줄서서 기다리고 있었다.
>
> 수아 : 주원이 가장 먼저 구입할 거다.

① 주원   ② 은희

③ 주미   ④ 민지

⑤ 수아

64 A~E는 체육대회 다음날에 마지막 행사였던 이어달리기의 결과에 대해 말하는 시간을 갖고 있었다. 다음에 따라 참을 말하는 학생은?

> • A는 D보다 앞서 들어왔으나 E보다 늦게 들어왔다.
>
> • B는 D보다 앞서 들어왔으나 C보다 늦게 들어왔다.
>
> • C는 A보다 늦게 들어왔다.

① 주원 : A는 B보다 빨리 들어왔지만 C 바로 다음으로 들어와서 아쉬웠지.

② 은희 : B는 D보다 빨리 들어왔는데 간발의 차로 A 바로 다음으로 들어왔어.

③ 주미 : E는 내 친구인데 A 다음으로 들어와서 대회 끝나고 위로해줬어.

④ 민지 : E가 가장 먼저 들어왔고, D가 제일 마지막에 들어왔는데 0.5초 차이였어.

⑤ 수아 : C가 다섯 명 중 두 번째로 들어와서 시상식 때 은메달을 받았어.

65 민혁, 은희, 수현, 민지, 수아는 올해 여름에 간 수학여행에서 거짓말 탐지기에 손을 대고 말하면 벌칙을 받는 게임을 했다. 다섯 명 중에서 거짓말을 하는 두 사람이 손에 약한 전기 충격을 받는 벌칙을 수행한다고 했을 때, 벌칙을 받는 두 사람을 바르게 짝지은 것은?

민혁 : 수현하고 민지 둘이서 도서관에 안 가고 코인 노래방으로 가는 걸 봤다.
은희 : 나랑 수아는 학교 끝나면 도서관에 가서 공부한다.
수현 : 난 그런 적 없고, 민혁이 도서관에 안가고 코인 노래방 가는 걸 봤다.
민지 : 은희랑 난 학교 끝나면 도서관에서 공부한다.
수아 : 은희가 도서관에서 공부한 모습을 본 적이 없다.

① 민혁, 수현
② 민혁, 수아
③ 은희, 수현
④ 민혁, 민지
⑤ 민지, 수아

66 다음 제시된 조건을 바탕으로 A, B에 대해 바르게 설명한 것은?

• 갑은 생일날 7개의 선물을 받았다.
• 을은 생일날 11개의 선물을 받았다.
• 병이 생일날 받은 선물 수는 甲과 乙이 받은 선물의 평균 개수와 같다.
A : 병은 생일 때 8개의 선물을 받았다.
B : 병은 생일 때 10개 미만의 선물을 받았다.

① A만 옳다.
② B만 옳다.
③ A, B 모두 옳다.
④ A, B 모두 틀렸다.
⑤ A, B 모두 알 수 없다.

다음 제시된 조건을 바탕으로 A, B에 대해 바르게 설명한 것은?

> • K씨의 인사고과 점수는 L씨의 인사고과 점수보다 15점이 낮다.
> • P씨의 인사고과 점수는 K씨의 인사고과 점수보다 5점 높다.
> A : 세 사람 중 L씨의 인사고과 점수가 가장 높다.
> B : 세 사람 중 P씨의 인사고과 점수가 가장 낮다.

① A만 옳다.

② B만 옳다.

③ A, B 모두 옳다.

④ A, B 모두 틀렸다.

⑤ A, B 모두 알 수 없다.

68 주원, 은희, 주미, 민지, 수아, 정원은 각각 동아리인 배드민턴부, 야구부, 배구부에 들어갈려 한다. 한 동아리에 2명까지 들어갈 수 있고, 조건에 따라 항상 참이 아닌 것을 고르면?

> • 주원과 은희는 같은 동아리에 들어간다.
> • 정원은 야구부에 들어간다.
> • 수아는 배구부에 들어간다.

① 주원과 은희는 반드시 배드민턴부에 들어간다.

② 정원은 반드시 민지와 같은 동아리에 들어간다.

③ 주미와 민지는 같은 동아리에 들어갈 수 없다.

④ 주미가 배구부에 들어가면 민지는 야구부에 들어가게 된다.

⑤ 야구부에 민지가 들어가면 주미는 수아와 같은 동아리에 들어간다.

69 S전자에는 신입사원인 주원, 은희, 주미, 민지, 수아가 회사 입구에서 배치를 기다리고 있다. 이들이 각각 A, B, C, D, E공정까지 각 구역에 한 명씩 배치를 받아 근무한다고 했을 때, 주어진 조건과 다른 것은? (단, A~E공정은 왼쪽부터 오른쪽까지 위치해 있다.)

- 주원은 C공정에서 근무한다.
- 수아는 주원의 옆 공정에서 근무한다.
- 은희는 끝에 위치한 공정에서 근무하게 된다.

① 수아는 A공정에서 근무할 수 없다.
② 은희는 B공정에서 근무할 수 없다.
③ 주미가 B공정에서 근무하면 민지는 A 또는 E공정에서 근무한다.
④ 은희가 E공정에서 근무하면 주미는 반드시 A공정에서 근무한다.
⑤ A공정을 은희가, B공정을 수아가 근무한다면 주미는 민지의 옆 공정에서 근무한다.

70 항상 거짓말만 해야 하는 거짓말 동아리에서 남학생(철수, 영수, 준호, 광훈)과 여학생(영희, 진숙, 혜진, 명숙)이 일대일로 짝을 정해 앉았다. 이들이 다음과 같이 이야기했을 때 남녀의 짝으로 옳은 것은?

철수 : 나는 영희와 짝이다.
광훈 : 나는 영희와 짝이다.
진숙 : 나는 준호와 짝이다.
준호 : 나는 혜진과 짝이다.
영희 : 나는 준호와 짝이다.
혜진 : 나는 철수와 짝이다.

① 철수–진숙　　　　　　　② 영수–혜진
③ 영수–명숙　　　　　　　④ 광훈–진숙
⑤ 광훈–영희

[71 - 74] 5층으로 구성된 백화점에서 각 층에 사원인 주원, 은희, 주미, 민지, 수아가 보안업무를 하고 있다고 할 때, 조건에 따라 알맞은 답을 고르시오.

㉠ 주원은 의류 코너에서 근무하며 주미와 인접한 층에서 근무하지 않는다.

㉡ 주말 점심과 주말 저녁에 출근하는 사원은 평일 오전 근무자와 인접한 층이다.

㉢ 은희는 주말 점심에 가구 코너로 출근하는 사원과 인접한 층에서 근무한다.

㉣ 주미는 1층에서 근무하고 있으며 출근시간은 평일 저녁이다.

㉤ 민지는 게임코너에서 근무하고 있으며, 평일 오전에 출근하는 사람과 인접한 층이다.

㉥ 명품 코너에서 근무하는 은희는 평일 저녁에 출근하는 사원과 인접한 층에서 근무한다.

㉦ 수아는 백화점 가운데층에서 근무하며 민지와 인접한 층에서 근무하지 않는다.

㉧ 평일 저녁 근무자는 식품 코너에서 근무하며, 평일 점심에 출근하는 사원과 인접한 층이다.

---

71 4층에서 근무하는 사원은?

① 민지   ② 수아

③ 주미   ④ 주원

⑤ 은희

72 주말점심에 출근하는 사원은?

① 수아   ② 민지

③ 은희   ④ 주미

⑤ 주원

73 수아의 근무 장소는?

① 의류 코너   ② 식품 코너

③ 명품 코너   ④ 게임 코너

⑤ 가구 코너

74 수아의 근무 장소와 인접한 층에서 근무하는 사원의 특징으로 옳지 <u>않은</u> 것은?

① 은희는 수아가 근무하는 장소의 아래층에서 근무한다.

② 위층 근무자의 출근 시간은 평일 오전이다.

③ 평일 저녁에 출근하는 사람과 인접한 층에서 근무한다.

④ 아래층 근무자의 출근 시간은 평일 점심이다.

⑤ 의류 코너에서 근무하는 사람이다.

[75 – 76] 인턴사원인 주원, 은희, 주미가 각기 다른 세 개의 상장을 들고 나란히 의자에 앉아 있다고 할 때, 조건에 따른 적절한 답을 고르시오.

㉠ 주원, 은희, 주미는 최우수상, 우수상, 장려상 중 하나를 반드시 손에 들고 있다.

㉡ 세 명은 각각 안경, 구두, 손목시계 중 하나를 착용하고 있다.

㉢ 주원은 맨 오른쪽에 앉아 있다.

㉣ 은희는 장려상을 들고 있으며 안경은 쓰고 있지 않다.

㉤ 안경을 쓴 학생 바로 오른쪽에는 구두를 신고 있는 인턴사원이 앉아 있다.

㉥ 우수상을 들고 있는 인턴사원은 구두를 신고 있고, 주미는 손목시계를 착용하지 않았다.

---

75 다음 중 손목시계를 착용하고 있는 사람은?

① 주원   ② 은희

③ 주미   ④ 주원, 주미

⑤ 알 수 없다.

76 주원의 옆에 앉아있는 사람이 들고 있는 상장은?

① 최우수상   ② 우수상

③ 장려상   ④ 최우수상, 우수상

⑤ 알 수 없다.

77 5남매인 명희, 영희, 선희, 현희, 명수는 주말을 맞아 집안 대청소를 하려 한다. 다음과 같은 조건에서 각자의 선호에 따라 청소 담당을 정할 경우, 베란다 청소를 맡는 사람은?

> • 명희는 청소기를 돌리는 것과 물걸레질을 싫어한다.
> • 선희는 청소기 돌리는 것을 싫어한다.
> • 명수는 베란다 청소를 원한다.
> • 영희는 쓰레기 처리를 싫어한다.
> • 현희는 욕실청소를 원한다.

① 명희   ② 영희
③ 선희   ④ 현희
⑤ 명수

78 민우는 수희, 철규, 정화, 영민과 나누어 먹으려고 다섯 가지의 과일 맛 푸딩을 사 왔다. 다음과 같은 조건에서 각자의 선호에 따라 푸딩을 하나씩 먹을 때, 각각의 사람과 과일 맛 푸딩이 잘 짝지어진 것을 고르면?

> • 수희는 포도 맛을 싫어한다.
> • 정화는 오렌지 맛을 좋아한다.
> • 민우는 포도 맛과 체리 맛을 싫어한다.
> • 철규는 딸기 맛을 좋아한다.
> • 영민은 블루베리 맛을 싫어한다.

① 민우-오렌지 맛 푸딩   ② 수희-체리 맛 푸딩
③ 영민-오렌지 맛 푸딩   ④ 수희-오렌지 맛 푸딩
⑤ 철규-포도 맛 푸딩

79 김 교수는 월요일부터 토요일 중 하루나 이틀에 걸쳐서 학생들이 시험을 치르게 할 예정이다. 이에 대한 학생들의 다음 진술을 통해 추론할 수 있는 시험 날짜의 요일은?

> 형규 : 목요일에 시험을 본다면 월요일에도 시험을 본다고 들었다.
> 미영 : 월요일에 시험을 본다면 수요일에는 시험을 보지 않는다고 들었다.
> 영희 : 월요일에 시험을 보지 않는다면 화요일이나 수요일에 시험을 본다고 들었다.
> 광명 : 금요일과 토요일에는 시험을 보지 않는다고 들었다.
> 치수 : 화요일에 시험을 본다면 금요일에도 시험을 본다고 들었다.

① 화요일   ② 월요일과 목요일

③ 수요일   ④ 화요일과 수요일

⑤ 수요일과 목요일

80 일렬로 있는 여섯 개의 의자에 여섯 명의 학생들이 나란히 앉아 있다. 이에 대한 다음의 진술 중 하나의 진술은 거짓일 때, 정수의 바로 왼쪽에 앉은 사람은?

> A : 현숙이는 경철이의 바로 오른쪽에 앉아 있다.
> B : 정수는 현숙이와 민서의 사이에 있다.
> C : 영민이는 현숙이의 바로 오른쪽에 앉아 있다.
> D : 병국이는 영민이와 민서의 사이에 있다.

① 경철   ② 현숙

③ 민서   ④ 병국

⑤ 영민

81 다음 중 아래 [원칙]을 바르게 적용한 것을 [보기]에서 모두 고르면?

[원칙]

• 문장 X가 참일 경우 문장 Y는 반드시 참이지만 그 역은 성립하지 않는다면, 문장 Y의 확률은 문장 X의 확률보다 높다.

• 문장 X의 확률이 문장 Y의 확률보다 낮다면, 문장 X가 담고 있는 정보의 양은 문장 Y가 담고 있는 정보의 양보다 많다.

[보기]

ㄱ. "정상적인 주사위를 던질 때 3이 나올 것이다"는 "정상적인 동전을 던질 때 앞면이 나올 것이다"보다 더 많은 정보를 담고 있다.

ㄴ. "월성 원자력 발전소에 문제가 생기거나 고리 원자력 발전소에 문제가 생긴다"는 "월성 원자력 발전소에 문제가 생긴다"보다 더 많은 정보를 담고 있다.

ㄷ. "내년 예산에서는 국가균형발전 예산, 복지 예산, 에너지절감 관련 기술개발 예산이 모두 늘어난다"는 "내년 예산에서는 국가균형발전 예산, 에너지절감 관련 기술개발 예산이 모두 늘어난다"보다 더 적은 정보를 담고 있다.

① ㄱ
② ㄴ
③ ㄱ, ㄷ
④ ㄴ, ㄷ
⑤ ㄱ, ㄴ, ㄷ

82 민형, 재현, 윤오, 정우, 진수 다섯 명이 A, B, C, D, E 다섯 개의 보물 상자를 각 한 개씩 나누어 가졌다. 진수가 가진 보물 상자는 무엇인가?

• 민형은 A, B, E 상자를 가지고 있지 않다.
• 재현은 B, D, E 상자를 가지고 있지 않다.
• 윤오는 A, C, E 상자를 가지고 있지 않다.
• 정우는 B, C 상자를 가지고 있지 않다.
• 진수는 D, E 상자를 가지고 있지 않다.
• 정우가 A 상자를 가지고 있지 않으면, 재현도 A 상자를 가지고 있지 않다.

① A
② B
③ C
④ D
⑤ E

83 어느 부처의 시설과에 A, B, C, D, E, F의 총 6명의 직원이 있다. 이들 가운데 반드시 4명의 직원으로만 팀을 구성하여 회의에 참석해 달라는 요청이 있었다. 만일 E가 불가피한 사정으로 그 회의에 참석할 수 없게 된 상황에서 아래의 조건을 모두 충족시켜야만 한다면 몇 개의 팀이 구성될 수 있는가?

조건1 : A 또는 B는 반드시 참석해야 한다. 하지만 A, B가 함께 참석할 수 없다.

조건2 : D 또는 E는 반드시 참석해야 한다. 하지만 D, E가 함께 참석할 수 없다.

조건3 : 만일 C가 참석하지 않게 된다면 D도 참석할 수 없다.

조건4 : 만일 B가 참석하지 않게 된다면 F도 참석할 수 없다.

---

① 0개

② 1개

③ 2개

④ 3개

⑤ 4개

84 어느 회사에는 사내 동호회가 A부터 G까지 있다. 신입 사원 '갑'은 사내 동호회에 가입하려고 한다. 가입 개수의 제한은 없으며 '갑'은 다음 조건을 모두 따라야 한다. 여기서 E에 가입하는 것이 의무화될 때, '갑'의 선택 내용 중 옳은 것은?

ㄱ. A에 가입하면 B에 가입한다.

ㄴ. C와 D 중 하나만 가입한다.

ㄷ. E에 가입하면 B에는 가입하지 않는다.

ㄹ. D에 가입하면 F에 가입하지 않는다.

ㅁ. A, F, G 중 최소한 두 가지는 반드시 가입한다.

---

① 갑은 A에 가입한다.

② 갑은 B에 가입한다.

③ 갑은 C에 가입한다.

④ 갑은 D에 가입한다.

⑤ 갑은 어디에도 가입하지 못한다.

85 다음 제시된 조건을 바탕으로 A, B에 대해 바르게 설명한 것은?

> [조건]
> • 지수가 승진하였다면 서준도 같이 승진하였다.
> • 연이와 서경 중에서 한 사람만 승진하였다.
> • 지수, 연이, 서준, 서경 중 적어도 2명은 승진하였다.
>
> [결론]
> A : 지수는 승진하였다.
> B : 서준은 승진하였다.

① A만 옳다.

② B만 옳다.

③ A, B 모두 옳다.

④ A, B 모두 틀렸다.

⑤ A, B 모두 알 수 없다.

86 30명 중에서 불합격자가 10명인 시험의 최저 합격 점수는 30명의 평균보다 6점이 낮고, 합격자의 평균보다는 30점이 낮았다. 또한 불합격자 평균의 2배보다는 2점이 낮았다고 할 때, 최저 합격 점수는?

① 86점

② 87점

③ 88점

④ 89점

⑤ 90점

문제처리능력

1 자료분석1 | 정답 및 해설 p.257

01 다음은 K국의 국민인 A, B, C, D씨의 사회 이동 양상에 대한 표이다. 표의 내용을 올바르게 분석한 것은? (단, K국의 계층은 상층, 중층, 하층으로 분류되며, 부모의 계층은 변함이 없음)

[표] K국 사회 이동 양상

구분		부모의 계층과 비교한 본인의 현재 계층		
		높음	같음	낮음
10년 전 계층과 비교한 본인의 현재 계층	높음	A		B
	같음	C		
	낮음		D	

① A씨는 세대 내 이동과 세대 간 이동을 모두 경험했다.

② B씨는 현재 하층에 속해있다.

③ C씨의 부모님의 계층은 상층이다.

④ D씨는 세대 내 이동은 경험하였으나 세대 간 이동은 경험하지 않았다.

⑤ B씨는 현재 중층에 속해있지 않다.

[02 – 03] 다음의 표는 S통신사의 광고모델 후보에 대한 자료이다.

[표] 광고모델 후보

광고모델	1년 계약금	1회당 광고효과	
		수익증대효과	브랜드가치 증대효과
A	1,000	100	100
B	600	60	100
C	700	60	110
D	800	50	140
E	1,200	110	110

〈조건〉

• 1회당 광고효과＝1회당 수익증대효과＋1회당 브랜드 가치 증대효과
• 총 광고효과＝1회당 광고효과×1년 광고횟수
• 1년 광고횟수＝$\dfrac{1년 광고비}{20}$
• 1년 광고비＝고정비용 3,000만 원−1년 계약금

※ 광고효과는 수익 증대 효과와 브랜드 가치 증대 효과로만 구성된다.

---

02 광고모델 후보에 대한 자료를 보고 나눈 대화 내용으로 옳은 것은?

> 정 사원 : 1회당 광고효과가 200만원이 넘는 사람이 없어.
> 김 대리 : 1년 광고 횟수로 따지면 B가 발탁되겠는데?
> 최 주임 : 1년 광고비는 A가 제일 낮은 것 같네.

① 정 사원
② 김 대리
③ 최 주임
④ 정 사원, 김 대리
⑤ 김 대리, 최 주임

---

03 총 광고효과가 가장 큰 사람을 모델로 발탁한다고 할 때 최종 발탁될 수 있는 사람은?

① A
② B
③ C
④ D
⑤ E

04 다음은 2023년 3월 사회인 축구리그 경기일별 누적승점에 대한 자료이다. 표에 근거한 설명으로 옳지 <u>않은</u> 것은?

[표] 경기일별 경기 후 누적승점

(단위 : 점)

경기일＼팀	A	B	C	D	E	F
9일(토)	3	0	0	3	1	1
12일(화)	6	1	0	3	2	4
14일(목)	7	2	3	4	2	5
16일(토)	8	2	3	7	3	8
19일(화)	8	5	3	8	4	11
21일(목)	8	8	4	9	7	11
23일(토)	9	9	5	10	8	12
26일(화)	9	12	5	13	11	12
28일(목)	10	12	8	16	12	12
30일(토)	11	12	11	16	15	13

① D팀과 F팀의 총 누적승점은 같다.

② A팀의 누적승점이 가장 높은 경기일은 30일(토)이다.

③ 총 누적승점이 가장 높은 팀은 A팀이다.

④ C팀과 E팀의 누적승점이 같은 날은 16일(토)이다.

⑤ B팀의 총 누적승점은 E팀의 총 누적승점보다 낮다.

[05 ～ 06] 다음 글을 읽고 물음에 알맞은 답을 고르시오.

8개 국가의 장관이 회담을 위해 ○○에 모였다. 각국의 장관은 자신이 사용하는 언어로 의사소통을 하려고 한다. 그런데 회담이 갑자기 개최되어 통역관을 충분히 확보하지 못한 상황이다. 따라서 의사소통을 위해서는 여러 단계의 통역을 거칠 수도 있고, 2개 이상의 언어를 사용하는 장관이 통역관의 역할을 겸할 수도 있다.
현재 회담에 참여하는 장관과 배석 가능한 통역관은 다음과 같다.

장관	사용언어
A	네팔어
B	영어
C	중국어, 러시아어
D	일본어, 러시아어
E	영어, 스와힐리어
F	에스파냐어
G	스와힐리어
H	한국어

통역관	통역 가능한 언어
갑	한국어, 중국어
을	영어, 네팔어
병	한국어, 에스파냐어
정	한국어, 영어, 스와힐리어

05 A장관이 F장관과 의사소통을 하기 위해 필요한 최소한의 통역관 수는?

① 1명　　　　　　　　　　　　② 2명

③ 3명　　　　　　　　　　　　④ 4명

⑤ 의사소통을 하지 못한다.

06 제시된 글을 근거로 판단할 때, 아래 〈보기〉에서 옳은 것만을 모두 고르면?

> **보기**
>
> ㉠ A장관이 B장관과 의사소통하기 위해서는 1명의 통역관만 있으면 된다.
> ㉡ 통역관이 '정'밖에 없다면 H장관은 최대 3명의 장관과 의사소통을 할 수 있다.
> ㉢ 통역관 '정'이 없으면 G장관은 어느 장관과도 의사소통을 할 수 없다.
> ㉣ 8명의 장관과 4명의 통역관이 모두 회담에 참석하면 모든 장관들 중 2명을 제외하고는 서로 의사소통이 가능하다.

① ㉠, ㉡　　　　　　　　　　② ㉠, ㉢

③ ㉡, ㉢　　　　　　　　　　④ ㉢, ㉣

⑤ ㉡, ㉣

[07 - 08] 다음은 리모델링 자금보증에 대한 설명이다.

1. 리모델링 자금보증이란?

리모델링 주택조합이 리모델링에 필요한 사업자금을 조달하기 위해 금융기관으로부터 대출받은 사업비 대출금의 원리금 상환을 책임지는 보증상품

2. 개요

보증대상	리모델링 행위허가를 득한 리모델링 사업
보증구분	조합원이주비보증, 조합원부담금보증, 조합사업비보증
보증채권자	「은행법」에 의한 금융기관, 산업은행, 기업은행 등
보증채무자	보증채권자로부터 리모델링 자금 대출을 받는 차주
보증금액	이주비대출원금, 부담금대출원금, 사업비대출원금
보증기간	대출실행일로부터 대출원금 상환 기일까지

기타	• 보증금지요건
	  −보증심사 결과 심사평점표의 종합평점이 70점 미만인 경우
	  −총 건립세대 규모가 150세대 미만인 사업장인 경우
	  −보증신청 당시 조합설립인가, 행위허가 등의 무효 또는 취소를 다투는 소송이 진행 중으로 사업에 차질이 예상되는 경우
	  −위조 또는 변조된 서류를 제출하는 등 속임수에 의하여 보증을 받고자 하는 경우
	  −기타 보증함이 적절하지 못하다고 판단되는 경우
	• 사업비대출보증 시공자요건
	  −신용평가등급이 BBB−등급 이상
	  −고객 상시 모니터링 결과 경보등급에 해당하지 않아야 함
	  −책임준공 의무 부담

3. 보증한도

구분	보증한도	주채무자(연대보증인)
조합원이주비보증	조합원별 종전자산 평가액의 60%	조합원(조합)
조합원부담금보증	조합원별 부담금의 60%	조합원(조합)
조합사업비보증	총 사업비의 50%	조합

4. 보증료

• 보증료 산정식

보증료＝보증금액×보증료율×(보증기간에 해당하는 일수/365)

• 심사등급별 보증료율

상품명	이주비	부담금	사업비		
			1등급	2등급	3등급
보증료율(연)	0.35%	0.20%	0.45%	0.62%	0.92%

07 조합원 A는 보증회사로부터 최대한 많은 액수의 이주비보증을 받으려고 한다. A의 종전자산 평가액은 10억 원이고 보증기간은 60일일 때, 보증료는 얼마인가? (단, 백의 자리에서 반올림한다.)

① 34만 5천원   ② 33만원

③ 32만 5천원   ④ 31만원

⑤ 30만 5천원

08 사업비보증을 받으려고 하는 다음 3개 조합 중 보증료가 높은 순서대로 바르게 나열한 것은? (단, 천의 자리에서 반올림한다)

구분	등급	보증금액	보증기간
A	1등급	200억 원	100일
B	2등급	50억 원	365일
C	3등급	100억 원	100일

① A-B-C   ② B-A-C

③ B-C-A   ④ C-A-B

⑤ C-B-A

[표] 프로야구경기 관람료

좌석명	입장권 가격		회원권 가격	
	주중	주말/공휴일	주중	주말/공휴일
프리미엄석	70,000원		동일가격	동일가격
테이블석	40,000원			
블루석	12,000원	15,000원	9,000원	12,000원
레드석	10,000원	12,000원	7,000원	9,000원
옐로우석	9,000원	10,000원	6,000원	7,000원

※ 회원권은 120,000원 가입비가 있다.

〈경영팀의 팀원 구성원〉

최 부장, 박 부장, 하 대리, 이 대리, 사원 A씨, 사원 B씨, 사원 C씨

09 경영팀의 팀원들이 함께 프로야구경기를 관람한다고 할 때의 설명으로 옳지 <u>않은</u> 것은?

① 최 부장과 박 부장을 제외한 나머지 팀원들이 모두 회원권이 있다면 금요일에 최 부장과 박 부장은 테이블석에서, 나머지 팀원들은 레드석에서 볼 때 총 122,000원이 든다.

② 이 대리는 프로야구를 연간 12회씩 3년 동안 주중에 옐로우석에서 관람한다고 하면, 회원권 가입 후 관람하는 것이 더 저렴하다.

③ 사원 C씨는 지난 달 주중에 프리미엄석으로 4회 관람하였고, 김 대리는 회원권을 가입해 주말과 공휴일에 블루석으로 6회 관람하였을 때, 김 대리가 구매한 것이 더 저렴하다.

④ 연간 8회씩 프로야구를 주말에 레드석에서 관람하는 하 대리가 회원권 가입비 50% 할인 이벤트로 가입을 했을 때, 처음 1년 동안은 손해를 보게 된다.

⑤ 최 부장과 박 부장을 제외한 나머지 팀원들이 모두 회원권이 있다면 금요일에 최 부장과 박 부장은 테이블석에서, 나머지 팀원들은 레드석에서 볼 때 최 부장, 박 부장과 팀원들의 가격 차이는 38,000원이다.

10 사원 B씨가 회원권을 30% 할인 된 가격에 가입하여 주중에 블루석에서 프로야구를 관람한다면 처음 1년간 몇 회를 봐야 이익인가?

① 26회　　　　　　　　　　② 27회

③ 28회　　　　　　　　　　④ 29회

⑤ 30회

[11 – 12] 다음은 2021년 10월에 발표된 甲국의 청년(15~29세)의 고용지표이다. 표를 참고하여 물음에 답하라.

[표1] 3월 기준 청년 고용지표

(단위 : %, 천 명)

구분	2017년	2018년	2019년	2020년	2021년
고용률	39.8	40.5	41.4	42.0	42.5
실업률	10.7	11.8	11.3	11.6	10.0
실업자 수	445	510	489	507	480

※ 고용률은 15~29세 인구 중 취업자가 차지하는 비율이며, 실업률은 경제활동인구 중 실업자가 차지하는 비율을 의미함

※ 경제활동인구 = 취업자 + 실업자

[표2] 12월 기준 청년 고용지표

(단위 : %, 천 명)

구분	2017년	2018년	2019년	2020년	2021년
고용률	41.2	41.7	42.1	42.7	–
실업률	9.1	9.8	10.0	9.5	–
실업자 수	389	426	430	408	–

11 3월 기준 청년 고용지표에 대한 설명으로 옳지 <u>않은</u> 것은?

① 2018년의 실업률은 2020년의 실업률보다 높다.

② 실업자 수가 가장 적은 연도는 2021년이다.

③ 2020년은 2021년 다음으로 고용률이 가장 높다.

④ 실업자 수가 가장 많은 연도는 2018년이다.

⑤ 고용률이 가장 낮은 연도는 2017년이다.

12 12월 기준 청년 고용지표에 대한 설명으로 옳지 <u>않은</u> 것은?

① 12월에는 2020년까지의 모든 연도의 고용률이 3월에 비해 증가했다.

② 3월에 비해 실업률의 감소가 가장 큰 연도는 2020년이다.

③ 2019년은 2017년보다 3월에 비해 실업자 수의 감소가 적다.

④ 3월과 12월 모두 실업자 수가 가장 적은 연도는 2017년이다.

⑤ 2018년은 2020년 다음으로 3월에 비해 실업자 수의 감소가 가장 크다.

13 다음은 어느 기업의 신입사원 선발기준에 대한 내용이다. 이 기업의 선발기준에 따를 때, 소미가 받게 될 총점은 얼마인가?

⊙ 총점은 1,000점을 만점으로 한다.
ⓒ 총점의 구성 비율은 학업성적 40%, 직무적성시험 50%, 면접점수 10%로 한다.
ⓒ 학업성적은 9개 등급으로 나누며, 1등급은 만점을 부여하고 등급이 하나씩 내려갈 때마다 학업성적 만점의 5%를 감점한다.
ⓔ 직무적성시험의 성적은 10개의 등급으로 구분하며, 1등급은 만점을 부여하고 등급이 하나씩 내려갈 때마다 직무적성시험 만점의 10%를 감점한다.
ⓜ 면접점수는 결시자를 0점으로 하며, A자격 보유자에게는 면접 점수의 20%를 가산하되 가산점이 포함된 면접점수가 100점을 초과할 경우 100점으로 한다.

〈'소미'의 성적〉
• 학업성적 : 4등급
• 직무적성시험성적 : 3등급
• 면접점수 : 85점
• 자격 보유 : A자격증 보유

① 770점
② 772점
③ 815점
④ 840점
⑤ 855점

14 다음은 5개 국가가 어떤 국제기구에 납부한 최근 4년간의 자발적 분담금 현황을 나타낸 것이다. 〈보기〉의 설명에 비추어 볼 때, 다음 [표]의 A, B, C, D, E에 해당하는 국가를 바르게 나열한 것은?

[표1] 국가별 자발적 분담금 총액

(단위 : 백만 달러)

국명	국가별 자발적 분담금			
	2018년	2019년	2020년	2021년
A	500	512	566	664
B	422	507	527	617
C	314	401	491	566
D	379	388	381	425
E	370	374	392	412

[표2] 각국의 1인당 자발적 분담금

(단위: 달러)

국명	국가별 자발적 분담금			
	2018년	2019년	2020년	2021년
A	119	143	158	196
B	46	55	56	78
C	251	277	282	290
D	137	150	189	205
E	35	41	43	47

보기

㉠ 스웨덴과 이탈리아는 국가별 자발적 분담금 총액의 증가액이 다른 국가들에 비해 낮다.

㉡ 노르웨이와 영국은 2018년 대비 2019년 국가별 자발적 분담금 총액의 증가율이 다른 국가들에 비해 높다.

㉢ 노르웨이와 스웨덴에 살고 있는 1인당 자발적 분담금은 다른 국가들에 비해 많다.

	A	B	C	D	E
①	스페인	영국	노르웨이	스웨덴	이탈리아
②	영국	이탈리아	노르웨이	스웨덴	스페인
③	스페인	노르웨이	영국	스웨덴	이탈리아
④	영국	스페인	노르웨이	스웨덴	이탈리아
⑤	이탈리아	노르웨이	영국	스웨덴	스페인

15 다음은 산업체 기초 통계량을 나타낸 것이다. 〈보기〉 중에서 이 자료에 대한 설명으로 옳은 것은?

[표] 산업체 기초 통계량

구분	산업체(개)	종사자(명)	남자(명)	여자(명)
농업	200	400	250	150
어업	50	100	35	65
광업	300	600	500	100
제조업	900	3,300	1,500	1,800
건설업	150	350	300	50
도매업	300	1,000	650	350
숙박업	100	250	50	200
계	2,000	6,000	3,285	2,715

보기

㉠ 여성고용비율이 가장 높은 산업은 숙박업이다.
㉡ 제조업의 남성이 차지하는 비율은 50%이다.
㉢ 광업에서의 여성이 차지하는 비율은 농업에서 여성의 비율보다 높다.
㉣ 제조업과 건설업을 합한 사업체 수는 전체 사업체의 반을 넘는다.

① ㉠, ㉢
② ㉡, ㉢
③ ㉠, ㉣
④ ㉡, ㉣
⑤ ㉢, ㉣

16 아래 표에는 ○○반도체의 올해 3분기까지의 판매 실적이 나와 있다. ○○반도체는 표에 나온 4 가지 제품만을 취급한다고 할 때 다음 중 옳지 <u>않은</u> 설명은?

[표] ○○반도체 1-3분기 판매 실적

구분	분기별 판매량(단위 : 만 개)			분기별 판매액(단위 : 억 원)		
	1분기	2분기	3분기	1분기	2분기	3분기
A	70	100	140	65	120	160
B	55	50	80	70	60	130
C	85	80	110	75	120	130
D	40	70	70	65	60	100
합계	250	300	400	275	360	520

① 1분기부터 3분기까지 판매액 합계 상위 2개 제품은 A와 C이다.

② 2분기에 전 분기 대비 판매량, 판매액 모두 증가한 제품은 A뿐이다.

③ 1분기보다 2분기, 2분기보다 3분기에 제품의 평균 판매 단가가 높았다.

④ B제품은 2분기에 판매량과 판매액이 일시 감소했으나 3분기에 회복되었다.

⑤ 3분기 A제품의 판매량과 판매액 모두 전체의 1/3을 넘었다.

[17 – 19] 다음은 가정별 출생코호트별 완결출산율을 나타낸 것이다.

[표1] 가정별 출생코호트별 완결출산율

(단위 : 명)

구분	1990년생	1995년생	2000년생	2005년생	2010년생	2015년생	2020년생
중위	2.26	2.08	1.74	1.43	1.32	1.31	1.28
고위	2.26	2.08	1.74	1.55	1.64	1.61	1.58
저위	2.26	2.08	1.74	1.42	1.19	1.05	0.97

※ 출생코호트별 완결출산율이란 특정연도에 태어난 여성 1명이 가임기간(15~49세) 동안 실제로 낳은 평균 출생아수임

※ 출산율 수준의 가정에 따라 중위, 고위, 저위로 구분하여 작성하였음

[표2] 출산순위별 완결출산율: 중위

(단위 : 명)

구분	1990년생	1995년생	2000년생	2005년생	2010년생	2015년생	2020년생
완결출산율	2.26	2.08	1.74	1.43	1.32	1.31	1.28
첫째아	0.998	0.999	0.912	0.797	0.697	0.694	0.679
둘째아	0.850	0.847	0.695	0.540	0.540	0.537	0.524
셋째아	0.321	0.197	0.126	0.082	0.072	0.072	0.072
넷째아+	0.096	0.037	0.012	0.006	0.006	0.006	0.006

17 2010년에 태어난 여성의 수를 300명이라고 가정할 때, 그 여성들이 낳은 아이의 수는?(단, 중위를 기준으로 계산한다.)

① 300명　　　　　　　　　　② 357명

③ 384명　　　　　　　　　　④ 396명

⑤ 426명

18 2020년에 태어난 여성의 수를 700명이라고 가정할 때, 그 여성들이 낳은 아이들 중 셋째아 이상은 모두 몇 명인가? (단, 중위를 기준으로 계산하며, 소수점 이하는 올림한다.)

① 약 96명

② 약 76명

③ 약 67명

④ 약 55명

⑤ 약 51명

19 2005년의 출생코호트별 완결출산율은 2000년 대비 몇 % 감소하였는가? (단, 중위를 기준으로 하며, 소수점 넷째 자리에서 반올림한다.)

① 약 82.184%

② 약 69.814%

③ 약 50.268%

④ 약 37.117%

⑤ 약 17.816%

[20 – 21] 다음은 노인 인구와 관련된 조사 결과이다.

[표1] 노인 인구 성별 추이

(단위 : 천 명)

구분	1990	1995	2000	2005	2010	2020	2030
전체	2,195	2,657	3,395	4,383	5,354	7,821	11,899
남자	822	987	1,300	1,760	2,213	3,403	5,333
여자	1,373	1,670	2,095	2,623	3,141	4,418	6,566

※ 노인 인구 : 65세 이상 인구

※ 성비 : 여자 100명당 남자의 수

[표2] 노년부양비와 노령화지수

(단위 : %)

구분	1990	1995	2000	2005	2010	2020	2030
노년부양비	7.4	8.3	10.1	12.6	14.9	21.8	37.3
노령화지수	20.0	25.2	34.3	47.4	66.8	124.2	214.8

- 노년부양비 : $\dfrac{65세 \text{ 이상 인구}}{15{\sim}64세 \text{ 인구}} \times 100$
- 노령화지수 : $\dfrac{65세 \text{ 이상 인구}}{0{\sim}64세 \text{ 인구}} \times 100$

20 2005년 노인 인구의 성비를 바르게 구한 것은?

① 약 67명
② 약 69명
③ 약 71명
④ 약 73명
⑤ 약 75명

21 2005년의 노년부양비를 10년 전과 비교한다면, 증가폭은?

① 3.3%p
② 3.7%p
③ 4.0%p
④ 4.3%p
⑤ 4.6%p

[22 – 23] [표1]은 자전거 대여소 A, B, C, D, E의 시간당 대여료를, [표2]는 K가 일주일 동안 자전거를 빌려서 탄 시간을 기록한 것이다.

[표1] 자전거 대여소별 대여료

(단위 : 시간, 원)

시간 대여소	0.5	1	1.5	2	2.5	3	3.5	4
A	2,000	2,500	3,000	3,500	4,000	4,500	5,000	5,500
B	2,400	2,800	3,100	3,700	4,000	4,400	4,900	5,300
C	2,500	3,000	3,400	3,700	3,900	4,300	4,700	5,000
D	2,300	2,600	2,900	3,300	3,500	4,000	4,500	5,000
E	2,500	3,000	3,500	3,700	4,500	5,000	5,500	5,500

[표2] K의 자전거 대여 이동시간

요일	월요일	화요일	수요일	목요일	금요일	토요일	일요일
시간	1.5	2.5	1	3.5	0.5	3	4

22 K가 수요일에 모든 대여소에서 자전거를 빌려 탄다면, 대여료의 합은?

① 9,400원　　　　　　　　② 13,900원

③ 19,200원　　　　　　　④ 12,400원

⑤ 14,400원

23 K가 일주일 동안 한 곳에서만 자전거를 빌려서 탔을 때, 가장 저렴한 대여소는?

① A　　　　　　　　② B

③ C　　　　　　　　④ D

⑤ E

[24 – 25] 다음은 휴직인원을 대신할 아르바이트생에 대한 채용안과 지원 현황이다.

[표1] 아르바이트 채용안

근무일시	3/2		3/3		3/4		3/5		3/6	
	오전	오후	오전	오후	오전	오후	오전	오후	오전	오후
모집인원	3명	3명	2명	2명	2명	2명	3명	3명	3명	3명

※ 업무 관련 경력자의 근무 가능 시간을 고려하여 우선 선발하고 차선으로 종일 근무를 2일 이상 할 수 있는 자를 선발함

※ 업무 관련 경력자는 2일 이상 종일 근무자보다 더 많이 채용함

※ 단, 선발된 모든 인원은 자신의 근무 가능 시간에 반드시 근무해야 함

[표2] 아르바이트생 지원 현황

성명	근무 가능 시간					경험여부
	3/2	3/3	3/4	3/5	3/6	
A	종일	오전		오전	오전	○
B	종일		오전	종일		
C	종일	오후		오후	오후	○
D		종일		오후	종일	
E		오전	종일	종일	오전	
F		오후	오후	오후	종일	
G		오후		종일	오후	○
H	종일		오전	오전	종일	
I	종일	종일	오후		오전	○
J	종일		종일	오전	오후	

24 아르바이트 채용안에서 오전 시간과 오후 시간의 총 모집인원은?

	오전	오후
①	12명	13명
②	10명	11명
③	13명	13명
④	11명	12명
⑤	14명	14명

25 3/5 오전에 근무할 수 있는 아르바이트생을 모두 고른 것은?

① A, C, F, H, I
② A, B, E, G, H, J
③ B, D, G, H, I, J
④ A, E, F, G, H
⑤ B, C, G, J

26 행정안전부는 매년 전국사업과 지방산업에 대하여 비영리단체들을 지원하고 있으며, 다음은 그와 관련된 자료이다. 이에 근거했을 때, 신청금액 대비 지원금액의 비율은?(단, 소수점 둘째 자리에서 반올림한다.)

[표] 2021년도 지원사업 및 신청현황

(단위 : 개, 백만 원)

유형별	신청내역			선정내역		
	단체 수	사업 수	금액	단체 수	사업 수	금액
계	444	478	29,944	152	154	5,000
국민통합	66	72	5,120	20	20	827
문화시민사회구축	58	65	4,019	16	16	650
자원봉사	29	32	2,025	17	17	328
안전문화/재해재난	35	34	2,563	16	16	440
인권신장/소외계층보호	80	84	4,737	25	27	805
자원절약/환경보전	55	63	3,814	13	13	700
NGO기반구축/시민참여확대	68	73	4,299	30	30	755
국제교류협력	53	55	3,367	15	15	495

① 약 13.2%
② 약 14.3%
③ 약 15.6%
④ 약 16.7%
⑤ 약 17.3%

[27 – 28] 다음은 3개의 생산 공장에서 생산하는 음료수의 1일 생산량을 나타낸 것이다.

[표] 생산 공장에서 생산하는 음료수의 1일 생산량

(단위: 개)

구분	A음료수	B음료수	C음료수
(가)공장	15,000	22,500	7,500
(나)공장	36,000	48,000	18,000
(다)공장	9,000	14,000	5,000

27 3개 공장의 A음료수 1일 생산량에서 (가)공장이 차지하는 생산량 비율은?

① 15%
② 20%
③ 25%
④ 30%
⑤ 35%

28 3종의 음료수에 대한 각 공장의 생산 비율 중 B음료수의 생산 비율이 가장 낮은 공장은?

① (가)공장
② (나)공장
③ (다)공장
④ 모두 같음
⑤ 정답 없음

[29 – 30] 다음은 어느 대학원의 입시 자료에서 상위 4개 모집단위의 성별에 따른 지원자 및 합격자 분포를 정리한 자료이다.

[표] 모집단위별 지원자 및 합격자 수

(단위 : 명)

모집단위	남성		여성		계	
	합격자 수	지원자 수	합격자 수	지원자 수	합격자 수	지원자 수
A	512	825	89	108	601	933
B	353	560	17	25	370	585
C	138	417	131	375	269	792
D	22	373	24	393	46	766
계	1,025	2,175	261	901	1,286	3,076

29 경쟁률이 가장 높은 모집단위의 경쟁률은? (단, 소수점 둘째 자리에서 반올림한다.)

① 10.7:1　　　　　　② 12.5:1

③ 14.3:1　　　　　　④ 16.7:1

⑤ 18.1:1

30 C의 합격자 중 여성의 비율은?(단, 소수점 둘째 자리에서 반올림한다.)

① 약 47.6%　　　　　② 약 48.7%

③ 약 49.3%　　　　　④ 약 50.1%

⑤ 약 51.4%

31 다음은 철강제품의 탄소함유량에 대한 자료이다. 주어진 표를 바탕으로 할 때 제품의 등급이 우수 이상인 제품의 수는?

[표1] 철강제품 탄소함유량 정보 현황

제품	제품무게(g)	제품 1g당 탄소함유량(mg)	제품의 탄소함유량(mg)
A	1,000	6.0	( )
B	1,200	14.0	( )
C	800	8.5	( )
D	1,500	20.0	( )

[표2] 제품의 탄소함유량별 등급

등급	최우수	우수	보통	미달
탄소함유량(g)	4미만	4이상 8미만	8이상 16미만	16이상

※ 제품의 탄소함유량 = 계수×제품무게×제품 1g당 탄소함유량(단, 계수는 0.625이다.)

① 2개   ② 3개
③ 4개   ④ 1개
⑤ 0개

[32 – 34] 다음의 표는 2020년 한 해 동안 A, B, C역의 이용 승객을 연령대별로 나타낸 것이다.

구분	10대	20대	30대	40대	50대 이상	총 이용 인원수 (천 명)
A역	7%	19%	25%	27%	22%	3,200
B역	3%	16%	23%	38%	20%	1,800
C역	16%	37%	18%	17%	12%	2,400

[표] A, B, C역의 이용 승객 수

32 2020년에 A역을 이용한 30대 승객은?

① 768,000명
② 800,000명
③ 832,000명
④ 864,000명
⑤ 891,000명

33 2020년에 C역을 이용한 30대 이상의 승객 수는 2020년에 B역을 이용한 30대 미만의 승객 수의 대략 몇 배인가?

① 약 3.1배
② 약 3.3배
③ 약 3.5배
④ 약 3.7배
⑤ 약 4.1배

34 2020년 B역의 이용 승객 중 비율이 가장 높았던 연령대의 승객 수와 A역의 이용 승객 중 비율이 가장 낮았던 연령대의 승객 수의 차이는?

① 246,000명
② 317,000명
③ 424,000명
④ 460,000명
⑤ 492,000명

[35 ~ 36] 다음은 100명이 지원한 입사시험에서 지원자들의 졸업성적과 면접점수의 상관관계를 조사하여 그 분포수를 표시한 것이다.

[표] 지원자들의 졸업성적과 면접점수

(단위 : 명)

면접점수 \ 졸업성적	60점	70점	80점	90점	100점
100점	1	5	4	6	1
90점	3	4	5	5	4
80점	1	3	8	7	5
70점	4	5	7	5	2
60점	2	3	5	3	2

35 졸업성적과 면접점수를 합친 총점이 170점 이상인 지원자 중 면접점수가 80점 이상인 사람을 합격자로 할 때, 합격자 총 수는?

① 37명 ② 39명
③ 42명 ④ 44명
⑤ 46명

36 졸업성적과 면접점수를 합산하여 총점이 높은 순으로 합격자를 선발하며, 지원자의 25%만이 합격하였다고 할 때, 합격자의 총점 평균을 구하면? (단, 소수점 이하는 무시한다.)

① 180점 ② 182점
③ 184점 ④ 186점
⑤ 188점

[37 – 38] 다음은 어느 지역의 학교별 급식 시행 학교 수와 급식인력(영양사, 조리사, 조리 보조원)의 현황을 나타낸 표이다.

[표] 학교별 급식 시행 학교 수와 급식인력 현황

(단위: 개, 명)

구분	급식 시행 학교 수	직종별 급식인력					
		영양사			조리사	조리 보조원	급식인력 합계
		정규직	비정규직	소계			
초등학교	137	95	21	116	125	321	562
중학교	81	27	34	61	67	159	287
고등학교	63	56	37	93	59	174	326
특수학교	5	4	0	4	7	9	20
전체	286	182	92	274	258	663	1,195

※ 각 직종별 충원율(%)= $\dfrac{\text{각 직종별 급식인력 수}}{\text{학교별 급식 시행 학교 수}} \times 100$

37 급식 시행 학교 전체의 영양사 충원율은? (단, 소수점 둘째 자리에서 반올림한다.)

① 약 73.2% ② 약 84.5%

③ 약 90.4% ④ 약 92.8%

⑤ 약 95.8%

38 급식 시행 학교 전체에서 급식인력의 평균은?(단, 소수점 이하는 반올림한다.)

① 약 3명 ② 약 4명

③ 약 5명 ④ 약 6명

⑤ 약 7명

[39 – 41] 다음은 주요 국가들의 연구개발 활동을 국가명의 가나다순으로 정리한 것이다.

국가명	절대적 투입규모		상대적 투입규모		산출규모	
	총 R&D 비용 (백만 달러)	연구원 수(명)	GDP대비 총 R&D 비용(%)	노동인구 천 명 당 연구원 수 (명)	특허 등록 수 (건)	논문 수(편)
독일	46,405	516,331	2.43	13.0	51,685	63,847
미국	165,898	962,700	2.64	7.4	147,520	252,623
스웨덴	4,984	56,627	3.27	13.1	18,482	14,446
아이슬란드	663	1,363	1.33	9.5	35	312
아일랜드	609	7,837	1.77	5.6	7,088	2,549
영국	20,307	270,000	2.15	9.5	43,181	67,774
일본	123,283	832,873	2.68	8.0	141,448	67,004
프랑스	30,675	314,170	2.45	12.5	46,213	46,279
한국	7,666	98,764	2.22	7.3	52,900	9,555

[표] 주요 국가들의 연구개발 활동 현황

39 영국의 연구원 1인당 특허 등록 수는?(단, 소수점 셋째 자리에서 반올림한다.)

① 약 0.08건 ② 약 0.10건
③ 약 0.12건 ④ 약 0.14건
⑤ 약 0.16건

40 일본의 노동인구 500명당 연구원 수는?

① 2.0명 ② 4.0명
③ 6.0명 ④ 8.0명
⑤ 10.0명

41 아이슬란드의 GDP는?(단, 소수점 첫째 자리에서 반올림한다.)

① 57,232,670,320달러 ② 53,187,421,700달러
③ 49,849,624,060달러 ④ 46,569,230,000달러
⑤ 41,165,932,170달러

42 다음은 고등학생 361명의 A 및 B 시험결과의 분포를 나타낸 표이다. A 시험에서 20점 미만을 받은 학생의 B 평균점수의 범위를 맞게 표시한 것은?(단, 소수점 둘째 자리에서 반올림한다.)

[표] A와 B 시험결과 점수의 분포 교차도

B \ A	0~9점	10~19점	20~29점	30~39점	40~49점	50~59점	60~69점	70~79점	80~89점	90~100점
0~9점	2	4	4							
10~19점	3	8	6	4				2		
20~29점		7	18	14			1	1		
30~39점			22	35	19	16				
40~49점				13	37	21				
50~59점			2	4	18	26	11	6		
60~69점			1	1		3	17	10	4	
70~79점							4	7	2	3
80~89점								1	2	1
90~100점										1

① 약 10.4~약 15.0

② 약 15.0~약 19.4

③ 약 10.4~약 19.4

④ 약 15.0~약 20.4

⑤ 약 21.4~약 25.4

[43 – 44] 다음 표는 65세 이상 진료비 및 약품비에 대한 자료이다.

[표1] 노인인구 진료비

(단위 : 억 원)

구분	2019년	2020년	2021년
총 진료비	580,170	646,623	696,271
노인인구 진료비	213,615	245,643	271,357

[표2] 노인인구 약품비

(단위 : 억 원)

구분	2019년	2020년	2021년
총 약품비	139,259	152,905	162,179
노인인구 약품비	53,864	59,850	64,966

43 2021년 전체인구 대비 노인인구의 진료비와 약품비의 비중은?(단, 소수점 둘째 자리에서 반올림한다.)

	진료비	약품비
①	36%	43%
②	37%	42.1%
③	38%	41.1%
④	39%	40.1%
⑤	39%	41.3%

44 위의 자료에 대한 설명으로 옳지 않은 것은?(단, 소수점 둘째 자리에서 반올림함)

① 전체인구 진료비는 증가하고 있다.

② 2020년 노인인구 약품비의 비중은 전년대비 약 0.4%p 증가하였다.

③ 2019년 노인인구 진료비의 비중은 약 36.8%이다.

④ 2021년 노인인구 진료비의 비중은 전년대비 약 3%p 증가하였다.

⑤ 전체인구 약품비는 증가하고 있다.

아래 표는 연령별 농가 가구원 수에 대한 표이다.

[표] 연령별 농가 가구원 수

(단위 : 명)

연령 \ 연도	2018	2019	2020	2021
14세 이하	0.46	0.44	0.4	0.36
15~19세	0.26	0.22	0.19	0.18
20~24세	0.15	0.16	0.14	0.13
25~29세	0.14	0.14	0.12	0.12
30~34세	0.1	0.1	0.1	0.09
35~39세	0.17	0.16	0.14	0.13
40~44세	0.22	0.21	0.19	0.19
45~49세	0.23	0.23	0.23	0.23
50~54세	0.26	0.26	0.27	0.26
55~59세	0.35	0.34	0.31	0.29
60~64세	0.38	0.37	0.38	0.39
65세 이상	0.57	0.6	0.65	0.71

45 2021년 50세 이상 가구원 수는 2021년 전체 가구원 수의 약 몇 %인가?(단, 소수점 둘째자리에서 반올림한다.)

① 약 51.8%
② 약 53.6%
③ 약 57.4%
④ 약 59.5%
⑤ 약 59.9%

46 2018년에 가장 많은 가구원 수를 차지하는 연령대는?

① 14세 이하
② 30~34세
③ 40~44세
④ 50~54세
⑤ 65세 이상

[47 – 48] 아래 표는 2021년 우리나라의 해외직접투자이다. 물음에 답하시오.

[표] 우리나라 해외직접투자

(단위 : 천 달러)

연도	아시아	북미	중동	유럽	중남미	대양주	아프리카
2021.01	229,385	122,465	558	10,477	5,004	7,510	11,223
2021.02	194,620	32,028	550	25,003	7,304	12,924	4,587
2021.03	395,140	166,670	551	110,351	29,004	21,875	4,243
2021.04	304,272	57,411	1,212	48,095	58,324	14,207	21,942
2021.05	361,807	203,022	2,406	24,225	53,815	4,918	4,879
2021.06	307,708	58,141	3,551	13,008	10,749	2,732	18,177
2021.07	275,448	89,683	6,343	64,869	10,275	6,270	9,406
2021.08	319,734	140,532	8,891	73,655	10,155	3,164	10,059
2021.09	649,559	86,250	29,424	93,930	9,472	39,608	2,429
2021.10	329,203	154,920	12,872	35,246	16,761	2,087	21,406
2021.11	344,259	64,247	13,048	93,840	66,117	15,376	4,439
2021.12	412,089	102,390	37,042	34,721	30,148	22,167	2,094

47 2021년 해외직접투자가 가장 많았던 달은?

① 3월   ② 5월

③ 7월   ④ 9월

⑤ 11월

48 2021년 2월에 해외직접투자가 가장 적었던 곳은?

① 아시아   ② 유럽

③ 중동   ④ 아프리카

⑤ 중남미

[49 – 51] 통계청에서 A국의 석유 관련 보고용 자료를 발표하였다. 물음에 답하시오.

[표1] A국의 석유 생산·소비 점유율

연도	생산(백만 톤)	세계 점유율(%)	소비(백만 톤)	세계 점유율(%)
2012	160.1	4.1	173.8	6.2
2013	160.2	4.2	197	6.4
2014	160.2	4.2	197	6.7
2015	162.6	4.3	196	6.8
2016	164.8	4.2	209	7.0
2017	166.9	4.5	209.6	7.0
2018	174.1	4.6	223.6	7.2
2019	180.8	4.5	247.4	7.4
2020	183.5	4.6	271.7	7.6
2021	185.2	4.0	318.9	8.5

[표2] A국의 1인당 석유 소비량

(단위 : kg)

구분	2019년	2020년	2021년
A국	204.2	244.8	246.6

49 A국의 석유 소비 세계 점유율이 가장 낮은 해는?

① 2012년　　　　　　　　　　② 2013년

③ 2014년　　　　　　　　　　④ 2015년

⑤ 2016년

50 2015~2018년의 A국 석유 생산량 중 2017년도의 석유 생산량이 차지하는 비율은?(단, 소수점 첫째 자리에서 반올림한다.)

① 22%　　　　　　　　　　② 23%

③ 24%　　　　　　　　　　④ 25%

⑤ 26%

51 2021년 A국 인구수는?

① 약 12.7억 명　　　　　　　② 약 13.7억 명

③ 약 12.9억 명　　　　　　　④ 약 13.9억 명

⑤ 약 11.7억 명

01 다음은 2021년 어느 금요일과 토요일 A씨 부부의 전체 양육활동유형 9가지에 대한 참여시간을 조사한 자료이다. 이에 대한 설명으로 옳지 <u>않은</u> 것은?

[표] 금요일과 토요일의 양육활동유형별 참여시간

(단위 : 분)

구분	금요일		토요일	
	아내	남편	아내	남편
위생	48	4	48	8
식사	199	4	234	14
가사	110	2	108	9
정서	128	25	161	73
취침	55	3	60	6
배설	18	1	21	2
외출	70	5	101	24
의료간호	11	1	10	1
교육	24	1	20	3

① 토요일에 남편의 참여시간이 가장 많았던 양육활동유형은 정서활동이다.

② 남편의 양육활동 참여시간은 금요일에는 총 46분이었고, 토요일에는 총 140분이었다.

③ 아내의 총 양육활동 참여시간은 금요일에 비해 토요일에 감소하였다.

④ 금요일에 아내는 식사, 정서, 가사, 외출활동의 순으로 양육활동 참여시간이 많았다.

⑤ 남편의 총 양육활동 참여시간은 주말에 집중되어 있으며 외출활동영역이 두 번째로 높다.

02 다음 [표]는 폐기물 매립지 주변의 거주민 1,375명을 대상으로 특정 질환 환자 수를 파악한 것이다. 매립지 주변 거주민 중 환자의 비율을 구하면?

[표] 거주민 특성별 특정 질환 환자 수 현황

구분	매립지와의 거리			
	1km 미만	1~2km 미만	2~3km 미만	3~5km 미만
거주민	564	428	282	101
호흡기 질환자 수	94	47	77	15
피부 질환자 수	131	70	102	42

구분	연령			
	19세 이하	20~39세	40~59세	60세 이상
거주민	341	405	380	249
호흡기 질환자 수	76	41	49	67
피부 질환자 수	35	71	89	150

구분	거주 기간			
	1년 미만	1~5년 미만	5~10년 미만	10년 이상
거주민	131	286	312	646
호흡기 질환자 수	15	23	41	154
피부 질환자 수	10	37	75	223

※ 환자 수＝호흡기 질환자 수＋피부 질환자 수
  (단, 위의 2가지 질환을 동시에 앓지는 않음)

① 약 21% ② 약 35%
③ 약 42% ④ 약 58%
⑤ 약 64%

03 아래는 2020년과 2021년 A도시의 가구별 평균 소비지출 내역을 나타낸 표이다. 2020년도 가구당 총 지출액이 평균 2,000만 원이었고 2021년도 가구당 총 지출액이 평균 2,500만 원이었다면, 2021년 가구당 교육비는 2020년 대비 증가 금액은?

[표] 2020년과 2021년 A도시의 가구별 평균 소비지출 내역

(단위 : %)

구분	2020년 지출내역	2021년 지출내역
주거비	42	35
식비	27	31
교육비	23	29
기타	8	5

① 150만 원　　　　　　　　② 265만 원

③ 325만 원　　　　　　　　④ 500만 원

⑤ 635만 원

04 남녀 200명의 민트초코 선호 여부를 조사하니 다음 표와 같은 결과를 얻었다. 전체 조사 대상자 중 여자의 비율은 70%이고, 민트초코 선호자의 비율이 60%라고 할 때, 다음 설명 중 적절한 것은? (단, 소수점 셋째 자리에서 반올림한다.)

[표] 민트초코 선호 여부

(단위 : 명)

성별 \ 인원	선호자 수	비선호자 수	전체
남	A	20	B
여	C	D	E
전체	F	G	200

① $\dfrac{C}{D}=2$이다.

② 남자의 민트초코 선호율이 여자의 민트초코 선호율보다 낮다.

③ 조사 대상자 중 여자가 남자보다 80명이 더 많다.

④ 민트초코를 선호하는 여자의 수는 민트초코를 선호하는 남자의 수보다 3배 많다.

⑤ 조사 대상자 중 민트초코를 선호하지 않는 여자의 수가 남자보다 더 적다.

05 다음은 2019년 A지역의 연령별 인구 구조에 관한 자료이다. 이를 바탕으로 2034년의 인구 분포를 예측한 결과로 적절한 것은?

[표] A 지역의 연령별 지역 구조

(단위 : 명)

구분	남성	여성
0~14세	1,650	1,920
15~29세	1,500	1,600
30~44세	1,250	1,280
45~59세	990	1,040
60세 이상	800	1,050
합계	6,190	6,890

※ A지역은 전·출입자와 사망자는 없고, 출생자만 있다고 가정

※ 2034년 15~29세 성별 인구대비 0~14세 성별 인구의 비율 ($\frac{0\text{~}14\text{세 남(여) 인구}}{15\text{~}29\text{세 남(여) 인구}}$)은 2019년과 동일하다고 가정

① 총 인구에서 여성이 차지하는 비율은 2019년에 비해 증가할 것이다.

② 총 인구에서 차지하는 인구 비중이 가장 높은 연령대는 60세 이상일 것이다.

③ 총 인구가 2019년에 비해 약 24%가량 증가할 것이다.

④ 60세 이상 인구에서 남성이 차지하는 비율은 2019년에 비해 감소할 것이다.

⑤ 0~14세 인구는 15~29세 인구보다 2배 이상 증가할 것이다.

다음은 S지역 전체 가구 수를 대상으로 바이러스 유행 전과 유행 후 영양제 섭취 변경 사항에 대해 설문조사한 결과이다. 이에 대한 설명으로 적절한 것은?

[표] 바이러스 유행 전·후 S지역 영양제 섭취 변경

(단위 : 가구)

유행 전＼유행 후	비타민D	비타민C	오메가	아연
비타민D	40	30	20	30
비타민C	10	50	10	30
오메가	20	10	10	40
아연	10	10	10	40

※ S지역이 섭취하는 영양제 종류는 비타민C, 비타민D, 오메가, 아연으로 구성(각 가구는 영양제 한 종류만 섭취)

① 바이러스 유행 전에는 영양제로 비타민C를 섭취하는 가구 수가 가장 많았다.

② 바이러스 유행 전에 비해 유행 후에 섭취 가구 수가 감소한 영양제 종류는 3개이다.

③ 바이러스 유행 전과 유행 후에 영양제를 변경한 가구 수의 비율은 전체 가구 수의 60% 이하이다.

④ 영양제 종류 중에서 바이러스 유행 전과 유행 후를 비교했을 때, 영양제 섭취 수의 차이가 가장 큰 것은 아연이다.

⑤ 바이러스 유행 후에 영양제로 비타민D를 섭취하는 가구 수의 변화가 가장 크다.

07 다음 표는 2021년 실적 평가 도표의 일부이다. 빈칸에 들어갈 수치로 바르게 짝지은 것은?

[표] 2021년 A사 인사과 실적 평가표

(단위 : 점)

구분	주원	은희	한별
근태	94	97	91
업무 성실도	(A)	80	94
문제 대응	81	91	79
직무 시험	79	(B)	77
파트너십 평가	92	86	84
리더십 평가	83	94	81
총계	520	546	(C)

※ 100점 만점 기준

	주원	은희	한별
①	91	78	501
②	89	98	509
③	91	98	506
④	89	91	506
⑤	91	89	509

다음은 A사의 연간 불량 사례에 대한 자료이다. 표에 따른 설명 중 옳지 <u>않은</u> 것은? (단, 소수점 첫째 자리 이하 생략한다.)

[표] 2021년 A사 연간 불량 사례 건수

(단위 : 건)

구분	2018년		2019년		2020년		2021년	
	상반기	하반기	상반기	하반기	상반기	하반기	상반기	하반기
이물질	4	2	6	5	0	3	5	1
작동불량	186	112	204	125	115	105	100	90
전원불량	89	81	100	65	55	63	60	50
오작동	102	98	102	35	4	0	2	4
파손	24	22	18	4	8	2	3	1
기타	6	2	8	0	1	0	0	2

① 2018년 연간 불량 사례 중 상반기 평균은 60건 이상이다.

② 2019년 하반기 불량 사례 총 건수는 2018년 하반기 불량 사례의 총 건수 대비 증가했다.

③ 2020년 상반기 불량 건수 중 전원불량이 차지하는 비율은 28% 이상이다.

④ 2021년 상반기 불량 건수 중 파손이 차지하는 비율은 약 1.76%이다.

⑤ 2018년 상반기의 불량 사례 총계와 2021년 하반기의 불량 사례 총계의 차이는 241건이다.

09 다음 표는 A그룹의 4차 산업혁명에 해당하는 기술 개발 투자액이다. 표에 대한 설명으로 옳지 않은 것은?(단, 소수점 첫째 자리 이하 생략한다.)

[표] A그룹 연간 4차 산업혁명 기술 개발 투자 보고서

(단위 : 억 원)

구분	2018년	2019년	2020년	2021년
AI/빅 데이터	19	20	22	28
미래형 자동차	45	48	60	77
바이오	55	62	70	68
AR	25	28	32	31
스마트 가전	98	125	135	130

① 2021년 AI/빅 데이터 분야의 투자액은 2021년 전체 투자액 대비 약 8.3%를 차지하고 있다.

② 매년 전체 투자액 중 가장 많은 투자액을 기록한 연도는 2021년이다.

③ 2019년 바이오 분야의 투자액은 2019년 전체 투자액 대비 약 21.9%를 차지하고 있다.

④ 2018년 전체 투자액의 평균은 48.4억이다.

⑤ 2021년 총 투자액은 2018년 대비 100억 이상 증가했다.

10 다음은 S전자의 두 제품에 대한 연간 생산량이다. 연간 생산량이 일정하게 증감하고 있다면, 세탁기의 9월 생산량과 에어컨의 3월 생산량으로 바르게 짝지은 것은?

[표] 2021 S전자 연간 제품 생산량

(단위 : 개)

월 \ 제품명	세탁기	에어컨
1월	935	139
2월	1,098	274
3월	974	(B)
4월	1,137	544
5월	1,013	679
6월	1,176	814
7월	1,052	949
8월	1,215	1,084
9월	(A)	1,219
10월	1,254	1,354
11월	1,130	1,489
12월	1,294	1,624

	세탁기	에어컨
①	1,205	387
②	1,091	409
③	1,148	387
④	1,213	402
⑤	1,146	391

11 다음은 1인 가구의 주택 소유 형태에 관한 설명이다. 설명 중 옳지 <u>않은</u> 것은?

[표] 1인 가구의 주택 소유 형태

(단위 : 천 가구, 채)

구분	연도별 가구 수			
	2018년	2019년	2020년	2021년
자가	538	560	911	411
전세	412	457	501	281
월세	328	345	548	643
임대주택	668	698	712	791
전체	1,946	2,060	2,672	2,126

① 2020년의 자가 형태의 주택 소유 가구 수는 2019년에 비해 증가했다.

② 2021년 전세 가구 수는 2021년 전체 비율에서 12% 이상에 속한다.

③ 2020년 자가의 가구 수는 33% 이상을 차지했으며, 2021년 자가 가구 수는 2020년에 비해 하락했다.

④ 2019년도 임대주택의 가구 수는 월세보다 더 높고, 연도별 가구 수를 더하면 주택 소유 형태 중 가장 낮은 가구 수를 가지고 있다.

⑤ 매년 월세 가구 수는 꾸준히 증가하고 있는 추세이다.

12 다음은 해에 따른 우리나라 국민의 도시선호에 대한 사전 조사 자료이다. 자료에 대한 설명으로 옳지 <u>않은</u> 것은? (단, 소수점 셋째 자리 이하 생략한다.)

[표] 2019–2021년 우리나라 국민의 도시선호에 대한 사전조사

(단위 : %)

구분	2019년	2020년	2021년
S시	50	50	46
B시	18	17	18
I시	12	18	24
G시	20	15	12

※ 총합 100%를 기준으로 한다.

① S시의 선호도는 2021년에 들어 4%p 감소했다.

② I시의 2021년 도시선호는 2021년 전체 도시선호의 24%를 차지하고 있다.

③ 2019년을 기준으로 G시의 도시선호는 2020년, 2021년에 걸쳐 총 8%p 감소했다.

④ B시의 2020년 도시선호는 2020년 전체 도시선호의 17%를 차지하고 있다.

⑤ 2020년을 기준으로 B시의 도시선호는 2019년 대비 1%p 증가했다.

13 사학자 A씨는 고려시대 문헌을 통하여 당시 상류층(왕족, 귀족, 승려) 남녀 각각 160명에 대한 자료를 분석하여 다음과 같은 [표]를 작성하였다. 이 [표]에 대한 진술 중 옳은 것은?

[표] 고려시대 상류층의 혼인연령, 사망연령 및 자녀 수

구분		평균 혼인연령(세)	평균 사망연령(세)	평균 자녀 수(명)
승려(80명)	남(50명)	–	69	–
	여(30명)	–	71	–
왕족(40명)	남(30명)	19	42	10
	여(10명)	15	46	3
귀족(200명)	남(80명)	15	45	5
	여(120명)	20	56	6

※ 승려를 제외한 모든 남자는 혼인하였고 이혼하거나 사별한 사례는 없음

① 귀족 남자의 평균 혼인연령은 왕족 남자의 평균 혼인연령보다 낮다.
② 귀족 여자의 평균 혼인연령은 승려 여자의 평균 혼인연령보다 낮다.
③ 귀족의 평균 자녀 수는 5.5명이다.
④ 평균 사망연령의 남녀 간 차이는 승려가 귀족보다 많다.
⑤ 귀족 여자의 평균 혼인연령은 왕족 여자의 평균 혼인 연령보다 낮다.

14 다음 표는 D항공에서 제공한 고객의 국내외 입출국 현황을 나타낸 자료이다. 이에 대한 설명으로 옳지 <u>않은</u> 것은?

[표] 연간 성수기 및 비성수기 고객 입출국 현황 보고 자료

(단위 : 명)

구분		2017년	2018년	2019년	2020년	2021년
비성수기	입국	35,341	33,514	40,061	42,649	47,703
	출국	2,534	2,089	2,761	2,660	2,881
	합계	37,875	35,603	42,822	45,309	50,584
성수기	입국	2,997	2,872	3,327	3,238	3,209
	출국	894,693	848,299	966,193	1,069,556	1,108,538
	합계	897,690	851,171	969,520	1,072,794	1,111,747

① 2019년과 2021년의 비성수기 출국 평균은 2,821명이다.

② 2020년 고객의 성수기 입국은 전년에 비해 3% 이상 감소하였다.

③ 고객의 비성수기 입국은 2018년 이후 지속적으로 증가하였다.

④ 비성수기의 입출국은 입국이 절대적 비중을 차지하고 성수기의 입출국은 출국이 절대적 비중을 차지한다.

⑤ 2017년 고객의 성수기 입국 대비, 2018년 고객의 성수기 입국은 4%이상 감소하였다.

15 다음 표는 취업준비생 A의 일정을 나타낸 것이다. 다음 중 A의 일정에서 <u>잘못</u> 유추된 것은?

[표] 취업준비생 A의 하루 일과표

시각	발생한 사건	나의 소재
오전 6시	공부	집
오전 9시	시험시작	강의실
오후 5시	아르바이트	도서관
오후 9시	speaking test	영어 학원
오후 11시	샤워	집

① 오후 11시에 샤워를 했다.

② 오후 5시에 편의점에서 아르바이트를 하고 오후 9시에 집에서 공부했다.

③ 오전 6시에 집에서 시험공부를 했다.

④ 오전 9시에 시험을 보고 오후 5시에 도서관에 들렀다.

⑤ 오후 5시에 아르바이트를 한 뒤에 오후 9시에는 영어 학원에 갔다.

16 보안전문기업에서 파견한 건물의 인원 관리를 맡고 있는 주원은 본사로부터 2021년도 고객서비스 만족도 전수평가를 위해 일정기간 동안 내방하는 고객을 대상으로 조사하라는 지침을 받았다. 주원이 건물에 내방하는 고객을 대상으로 만족도 조사를 요청하여 얻은 결과를 표로 제작하였다. 이에 대한 설명으로 옳지 <u>않은</u> 것은?

[표] A건물 내방 고객 대상 보안 서비스 만족도 조사

만족도	응답자 수(명)	비율(%)
매우 만족	Ⓐ	22%
만족	60	Ⓑ
보통	Ⓒ	Ⓓ
불만족	28	14%
매우 불만족	Ⓔ	3%
합계	200	100%

① 매우 만족을 나타내는 응답자수는 보통을 응답한 수의 절반 이상이다.

② Ⓑ의 비율은 Ⓓ의 비율보다 조금 높은 수준이다.

③ 매우 불만족을 응답한 고객의 수는 6명이며, 불만족을 응답한 고객과의 비율에서 11%p정도 차이를 보인다.

④ 건물에 내방하는 고객 중 200명을 대상으로 만족도를 조사하였고, 매우 만족에 응답한 고객 수는 44명이다.

⑤ Ⓔ의 비율은 Ⓐ의 비율보다 낮은 수준이다.

17 다음 [표]는 프로야구 선수 Y의 타격기록이다. 이에 대한 설명으로 옳지 <u>않은</u> 것은?

[표] 프로야구 선수 Y의 타격기록

연도	소속구단	타율	출전경기수	타수	안타수	홈런수	타점	4사구수	장타율
2007	A	0.341	106	381	130	23	90	69	0.598
2008	A	0.300	123	427	128	19	87	63	0.487
2009	A	0.313	125	438	137	20	84	83	0.532
2010	A	0.346	126	436	151	28	87	88	0.624
2011	A	0.328	126	442	145	30	98	110	0.627
2012	A	0.342	126	456	156	27	89	92	0.590
2013	B	0.323	131	496	160	21	105	87	0.567
2014	C	0.313	117	432	135	15	92	78	0.495
2015	C	0.355	124	439	156	14	92	81	0.510
2016	A	0.276	132	391	108	14	50	44	0.453
2017	A	0.329	133	490	161	33	92	55	0.614
2018	A	0.315	133	479	151	28	103	102	0.553
2019	A	0.261	124	394	103	13	50	67	0.404
2020	A	0.303	126	413	125	13	81	112	0.477
2021	A	0.337	123	442	149	22	72	98	0.563

① 2011~2016년 중 Y선수의 장타율이 높을수록 4사구수도 많았다.

② 2011~2016년 중 Y선수의 타율이 0.310 이하인 해는 1번 있었다.

③ Y선수가 C구단에 소속된 기간 동안 기록한 평균 타점은 나머지 기간 동안 기록한 평균 타점 보다 많았다.

④ 2007~2013년 중 Y선수는 출전경기수가 가장 많은 해인 2013년에 가장 많은 타점을 기록했다.

⑤ Y선수는 2011년에 가장 많은 홈런수를 기록하였다.

18 다음은 특허출원에 관한 계산식에 의하여 산출된 세 가지 사례를 나타낸 것이다. 계산식을 참고해 계산한 면당추가료와 청구항당 심사료 가격을 알맞게 짝지은 것은?

[표] 특허출원 수수료 사례

구분	사례 A	사례 B	사례 C
	대기업	중소기업	개인
전체면수(장)	20	20	40
청구항수(개)	2	3	2
감면 후 수수료(원)	70000	45000	27000

〈계산식〉

㉠ 특허출원 수수료: 출원료＋심사청구료

㉡ 출원료: 기본료＋(면당추가료×전체면수)

㉢ 심사청구료: 청구항당 심사청구료×청구항수

※ 특허출원 수수료는 개인은 70%, 중소기업은 50%가 감면되지만 대기업은 감면되지 않음

	면당추가료	청구항당 심사청구료
①	1,000원	15,000원
②	1,500원	10,000원
③	1,000원	10,000원
④	1,500원	20,000원
⑤	1,000원	20,000원

[19 – 20] 다음은 온라인쇼핑 동향에 관한 자료이다. 자료를 참고하여 물음에 답하시오.

[표] 온라인쇼핑 거래액 동향

(단위: 억 원)

구분	2020년		2021년	
	4월	5월	4월	5월
총 거래액	71,000	73,821	87,355	90,544
모바일 거래액	42,790	42,055	53,556	56,285

19 위의 자료에 대한 설명으로 〈보기〉 중 옳은 것은? (단, 소수점 둘째 자리에서 반올림한다.)

> **보기**
>
> ㉠ 2021년 4월 온라인쇼핑 거래액은 전년동월대비 약 20% 증가했다.
> ㉡ 2020년 5월 온라인쇼핑 거래액은 전월대비 약 4% 증가했다.
> ㉢ 2021년 5월 모바일 거래액은 전월대비 약 5.1% 증가했다.
> ㉣ 2020년 5월 온라인쇼핑 거래액 중 모바일 거래액의 비율은 60%가 넘는다.

① ㉠, ㉡   ② ㉡, ㉢

③ ㉢, ㉣   ④ ㉠, ㉢, ㉣

⑤ ㉡, ㉢ ㉣

20 2021년 4월에서 5월까지 총 거래액 중 모바일 거래액의 비율이 늘어난 만큼 6월에도 일정하게 증가한다고 했을 때, 6월 온라인쇼핑 거래액이 100,000억 원이라면 모바일 거래액은? (단, 소수점 둘째 자리에서 반올림한다.)

① 62,100억 원   ② 63,100억 원

③ 64,100억 원   ④ 65,100억 원

⑤ 66,100억 원

21 다음은 A, B, C, D, E 공업회사에서 생산하는 전자부품 1일 생산량을 나타낸 것이다. 전자부품에 대한 생산 비율 중 집적회로의 생산 비율이 가장 낮은 공업회사는? (단, 소수점 첫째자리에서 버림 한다)

[표] 전자부품 1일 생산량

구분	동작센서	트랜지스터	집적회로
A 공업회사	7,500	9,000	7,100
B 공업회사	36,000	15,000	14,000
C 공업회사	14,000	18,000	22,500
D 공업회사	6,400	4,800	7,200
E 공업회사	2,800	2,100	10,000

① A 공업회사
② B 공업회사
③ C 공업회사
④ D 공업회사
⑤ E 공업회사

22 다음은 I시의 산업별 사업체 및 산업별 종사자 현황에 대해 조사해 표로 정리한 것이다. 표에 대한 설명으로 옳지 않은 것은?

[표] I시 산업별 사업체 및 종사자 현황 조사 보고서

(단위 : 개, 명)

구분	사업체	종사자	남성	여성
제조업	1,800	5,100	4,000	1,100
건설업	1,200	2,250	2,050	200
자영업	1,400	1,800	890	810
도매업	250	350	250	100
소매업	350	500	120	380
총합	5,000	10,000	5,485	4,515

① 도매업 사업체 수는 전체 산업체의 10% 미만이다.

② 종사자 수가 가장 많은 사업체는 제조업이며 가장 많이 종사하고 있는 성별은 남성이다.

③ 남성보다 여성의 더 많이 종사하는 사업체는 소매업이다.

④ 제조업 종사자의 남성과 여성은 2,900명 정도 차이를 보인다.

⑤ 종사자가 네 번째로 많은 사업체는 도매업이다.

23 다음은 신입사원 채용지침과 지원자의 성적이다. 이에 따라 선발될 수 있는 사람(들)은?

〈신입사원 채용지침〉

㉠ 모든 조건에 우선하여 어학 성적이 90점 이상인 어학 우수자를 최소한 한 명은 선발해야 한다.

㉡ 최대 3명까지만 선발할 수 있다.

㉢ A를 선발할 경우 D를 같이 선발해야 한다.

㉣ A를 선발할 수 없는 경우 C도 F도 선발할 수 없다.

㉤ D를 선발할 경우 B를 선발해야 하지만 C는 선발할 수 없다.

㉥ B를 선발하면 F를 선발해야 한다.

㉦ 합격한 사람이 불합격한 사람보다 학업 성적이 나쁘면 안 된다.

㉧ 어느 점수든 70점 미만이 있으면 선발할 수 없다.

[표] 지원자의 성적

(단위 : 점)

지원자	어학 성적	학업 성적	인적성
A	95	90	80
B	80	90	75
C	80	80	75
D	70	95	75
E	95	95	90
F	85	90	70
G	85	85	65

① E

② B, F

③ A, B, C

④ C, G, E

⑤ D, E

24 2021년 한 해 동안 2017년부터 수입량이 꾸준히 증가한 나라들에서 수입한 삼겹살의 양은?

[표] 국가별 삼겹살 수입 현황

(단위 : 톤)

구분	2017년	2018년	2019년	2020년	2021년
미국	17,335	14,448	23,199	62,760	85,744
캐나다	39,497	35,595	40,469	57,545	62,981
칠레	3,475	15,385	23,257	32,425	31,621
덴마크	21,102	19,430	28,190	25,401	24,005
프랑스	111	5,904	14,108	21,298	22,332
벨기에	19,754	14,970	19,699	17,903	20,062
오스트리아	4,474	2,248	6,521	9,869	12,495
네덜란드	2,631	5,824	8,916	10,810	12,092
폴란드	1,728	1,829	4,950	7,867	11,879

① 24,047톤
② 38,584톤
③ 44,296톤
④ 46,303톤
⑤ 52,345톤

25 다음 [표]는 영농형태별 가구원 1인당 경지면적을 나타낸 것이다. 2021년 가구원 1인당 경지면적이 가장 큰 영농형태는?

[표] 영농형태별 가구원 1인당 경지면적

(단위 : m²)

연도 영농형태	2019년	2020년	2021년
논·벼	8,562,104	8,708,261	8,697,995
과수	6,627,331	6,534,766	6,072,403
채소	5,098,830	5,934,209	5,445,083
특용작물	8,280,670	7,849,730	10,528,868
화훼	3,061,984	3,674,943	3,428,802
일반밭작물	8,808,634	8,982,871	8,805,360
축산	4,536,157	4,519,100	5,008,592
기타	6,314,491	6,093,295	6,596,595

① 논·벼   ② 채소
③ 축산   ④ 특용작물
⑤ 일반밭작물

26 〈보기〉의 설명 중 옳지 <u>않은</u> 것을 모두 고른 것은?

[표] 자동차 변속기 경쟁력점수의 국가별 비교

부문 \ 국가	A	B	C	D	E
변속감	98	93	102	80	79
내구성	103	109	98	95	93
소음	107	96	106	97	93
경량화	106	94	105	85	95
연비	105	96	103	102	100

※ 각국의 전체 경쟁력점수는 각 부문 경쟁력점수의 총합으로 구함

보기

㉠ 내구성 부문에서 경쟁력점수가 가장 높은 국가는 A국이며, 경량화 부문에서 경쟁력점수가 가장 낮은 국가는 D국이다.

㉡ 전체 경쟁력점수는 E국이 B국보다 더 높다.

㉢ 경쟁력점수가 가장 높은 부문과 가장 낮은 부문의 차이가 가장 큰 국가는 C국이고, 가장 작은 국가는 D국이다.

① ㉠
② ㉡
③ ㉠, ㉡
④ ㉠, ㉢
⑤ ㉠, ㉡, ㉢

[27 – 28] 다음은 연도별 65세 이상 의료보장 적용인구 현황을 나타낸 표이다. 다음 물음에 알맞은
답을 고르시오.

[표] 65세 이상 의료보장 적용인구 현황

시도별	성별	2020년		2021년	
		전체 인구수(명)	65세 이상 인구수(명)	전체 인구수(명)	65세 이상 인구수(명)
서울	여성	5,144,429	693,261	5,158,922	710,991
	남성	4,973,919	546,883	4,923,643	561,150
부산	여성	1,763,972	288,297	1,771,723	300,574
	남성	1,728,585	217,783	1,733,167	228,182

27 2021년과 2020년의 서울 전체 인구수의 차이는?

① 31,783명 ② 32,783명

③ 33,783명 ④ 34,783명

⑤ 35,783명

28 다음 자료에 대한 설명으로 적절하지 않은 것은?

① 2020년 65세 이상 남성 인구수의 비율은 부산보다 서울이 더 높다.

② 부산의 65세 이상 여성 인구수의 비율은 점점 증가하고 있다.

③ 2021년과 2020년의 부산 전체 인구수의 차이는 12,333명이다.

④ 서울의 2021년 65세 미만 인구수는 남성보다 여성이 더 높다.

⑤ 부산의 2020년 65세 이상 인구수는 남성보다 여성이 더 높다.

29 다음의 [표]는 4개 국가의 산술적 인구밀도와 경지 인구밀도를 조사한 자료이다. 이를 토대로 인구 1인당 경지 면적이 가장 좁은 국가와 넓은 국가를 순서대로 각각 고르면?

[표] 4개 국가 인구밀도

국가	인구수(만 명)	산술적 인구밀도(명/km²)	경지 인구밀도(명/km²)
A	1,000	25	75
B	1,500	40	50
C	3,000	20	25
D	4,500	45	120

※ 산술적 인구밀도＝인구수÷국토 면적

※ 경지 인구밀도＝인구수÷경지 면적

※ 경지율＝경지 면적÷국토 면적×100

① A국, C국
② B국, A국
③ B국, C국
④ D국, A국
⑤ D국, C국

30 다음은 ○○공사의 여비규정과 A의 출장 일정을 나타낸 것이다. A가 받을 총 출장여비는 얼마인가?

[여비규정]

제10조(일반출장)

① 일반출장여비는 운임, 일비, 숙박비, 식비로 한다.

② 출발일과 도착일은 여행일수에 포함한다.

제11조(운임의 구분과 적용)

① 운임은 철도임, 버스임으로 구분한다.

② 철도임은 철도여행에, 버스임은 철도 외의 육로여행에 각각 적용한다.

제12조(일비)

① 일비는 '별표 제1호'에 따라 지급한다.

② 일비는 여행일수에 따라 지급한다.

제13조(숙박비) 숙박비는 '별표 제1호'의 상한액 내에서 실비를 지급한다.

제14조(식비) 식비는 1일 2식비를 기준으로 '별표 제1호'에 따라 지급하되, 숙박의 경우 1식비를 추가로 지급한다.

[별표 제1호]

[표1] 여비규정 안내

(단위 : 원)

구분	운임		일비(1일당)	숙박비 (1일당 상한액)	식비(1일당)
	철도임	버스임			
직원	실비	실비	18,000	60,000	20,000

[표2] 직원 A의 일반출장 일정

날짜	일정	시각	비고
1일차	출발	10 : 00	철도 이용 22,500원
	식사	13 : 00	식사 이용 9,000원
	숙박	–	숙박비 70,000원
2일차	회의	09 : 00	–
	만찬	17 : 00	–
	숙박	–	숙박비 50,000원
3일차	복귀	11 : 00	철도 이용 22,500원

① 287,000원
② 289,000원
③ 292,000원
④ 297,000원
⑤ 307,000원

31 다음 〈표〉는 서울의 미세먼지 월별 대기오염도 측정도를 나타낸 것이다. 이에 대한 설명으로 옳지 않은 것은?

[표] 미세먼지 월별 대기오염도

(단위 : μg/m³)

구분	2021년 5월	2021년 6월	2021년 7월	2021년 8월	2021년 9월
중구	54	33	31	20	31
강남구	62	43	35	22	33
영등포구	71	46	37	26	41
성동구	74	44	30	22	36
양천구	53	41	21	24	32

① 성동구는 6월 미세먼지의 대기오염도가 8월의 2배이다.
② 5월부터 7월까지는 미세먼지의 대기오염도가 감소하고 있다.
③ 양천구는 8월의 미세먼지의 대기오염도가 가장 낮다.
④ 모든 구에서 5월의 미세먼지의 대기오염도가 가장 높다.
⑤ 7월에는 영등포구의 미세먼지의 대기오염도가 가장 높다.

32 다음 여권 발급제도에 관련된 설명으로 옳은 것은?

병역미필자 여권 발급제도 개선 안내(하반기 시행 예정)

2020-03-30

외교부는 3.26.(목) 정부가 발표한 "청년의 삶 개선방안"의 일환으로, 18세 이상 37세 이하의 모든 병역미필자에게 5년 유효기간의 복수여권을 발급하는 방안을 마련하고, 관련 여권법령 개정을 통해 올 하반기 중에 시행할 계획이다.

* 정세균 국무총리 주재 국정현안점검조정회의, "25세 이상 병역미필 청년 단수여권제도 폐지" 과제를 포함한 "청년의 삶 개선방안" 발표 (3.26)

지금까지 병역미필자가 18-24세인 경우 24세한도, 25-37세인 경우 국외여행허가기간에 따라 1년 내외의 제한된 유효기간을 부여해온 현행 여권제도를 개선하여, 앞으로는 18-37세 모든 병역미필자에게 일괄적으로 5년 복수여권을 발급하게 되는 것이다.

현행 제도 하에서는 6개월 미만의 국외여행허가를 받은 25세 이상의 병역미필자는 1년 유효기간의 단수여권을 발급받게 되는데, 여권 수수료(20,000원) 및 사진 비용을 고려하면, 단수여권을 2회만 신청해도 10년 유효기간의 복수여권 수수료(53,000원)와 맞먹는 비용을 부담하는 셈이 되며, 프랑스 등 일부 국가는 단수여권을 불인정하거나 입국심사를 까다롭게 진행하는 경우가 있다.

[표] 〈병역미필자의 여권 유효기간 비교〉

구분	현행			개선안
18~24세	24세 한도(최장 5년) 복수여권(단, 24세 7월 이후 신청 시 1년 단수여권)			
25~37세	국외여행허가기간	6개월 미만	1년 단수여권	5년 복수여권
		6개월~1년	1년 복수여권	
		1년 초과	해당기간까지 복수여권	

※ 병역미필자를 제외한 성인에게는 10년 유효기간의 복수여권 발급

한편, 기존 병역 미필자에 대한 병무청 국외여행허가제도 및 여권 신청 시 국외여행허가 여부 확인 절차는 유지되며, 이와 함께 국외여행허가를 받지 아니하거나 허가기간을 도과한 채 국외체류 중인 자에 대해서는 여권 행정제재를 위한 근거를 신설할 예정이므로, 여권 유효기간 연장이 곧 병역미필자의 미귀국 사례 증가 요인이 되지는 않을 것으로 예상된다. 이번 병역미필자에 대한 여권발급 제도 개선안은 제한된 유효기간의 여권을 발급받던 모든 병역미필자(수혜대상 56만 명(20~24세 : 43만 명, 25~37세 : 13만 명))에 대해 5년 복수여권을 발급함으로써 해외 출입국 편익을 증진시키는데 크게 기여할 것으로 기대된다. 외교부는 국민 불편을 해소하고 청년 권익을 보호하는 적극행정 차원에서 이번 개선안을 마련하였는바, 앞으로도 국민 중심의 여권행정서비스 개선과 확충을 위한 노력을 지속해 나갈 예정이다.

① 여권 발급제도 개선 전에는 24세가 된지 11개월이 지난 병역미필자에게는 국외여행허가기간이 6개월 이상이면 1년 단수여권이 발급되었다.

② 여권 발급제도 개선 전 25세 이상의 병역 미필자가 국외여행허가기간이 1년 초과일 경우 1년 단수여권이 나온다.

③ 여권 발급제도 개선 전에 2회만 여권발급을 신청해도 10년 유효기간의 복수여권 수수료와 맞먹는 비용을 부담하는 이는 6개월 미만의 국외여행허가를 받은 25세 이상의 병역미필자이다.

④ 여권 발급제도 개선 전에 1년까지 국외여행허가를 받은 25세 이상의 병역미필자는 1년 단수여권을 발급받았다.

⑤ 여권 발급제도 개선 후에는 여권 유효기간 연장이 병역 미필자의 미귀국 사례 증가 요인이 될 것이다.

[33 – 34] 다음 표는 육아휴직 이용과 인력대체 현황이다. 물음에 답하시오.

[표1] 〈성별 육아휴직 이용인원 현황(2019년~2021년)〉

(단위 : 명)

구분	2019년		2020년		2021년	
	대상인원	이용인원	대상인원	이용인원	대상인원	이용인원
남성	18,620	25	15,947	50	15,309	55
여성	9,749	578	8,565	894	9,632	1,133
전체	28,369	603	24,512	944	24,941	1,188

※ 육아휴직 이용률(%)= $\dfrac{\text{육아휴직 이용인원}}{\text{육아휴직 대상인원}} \times 100$

[표2] 〈육아휴직 이용과 인력대체 현황(2021년)〉

(단위 : 명)

구분	대상 인원	이용 인원	대체 인원
A회사	14,929	412	155
B회사	10,012	776	189
계	24,941	1,188	344

※ 육아휴직 이용률(%)= $\dfrac{\text{육아휴직 대체인원}}{\text{육아휴직 이용인원}} \times 100$

33 [표1]에 대한 설명으로 〈보기〉 중 옳은 것은?

보기

ㄱ 2020년 여성의 육아휴직 이용률은 약 10.4%이다.

ㄴ 2021년의 전체 육아휴직 이용률은 2019년에 비해 2배 이상이다.

ㄷ 전체 육아휴직 이용인원 중 남성의 비중은 매년 증가하였다.

ㄹ 2019년과 2021년을 비교하였을 때 육아휴직 이용률의 증가폭은 남성이 여성보다 크다.

① ㄱ, ㄴ   ② ㄱ, ㄹ

③ ㄴ, ㄹ   ④ ㄴ, ㄷ

⑤ ㄷ, ㄹ

34 전체 육아 휴직 대상 인원 중 A회사의 비율과 전체 육아휴직 인력대체율을 올바르게 짝지은 것은? (단, 소수점 첫째 자리에서 반올림함)

① 약 55%, 약 25%

② 약 56%, 약 28%

③ 약 58%, 약 30%

④ 약 59%, 약 28%

⑤ 약 60%, 약 29%

35 다음 표는 ○○ 식품회사의 신제품 4종(a~b)에 대한 30명의 소비자들이 투표한 제품 조사결과이다. 예상되는 최종 신제품은?

〈정보〉

1. 소비자들을 번호를 매겨 그룹으로 묶는다.
2. 각 그룹은 그룹 내의 선호도 조사에서 가장 많은 득표를 하여 1순위로 뽑힌 제품에 그룹 전원이 한 제품에 모두 표를 준다.
3. 1차 투표에서 득표수가 많은 상위 두 제품을 선택한다.
4. 이 두 제품만을 대상으로 따졌을 때, 2차 투표를 진행한다.
5. 2번 과정과 똑같이 더 표를 많이 받은 제품에게 그룹 전원이 모두 표를 준다. 가장 많이 득표한 제품을 2022년 상반기 최종 신제품으로 출시한다.

예) 1차 투표 시 1번~7번(7명)의 투표자들은 1순위가 a이므로 a에게 7표를 모두 준다.
　　모든 투표가 진행되면 각 그룹마다 표의 수를 더한다.
　　b와 d가 득표수가 가장 많은 상위 두 제품일 경우 2차 투표에 올린다.
　　2차 투표 시 17번~22번(6명)의 투표자들은 b와 d를 비교했을 때 d의 순위가 더 높으므로 d에게 6표를 준다.

[표] 제품 조사결과

조사대상자(총 30명)	1순위	2순위	3순위	4순위
1번~7번(7명)	a	d	b	c
8번~16번(9명)	b	a	c	d
17번~22번(6명)	c	d	b	a
23번~26번(4명)	c	b	a	d
27번~28번(2명)	d	a	b	c
29번~30번(2명)	d	c	b	a

① a
② b
③ c
④ d
⑤ a, c

36 다음 표는 관료제의 특성과 성공이유 및 실패이유를 요약하고 있다. 〈보기〉는 실패이유의 극복방안을 해당 순서대로 나열한 것이다. 바르게 서술한 것을 〈보기〉에서 모두 고르면?

[표] 관료제의 특성 및 성공 · 실패이유

특성	성공이유	실패이유	극복방안
명령계층구조	• 단순한 대규모 질서 확보 • 부서장의 하급자 통제를 통한 질서 확립	• 복잡성을 다룰 수 없음 • 지배(domination)방식은 조직 지능을 확보하는 최선의 방안이 못됨	ㄱ
전문화/기능별 조직	• 분업을 통한 효율성 • 집중된 지능	• 기능 간 조정 결여 • 지속적 · 수평적 조정 결여	ㄴ
계급승진	• 충성심 확보 • 관리자/전문가 엘리트 집단의 지속성	• 동기부여 부족 • 더 교육받은 사람들은 빠른 승진을 기대함	ㄷ
비정의적 관계	• 정실 · 족벌주의 억제 • 엄격한 기강 확립	• 정보 집약 업무에는 심층관계가 요구됨	ㄹ

보기

ㄱ. 비전과 가치를 통한 자율적 업무수행을 강조
ㄴ. 개방적 직제의 설치를 통한 기능별 전문가 유치
ㄷ. 능력중심의 보상제도 채택
ㄹ. 개인중심의 사고방식 강화

① ㄱ, ㄴ
② ㄱ, ㄷ
③ ㄷ, ㄹ
④ ㄱ, ㄴ, ㄷ
⑤ ㄴ, ㄷ, ㄹ

[37 ~ 38] 다음 자료를 바탕으로 물음에 답하시오.

[표1] 2020 코리아 그랑프리 대회 개최 전 상위권 드라이버 순서

순위	드라이버	누적 점수(점)
1	웨버	220
2	마사	207
3	슈마허	206
4	해밀턴	199
5	알론소	190
6	리사	172
7	로스버그	171
8	쿠비차	157
9	버튼	54
10	수틸	47

※ 1~10위의 드라이버는 모두 2020 코리아 그랑프리 대회에 출전함.

[표2] 2020 코리아 그랑프리 대회 점수 결과

순위	드라이버	1위와의 기록 차이 (초)
1	알론소	–
2	해밀턴	+14.9
3	마사	+30.8
4	슈마허	+39.6
5	쿠비차	+47.7
6	리우찌	+53.5
7	바리첼로	+69.2
8	가무이	+77.8
9	하이트펠트	+80.1
10	홀켄버그	+80.8

※ 알론소의 2020 코리아 그랑프리 대회 기록 : 2시간 48분 20.810초

<정보>

- 2020 F-1 자동차 경주 대회는 연 19회의 그랑프리 대회를 통하여 획득한 점수를 합산하여 시상한다.
- 2020 코리아 그랑프리 대회는 올해 F-1 자동차 경주 대회의 17번째 그랑프리 대회이다.
- 누적 점수가 높은 순으로 드라이버 순위를 선정한다.
- 각각의 그랑프리 대회에서 드라이버는 순위별로 다음의 점수를 부여받는다.
  - 1위 : 25, 2위 : 18, 3위 : 15, 4위 : 12, 5위 : 10, 6위 : 8, 7위 : 6, 8위 : 4, 9위 : 2, 10위 : 1, 11위 이하 : 0
- 동명이인의 드라이버는 없으며, 각각의 드라이버는 매 그랑프리 대회에 한 번씩만 출전한다.

37 2020 코리아 그랑프리 대회에 출전한 드라이버 중 이름이 확인 가능한 드라이버의 수는?

① 11명
② 12명
③ 13명
④ 14명
⑤ 15명

38 2020년 F-1 자동차 경주 대회의 18번째 그랑프리 대회 개최 전 누적 점수가 1위일 드라이버는?

① 해밀턴
② 슈마허
③ 알론소
④ 웨버
⑤ 마사

[39 – 40] 다음 표는 전국 성인남녀 1,200명을 대상으로 조사하여 신문과 TV에서 제품 광고를 본 후 응답자들이 선호 기업을 바꾼 경우만을 나타낸 것이다. 표를 바탕으로 물음에 답하시오.

〈제품 광고에 따른 선호 기업 변화〉

(단위 : 명)

광고 전 선택기업 / 광고 후 선택 기업 \ 광고매체	A기업		B기업		C기업		전체
	신문	TV	신문	TV	신문	TV	
A기업	–	–	6	16	12	52	86
B기업	11	29	–	–	9	28	77
C기업	9	25	5	8	–	–	47
전체	20	54	11	24	21	80	210

※ 이득이란 선호 인구가 늘어난 것을 의미하며, 손해란 선호 인구가 줄어든 것을 의미한다.

39 신문과 TV 광고를 합해서 볼 때 가장 큰 손해를 본 기업과 신문 광고를 통해 가장 큰 이득을 본 기업을 알맞게 짝지은 것은?

	신문과 TV 광고	신문 광고
①	A	A
②	A	B
③	B	C
④	C	B
⑤	C	A

40 TV광고 후 가장 큰 이득을 본 기업과 가장 큰 손해를 본 기업을 알맞게 짝지은 것은?

	큰 이득	큰 손해
①	A	B
②	A	C
③	B	C
④	A	C
⑤	A, C(공동)	B

41 다음은 전력공사 게시판에 올라온 문의이다. 표를 참고하여 이 고객에게 청구될 전기요금을 구하면?

〈주택용 전력(고압)〉

[표1] 하계 (7.1~8.31)

구간		기본요금(원/호)	전력량 요금(원/kWh)
1	300kWh 이하 사용	730	73.3
2	301~450kWh	1,260	142.3
3	450kWh 초과	6,060	210.6

※ 슈퍼유저요금 : 하계(7~8월) 1,000kWh초과 전력량요금은 569.6원/kWh 적용

[표2] 기타계절 (1.1~6.30, 9.1~12.31)

구간		기본요금(원/호)	전력량 요금(원/kWh)
1	200kWh 이하 사용	730	73.3
2	201~400kWh	1,260	142.3
3	400kWh 초과	6,060	210.6

※ 슈퍼유저요금 : 동계(12~2월) 1,000kWh초과 전력량요금은 569.6원/kWh 적용

※ 기후환경요금 : 깨끗하고 안전한 에너지 제공에 소요되는 비용으로 신재생에너지 의무할당제(RPS) · 배출권 거래제(ETS) · 석탄발전 감축 비용으로 구성
 – 부과방식 : 기후환경요금 단가 × 사용전력량
 – 기후환경요금 단가 : 5.3원/kWh('21년 1월 기준)

※ 전기요금 계산구조 : 기본요금＋전력량요금＋기후환경요금(10원 미만 절사)

2021. 3. 15

제목 : 청구요금 관련 문의 드립니다.

작성자 : 3월인데더워 님

안녕하세요, 저는 30대 직장인입니다.

주거용 주택에 거주하고 있고 제 기억에는 고압으로 전력을 이용하고 있는 것 같습니다.

이번 한 달간 저는 500kWh의 전기를 사용하였습니다.

부가가치세나 전력기반기금 등의 비용을 빼고 전기요금 계산구조에 따르면 이번 달 전기 요금이 얼마 나오게 될까요?

오늘도 원활한 전기 공급을 위해 수고 많으십니다. 확인 부탁드립니다.

① 72,890원   ② 72,990원

③ 73,150원   ④ 73,510원

⑤ 73,620원

42 다음의 문의를 읽고 선택 가능한 가장 저렴한 요금제는?

2021. 4. 20

제목 : 청구요금 문의

작성자 : 모든날봄 님

안녕하세요, 저는 취업을 준비하는 가련한 20대 청년입니다. 잘 이해가 안 되는 부분이 있어서 문의 드립니다.

제가 아래에 첨부한 표는 2021년 1월 1일부터 적용되는 전기요금계산 기준입니다.

그렇다면 표준전압이 3,300V 이상 66,000V 이하인 한 회사에서 전기 사용시간이 월 200시간 이하의 소량을 사용한다면 어떤 요금제를 쓸 수 있고, 대략적으로 그 선택이 가장 저렴할까요?

[표1] 전기요금제

구분		기본요금 (원/kW)	전력량 요금(원/kWh)		
			여름철(6~8월)	봄·가을철(3~5,9~10월)	겨울철(11~2월)
저압전력		5,550	76.0	54.2	74.3
고압A	선택 I	6,490	84.6	60.9	84.5
	선택 II	7,470	79.8	56.3	78.0
고압B	선택 I	6,000	83.4	59.8	83.0
	선택 II	6,900	78.7	55.2	76.9

※ 저압 : 표준전압110V~380V, 고압A : 3,300~66,000V, 고압B : 154,000V이상

[표2] 선택요금제도 기준

구분	내용
선택 I	기본요금이 낮고 전력량요금이 높으므로 전기 사용시간(설비가동률)이 월 200시간 이하인 고객에게 유리
선택 II	전기 사용시간(설비가동률)이 월 200시간 초과 500시간 이하인 고객에게 유리

① 저압전력   ② 고압 A의 선택 I

③ 고압 A의 선택 II   ④ 고압 B의 선택 I

⑤ 고압 B의 선택 II

43 다음 표는 줄기세포 치료제 시장 현황에 관한 자료이다. 이에 대한 〈보기〉의 설명 중 옳은 것을 모두 고르면?

[표] 줄기세포 치료제 시장 현황

구분 치료분야	환자수(명)	투여율(%)	시장규모(백만 달러)
자가면역	5,000	1	125
암	8,000	1	200
심장혈관	15,000	1	375
당뇨	15,000	5	1,875
유전자	500	20	250
간	400	90	900
신경	5,000	10	1,250
전체	48,900	–	4,975

※ 모든 치료분야에서 줄기세포 치료제를 투여한 환자 1명당 투여비용은 동일함

※ 시장규모 = 줄기세포 치료제를 투여한 환자수 × 환자 1명당 투여비용

※ 투여율(%) = $\dfrac{\text{줄기세포 치료제를 투여한 환자 수}}{\text{환자 수}} \times 100$

보기

ㄱ. 투여율에 변화가 없다고 할 때, 각 치료분야의 환자수가 10% 증가하면 줄기세포 치료제를 투여한 전체 환자수도 10% 증가한다.

ㄴ. 줄기세포 치료제를 투여한 환자 1명당 투여비용은 250만 달러이다.

ㄷ. 투여율에 변화가 없다고 할 때, 각 치료분야의 환자수가 10% 증가하면 전체 줄기세포 치료제 시장 규모는 55억 달러 이상이 된다.

ㄹ. 다른 치료분야에서는 환자수와 투여율의 변화가 없다고 할 때 유전자 분야와 신경 분야의 환자수가 각각 2,000명씩 증가하고 이 두 분야의 투여율이 각각 절반으로 감소하면, 전체 줄기세포 치료제 시장규모는 변화가 없다.

① ㄱ, ㄷ
② ㄴ, ㄷ
③ ㄴ, ㄹ
④ ㄱ, ㄴ, ㄷ
⑤ ㄱ, ㄴ, ㄹ

[44 – 45] 아래의 내용은 한 항공사에서 부서배치를 위해 신입사원 A~G를 대상으로 실시한 시험의 결과이다. 이 내용을 참고하여 다음 물음에 답하시오.

[표1] 신입사원 시험 결과

(단위 : 점)

구분	1차 시험	2차 시험	3차 시험	희망 부서
A	8	8	4	토목관리팀
B	7	8	6	전력관리팀
C	3	8	6	공항운영팀
D	9	6	7	전산관리팀
E	7	9	4	공항운영팀
F	7	6	7	전산관리팀
G	8	7	5	전력관리팀

※ 단, 10점 만점을 기준으로 한 점수임.

[표2] 부서별 결원 현황

(단위 : 명)

부서	결원 수	부서	결원 수
경영관리팀	2	토목관리팀	1
전력관리팀	1	전산관리팀	1
경영지원팀	1	공항운영팀	2

44 신입사원들 중 1명을 다음 제시된 기준에 따라 핵심인재로 선정한다고 할 때, 해당자는 누구인가?

- 1차 시험 점수는 20점 만점으로 환산한다.
- 2차 시험 점수는 30점 만점으로 환산한다.
- 3차 시험 점수는 40점 만점으로 환산한다.
- 환산 점수가 가장 높은 사람이 핵심 인재로 선정한다.
- 시험에서 4점 이하를 받은 자는 선정 대상에서 제외된다.

① B   ② D
③ E   ④ F
⑤ G

45 1~3차 시험의 점수를 환산한 점수의 합계가 높은 순서대로 희망 부서에 배치한다고 할 때, 다음 중 자신의 희망 부서에 배치되지 못하는 신입사원은 누구인가?

① A   ② B
③ D   ④ E
⑤ G

46 다음은 한국 ○○ 공사의 결재규정을 보여주는 자료이다. 기획팀 사원 이원규가 감사팀 대리 최창용의 결혼 축의금 50만 원을 회사 명의로 지급하기로 했다면, 이원규가 작성한 결재 양식으로 알맞은 것은?

〈결재규정〉

1. 결재를 받고자 하는 업무에 대해서는 최고결재권자(사장)를 포함한 이하 직책자의 결재를 받아야 한다.
2. '전결'이라 함은 공사의 경영활동이나 관리활동을 수행함에 있어 의사결정이나 판단을 요하는 일에 대하여 최고결재권자의 결재를 생략하고, 자신의 책임 하에 최종적으로 의사 결정이나 판단을 하는 행위를 말한다.
3. 전결사항에 대해서도 위임 받은 자를 포함한 이하 직책자의 결재를 받아야 한다.
4. 표시내용 : 결재를 올리는 자는 최고결재권자로부터 전결 사항을 위임 받은 자가 있는 경우 결재란에 전결이라고 표시하고 최종 결재권자란에 위임 받은 자를 표시한다. 다만, 결재가 불필요한 직책자의 결재란은 상향대각선으로 표시한다.
5. 최고결재권자의 결재사항 및 최고결재권자로부터 위임된 전결사항은 아래의 표에 따른다.

[표] 전결사항

구분	내용	금액 기준	결재서류	팀장	본부장	사장
접대비	거래처 식대, 경조사비 등	20만 원 이하	접대비지출품의서, 지출결의서	★◆		
		30만 원 이하			★◆	
		30만 원 초과				★◆
교통비	국내 출장비	30만 원 이하	출장 계획서, 출장비신청서	★◆		
		50만 원 이하		★	◆	
		50만 원 초과		★		◆
	해외 출장비			★		◆
소모품비	사무용품		지출결의서	◆		
	문서, 전산소모품					◆
	기타 소모품	20만 원 이하		◆		
		30만 원 이하			◆	
		30만 원 초과				◆
교육훈련비	사내외 교육		기안서, 지출결의서	★		◆
법인카드	법인카드 사용	50만 원 이하	법인카드신청서	◆		
		100만 원 이하			◆	
		100만 원 초과				◆

※ ★ : 기안서, 출장계획서, 접대비지출품의서

※ ◆ : 지출결의서, 세금계산서, 발행요청서, 각종 신청서

①

지출결의서				
결재	담당	팀장	본부장	최종 결재
	이원규			사장

②

지출결의서				
결재	담당	팀장	본부장	최종 결재
	최창용	전결		사장

③

기안서				
결재	담당	팀장	본부장	최종 결재
	이원규		전결	본부장

④

지출결의서				
결재	담당	팀장	본부장	최종 결재
	최창용			팀장

⑤

지출결의서				
결재	담당	팀장	본부장	최종 결재
	이원규	전결		사장

47 다음 글을 근거로 판단할 때, 평가대상기관(A~D) 중 최종순위 최상위기관과 최하위기관을 바르게 고른 것은?

[표1] 공공시설물 내진보강대책 추진실적 평가기준

구분	지수 값 최상위 1개 기관	지수 값 중위 2개 기관	지수 값 최하위 1개 기관
내진성능평가지수	5점	3점	1점
내진보강공사지수			

※ 평가요소 및 점수 부여
  – 내진성능평가지수 = 내진성능평가실적건수 ÷ 내진보강대상건수 × 100
  – 내진보강공사지수 = 내진보강공사실적건수 ÷ 내진보강대상건수 × 100
  – 산출된 지수 값에 따른 점수는 아래 표와 같이 부여한다.

※ 최종 순위 결정
  – 내진성능평가점수와 내진보강공사점수의 합이 큰 기관에 높은 순위를 부여한다.
  – 합산 점수가 동점인 경우에는 내진보강대상건수가 많은 기관을 높은 순위로 한다.

[표2] 평가대상기관의 실적

구분	A	B	C	D
내진성능평가실적	82	72	72	83
내진보강공사실적	91	76	81	96
내진보강대상	100	80	90	100

	최상위기관	최하위기관
①	A	B
②	B	C
③	C	A
④	D	A
⑤	D	C

220

48 다음 표는 루마니아, 불가리아, 세르비아, 체코, 헝가리 등 5개국의 GDP 대비 산업 생산액 비중
에 관한 자료이다. 〈보기〉의 설명을 참고하여 B, E에 해당하는 국가를 바르게 나열한 것은?

[표] 국가별 GDP 대비 산업 생산액 비중

(단위 : %)

국가＼산업	농업	제조업	서비스업	합
A	14	54	32	100
B	5	35	60	100
C	4	36	60	100
D	3	29	68	100
E	1	25	74	100

보기

• 세르비아와 루마니아 각국의 GDP 대비 제조업 생산액 비중을 합하면 헝가리의 GDP 대비 제조업 생
산액 비중과 같다.
• 세르비아와 불가리아 각국의 GDP 대비 농업 생산액 비중을 합하면 체코의 GDP 대비 농업 생산액 비
중과 같다.

	B	E
①	체코	헝가리
②	세르비아	불가리아
③	불가리아	루마니아
④	체코	세르비아
⑤	루마니아	헝가리

I hear and I forget. I see and I remember. I do and I understand.

들은 것은 잊어버리고, 본 것은 기억하고 직접 해본 것은 이해한다.

− 공자 Confucius

Part 03

정답 및 해설

01 문제해결의 기초

01 ④	02 ②	03 ②	04 ③	05 ①	06 ③	07 ①	08 ③	09 ②	10 ④
11 ③	12 ④	13 ③	14 ②	15 ②	16 ④	17 ④	18 ④	19 ③	20 ①
21 ①	22 ③	23 ③	24 ②	25 ③	26 ①	27 ④	28 ③	29 ①	30 ③
31 ②	32 ④	33 ②	34 ③	35 ②	36 ③	37 ④	38 ①	39 ③	40 ④
41 ②	42 ④	43 ①	44 ①	45 ②	46 ①	47 ③	48 ④	49 ③	50 ②
51 ②	52 ④	53 ②	54 ①	55 ④	56 ①	57 ④	58 ②	59 ④	60 ③
61 ④	62 ②								

01 정답 ④

문제란 원활한 업무수행을 위해 해결되어야 하는 질문이나 의논 대상을 의미한다. 즉 해결하기를 원하지만 실제로 해결해야 하는 방법을 모르고 있는 상태나 얻고자 하는 해답이 있지만 그 해답을 얻는 데 필요한 일련의 행동을 알지 못한 상태이다. ④의 '받아야 할 것을 필요에 의하여 달라고 청함. 또는 그 청.'은 '요구(要求)'에 대한 설명이다.

02 정답 ②

창의적 문제는 현재 문제가 없더라도 보다 나은 방법을 찾기 위한 문제탐구이며, 해답의 수가 많으며, 주관적, 직관적, 감각적, 정성적, 개별적, 특수성을 띄는 문제이다.
반면 분석적 문제는 미래의 문제로 예견될 것에 대한 문제탐구이며, 분석, 논리, 귀납과 같은 논리적 방법을 통해 해결하며, 답의 수가 한정되어 있으며, 객관적, 논리적, 정량적, 이성적, 일반적, 공통성을 특징으로 갖는다.
따라서 ㉠, ㉢은 창의적 문제, ㉡, ㉣은 분석적 문제이다.

Tip

창의적 문제와 분석적 문제의 구분

구분	분석적 문제	창의적 문제
문제제시 방법	• 현재의 문제점이나 미래의 문제로 예견될 것에 대한 문제 탐구 • 문제 자체가 명확함	• 현재 문제가 없더라도 보다 나은 방법을 찾기 위한 문제 탐구 • 문제 자체가 명확하지 않음
해결 방법	논리적 방법(분석, 논리, 귀납 등)을 통해 해결	창의력에 의한 많은 아이디어의 작성을 통해 해결

해답의 수	정답의 수가 적으며, 한정되어 있음	해답의 수가 많으며, 많은 답 가운데 보다 나은 것을 선택
주요 특징	객관적 · 일반적 · 논리적 · 이성적 · 정량적 · 공통성	주관적 · 개별적 · 직관적 · 정성적 · 감각적 · 특수성

03 정답 ②

미래상황에 대응하는 장래의 경영전략의 문제로, 앞으로 어떻게 할 것인가 하는 문제는 설정형 문제이다.
• 탐색형 문제 : 더 잘해야 하는 문제로, 현재의 상황을 개선하거나 효율을 높이기 위한 문제

오답해설

① 기능에 따른 문제 유형에는 제조 문제, 판매 문제, 자금 문제, 인사 문제, 경리 문제, 기술상 문제가 있다.
③ 시간에 따른 문제 유형에는 과거, 현재, 미래 문제가 있다.
④ 현재 직면하여 해결하기 위해 고민하는 문제는 발생형 문제이다.

04 정답 ③

문제해결의 기본요소에는 체계적인 교육훈련, 문제해결 방법에 대한 다양한 지식, 문제 관련 지식에 대한 가용성, 문제해결자의 도전의식과 끈기, 문제에 대한 체계적인 접근이다.

05 정답 ①

분석적 사고는 전체를 각각의 요소로 나누어 그 요소의 의미를 도출한 다음 우선순위를 부여하고 구체적인 문제해결 방법을 실행해야 한다.

② 성과 지향의 문제는 기대하는 결과를 명시하고 효과적으로 달성하는 방법을 사전에 구상하고 실행에 옮겨야 한다.

③ 가설 지향의 문제는 현상 및 원인분석 전에 지식과 경험을 바탕으로 일의 과정이나 결과, 결론을 가정한 다음 검증 후 사실일 경우 다음 단계의 일을 수행해야 한다.

④ 사실 지향의 문제는 일상 업무에서 일어나는 상식, 편견을 타파하여 객관적 사실로부터 사고와 행동을 출발해야 한다.

06 정답 ③

[사례1]은 분석적 사고가 필요함을 나타내는 사례로, C가 분석적인 사고를 통해서 제출한 보고서를 회사가 수용하지 못한 문제점을 보여준다.

[사례2]는 내·외부 자원의 효과적인 활용이 중요함을 의미하는 사례로, 조직의 내·외부자원의 활용을 효과적으로 하지 못하는 회사의 모습을 보여준다.

07 정답 ①

㉠ 어떤 그룹이나 집단이 의사결정을 잘 하도록 도와주는 일이다. : 퍼실리테이션

㉡ 깊이 있는 커뮤니케이션을 통해 서로의 문제점을 이해하고 공감함으로써 창조적인 문제해결을 도모할 수 있다. : 퍼실리테이션

㉢ 대부분의 기업에서 볼 수 있는 전형적인 문제해결 방법이다. : 소프트 어프로치

㉣ 사실과 원칙에 근거한 토론으로 해결하는 방법이다. : 하드 어프로치

㉤ 결론이 애매하게 끝나는 경우가 적지 않다. : 소프트 어프로치

Tip

문제해결을 위한 방법

• 소프트 어프로치
  – 대부분의 기업에서 볼 수 있는 전형적인 문제해결 방법
  – 직접적인 표현이 아닌, 시사 또는 암시를 통하여 의사를 전달하고 감정을 서로 통하게 함으로써 문제해결을 도모하는 방법

• 하드 어프로치
  – 서로의 생각을 직설적으로 주장하고 논쟁이나 협상을 통해 서로의 의견을 조정해가는 방법
  – 사실과 원칙에 근거한 토론으로 해결방법을 도모
  – 합리적이긴 하나, 창조적인 아이디어나 높은 만족감을 이끌어내긴 어려움

• 퍼실리테이션

– '촉진'을 의미하며, 어떤 그룹이나 집단이 의사결정을 잘 하도록 도와주는 일을 의미

– 조직이 어떤 방향으로 나아갈지 알려주고, 주제에 대한 공감을 이룰 수 있도록 도와주는 역할을 담당

– 깊이 있는 커뮤니케이션을 통해 서로의 문제점을 이해하고 공감함으로써 창조적인 문제 해결을 도모

08 정답 ③

자유연상법은 생각나는 대로 자유롭게 발상하는 방법으로 브레인스토밍이 대표적인 방법이며(㉠ – ㉣) 강제연상법은 각종 힌트에 따라 강제적으로 연결 지어서 새로운 아이디어를 생각해내는 방법으로 체크리스트 방법이 있다.(㉡ – ㉤) 비교발상법은 주제의 본질과 닮은 것을 힌트로 발상해내는 것으로, NM법이나 Synectics(창조공학)방법이 있다.(㉢ – ㉢)

09 정답 ②

논리적 사고를 하기 위해 필요한 요소는 생각하는 습관, 상대 논리의 구조화, 구체적인 생각, 타인에 대한 이해·설득이 있다.

10 정답 ④

김 부장은 지금이야말로 자동차 관련 기업의 주식을 사야한다는 메시지가 있어 주장이 명확하며, 상황을 모두 망라하고 있어 "so what?"을 사용하였다고 말할 수 있다.

① 홍 대리는 자동차 판매가 부진하다고 말하는데 그치고 있다. 상황 ㉡, ㉢에 제시된 자동차 판매 대수가 줄어들고, 자동차 업계 전체적인 실적이 악화되고 있으며, 이로 인해 주식 시장도 악화되고 있다는 점을 말하지 않고 있다.

② 허 부장은 자동차 산업의 미래를 보여주고 있다며 상황 ㉢에 대해서는 고려하고 있지 못하다.

③ 신 대리는 자동차 산업과 주식시장의 상황을 보여주고 있다며 주식시장에 대해서도 포함하고 있으며, 세 가지 상황 모두 자동차 산업의 가까운 미래를 예측하는데 사용 될 수 있는 정보이기 때문에 모순은 없다. 그러나 자동차 산업과 주식시장이 어떻게 된다고 말하고 싶은 것이 전달되지 않는다.

Tip

So what?

• 모든 상황을 고려하고, 모순 없이 정보를 이끌어 내야한다.

• "So what?"의 사고에서 중요한 점은 "그래서 도대체 무엇이 어떻다는 것인가?"라는 것처럼 무엇인가 의미 있는 메시지를 이끌어 내는 것이다.

11 정답 ③

비판적 사고를 하기 위해서는 다른 관점에 대해 존중해야 한다. 또한 지적 호기심, 객관성, 개방성, 융통성, 지적 회의성, 지적 정직성, 체계성, 지속성, 결단성도 비판적 사고를 하기 위한 필요한 요소이다.

12 정답 ④

문제해결 과정을 순서대로 나열하면 ⓔ – ㉠ – ㉡ – ㉢ – ㉣이다. 따라서 네 번째 과정은 ㉢ 해결안 개발이다.

13 정답 ③

제시된 사례는 문제해결과정 중 문제인식 단계의 중요성에 대한 사례이다.

사례에서 A공장장은 처음에 문제를 인식하지 못하다가 상황이 점점 악화되자 문제가 있다는 것을 알게 되었다.

만약 A공장장이 초기에 문제 상황을 인식하였다면, 초기에 문제 상황에 적절하게 대처함으로써 비용과 시간의 소비를 최소화할 수 있었을 것이다. 이러한 사례를 통해서 문제인식이란 해결해야할 전체 문제를 파악하고, 문제에 대한 목표를 명확히 하는 활동이라는 것을 알 수 있다.

14 정답 ②

3C분석에서 3C란 고객(Customer), 자사(Company), 경쟁사(Competitor)의 앞 글자를 의미하며, 사업 환경을 구성하고 있는 고객, 자사, 경쟁사에 대한 체계적인 분석을 통해 환경을 분석하는 방법을 의미한다.

SWOT 분석

- 기업내부의 강점(Strength) : 내부 분석 중 유리한 것
- 약점(Weakness) : 내부 분석 중 불리한 것
- 외부환경의 기회(Opportunity) : 외부 분석 중 유리한 것
- 위협요인(Threat) : 외부 분석 중 불리한 것

위의 요인들을 분석·평가하고 이들을 서로 연관 지어 전략과 문제해결 방안을 개발하는 방법을 의미한다.

15 정답 ②

ⓔ은 한식 뷔페의 기회(Opportunity), 즉 외부 분석 중 유리한 것으로 볼 수 있다.

16 정답 ④

창의적 사고를 개발하는 방법은 브레인스토밍, 체크리스트, NM기법, Synectics 등의 방법이 있고, 논리적 사고를 개발하는 방법은 피라미드 구조와 So what기법 등이 있다.

17 정답 ④

㉠은 발생형 문제, ㉡은 설정형 문제, ㉢은 탐색형 문제이다.

문제의 유형

- 발생형 문제
  - 눈앞에 발생되어 당장 걱정하고 해결하기 위해 고민하는 문제를 의미한다.
  - 눈에 보이는 이미 일어난 문제로, 어떤 기준을 일탈함으로써 생기는 일탈 문제와 기준에 미달하여 생기는 미달문제로 대변되며 원상복귀가 필요하다.
  - 문제의 원인이 내재되어 있기 때문에 원인지향적인 문제라고도 한다.
- 탐색형 문제(찾는 문제)
  - 현재의 상황을 개선하거나 효율을 높이기 위한 문제를 의미한다.
  - 눈에 보이지 않는 문제로, 이를 방치하면 뒤에 큰 손실이 따르거나 결국 해결할 수 없는 문제로 확대되기도 한다.
  - 잠재 문제, 예측 문제, 발견 문제의 세 가시 형태로 구분된다.
  ⓐ 잠재 문제 : 문제가 잠재되어 있어 인식하지 못하다가 결국은 확대되어 해결이 어려워진 문제를 말한다. 잠재 문제는 숨어있기 때문에 조사 및 분석을 통해 찾을 수 있다.
  ⓑ 예측 문제 : 지금 현재는 문제가 아니지만 계속해서 현재 상태로 진행할 경우를 가정하고 앞으로 일어날 수 있는 문제를 말한다.
  ⓒ 발견 문제 : 현재로서는 담당 업무에 아무런 문제가 없으나 유사한 타 기업의 업무 방식이나 선진기업의 업무 방법 등의 정보를 얻음으로써 지금보다 좋은 제도나 기법, 기술을 발견하여 개선, 향상시킬 수 있는 문제를 뜻한다.
- 설정형 문제(미래 문제)
  - 미래 상황에 대응하는 장래의 경영전략의 문제 '앞으로 어떻게 할 것인가'에 대한 문제를 의미한다.
  - 지금까지 해오던 것과 전혀 관계없이 미래 지향적으로 새로운 과제 또는 목표를 설정함에 따라 일어나는 문제로써, 목표 지향적 문제라고 할 수 있다.
  - 문제를 해결하는 데에는 많은 창조적인 노력이 요구되기 때문에 창조적 문제라고도 한다.

18 정답 ④

- 소프트 어프로치에 의한 문제해결은 문제해결을 위해서 직접적인 표현이 바람직하지 않다고 여기며, 무언가를 시사하거나 암시를 통하여 의사를 전달하고 기분을 서로 통하게 함으로써 .문제해결을 도모하려고 한다.

- 하드 어프로치에 의한 문제해결은 서로의 생각을 직설적으로 주장하고 논쟁이나 협상을 통해 서로의 의견을 조정해 가는 방법이다.
- 퍼실리테이션에 의한 문제해결은 깊이 있는 커뮤니케이션을 통해 서로의 문제점을 이해하고 공감함으로써 창조적인 문제 해결을 도모한다.

문제 해결 방법

- 소프트 어프로치(Soft approach)
  - 대부분의 기업에서 볼 수 있는 전형적인 스타일
  - 직접적인 표현보다는 암시를 통한 의사전달
  - 결론이 애매하게 끝나는 경우가 적지 않음
  - 조직 구성원들이 같은 문화적 토양을 가짐
  - 결론을 미리 그려가면서 권위나 공감에 의지함
- 하드 어프로치(HARD approach)
  - 직설적인 주장을 통한 논쟁과 협상
  - 논리, 즉 사실과 원칙에 근거한 토론
  - 창조적인 아이디어나 높은 만족감을 이끌어내기 어려움
  - 조직 구성원들이 상이한 문화적 토양을 가짐
  - 지도와 설득을 통해 전원이 합의하는 일치점 추구
  - 이론적으로는 가장 합리적인 방법
- 퍼실리테이션(Faciliation)
  - 퍼실리테이션(Faciliation)이란 '촉진'을 의미하며, 어떤 그룹이나 집단이 의사결정을 잘하도록 도와주는 일을 가리킴
  - 깊이 있는 커뮤니케이션을 통해 서로의 문제점을 이해하고 공감함으로써 창조적인 문제해결을 도모함
  - 구성원의 동기가 강화되고 팀워크도 한층 강화된다는 특징을 보임
  - 구성원이 자율적으로 실행하는 것이며, 제 3자가 합의점이나 줄거리를 준비해놓고 예정대로 결론이 도출되어 가는 것이어서는 안 됨

19 정답 ③

문제란 업무를 수행함에 있어서 답을 요구하는 질문이나 의논하여 해결해야 되는 사항을 의미한다. 문제는 흔히 문제점과 구분하지 않고 사용되는데, 문제점이란 문제의 원인이 되는 사항으로 해결을 위해서 손을 써야 할 대상을 말한다.

20 정답 ①

환경 분석, 주요 과제 도출, 과제 선정의 절차를 통해 해결해야 할 문제를 파악한다.

- 환경 분석 : 문제가 발생하였을 경우 가장 먼저 해야 하는 일로, 주로 3C 분석이나 SWOT 분석 방법을 사용한다.

- 주요 과제 도출 : 환경 분석을 통해 현상을 파악한 후에는 주요 과제 도출의 단계를 거친다. 과제 도출을 위해서는 다양한 과제 후보안을 도출해내는 일이 선행되어야 한다.
- 과제 선정 : 과제안 중 효과 및 실행 가능성 측면을 평가하여 우선순위를 부여한 후 가장 우선순위가 높은 안을 선정한다.

21 정답 ①

문제점은 개선해야 할 사항이나 손을 써야 할 사항이다. 즉, 문제 해결을 위해서 손을 써야 할 대상을 말한다.

② ③ 문제점이란 문제의 근본원인이 되는 사항으로 문제 해결에 필요한 열쇠의 핵심사항을 말한다.

④ 문제점은 그에 의해 문제가 해결될 수 있고 문제의 발생을 미리 방지할 수 있는 사항을 말한다. 예컨대 난폭운전으로 사고가 발생한 경우, 사고의 발생이 문제이며 난폭운전은 문제점이 된다.

22 정답 ③

업무를 추진하는 동안 문제에 대해 인식한다 하더라도 문제를 해결하려는 실천적 의지가 없다면 아무런 의미가 없게 된다. 업무 상황에서 발생하는 문제를 인식하고 문제에 도전하여 해결하려는 노력이 동반될 때 그것이 문제해결의 단초가 되고 개인과 조직이 발전한다. 즉, 문제를 방치하지 않고 도전하여 해결하려는 과정에서 발전이 이루어지는 것이다. 이렇게 생각할 때 문제를 해결하려는 실천적 의지가 가장 중요한 요소임을 알 수 있다.

23 정답 ③

탐색형 문제(찾는 문제)는 잠재문제, 예측문제, 발견문제의 세 가지 형태로 구분된다. 잠재문제는 문제가 잠재되어 있어 보지 못하고 인식하지 못하다가 결국은 문제가 확대되어 해결이 어려운 문제를 의미한다. 이와 같은 문제는 존재하나 숨어있기 때문에 조사 및 분석을 통해서 찾아야 할 필요가 있다. 예측문제는 지금 현재로는 문제가 없으나 현 상태의 진행 상황을 예측이라는 방법을 사용하여 찾아야 앞으로 일어날 수 있는 문제가 보이는 문제를 의미 한다. 발견문제는 현재로서는 담당 업무에 아무런 문제가 없으나 유사 타 기업의 업무방식이나 선진기업의 업무방법 등의 정보를 얻음으로써 보다 좋은 제도나 기법, 기술을 발견하여 개선, 향상시킬 수 있는 문제를 말한다.

① ② 발생형 문제(보이는 문제)는 눈에 보이는 이미 일어난 문제로, 어떤 기준을 일탈함으로써 생기는 일탈문제와 기준에 미달하여 생기는 미달문제로 구분된다. 또한 문제의 원인이 내재되어 있기 때문에 원인지향적인 문제라고도 한다.

④ 설정형 문제(미래 문제)는 미래 지향적으로 새로운 과제 또는 목표를 설정함에 따라 일어나는 문제로, 이러한 과제나 목표를 달성하는 데 따른 문제해결에는 지금까지 경험한 바가 없기 때문에 많은 창조적인 노력이 요구되므로 이를 창조적 문제라 하기도 한다.

24   정답 ②

문제해결에 도움이 되는 세 가지 측면은 조직, 고객, 자신이다. 조직측면에서는 자신의 속한 조직 관련 분야에서 세계 일류수준을 지향하며, 경쟁사와 대비하여 탁월하게 우위를 확보하기 위해서 끊임없는 문제해결이 요구된다. 고객측면에서는 고객이 불편하게 느끼는 부분을 찾아 개선과 고객감동을 통한 고객만족을 높이는 측면에서 문제해결이 요구된다. 자기 자신 측면에서는 불필요한 업무를 제거하거나 단순화하여 업무를 효율적으로 처리하게 됨으로써 자신을 경쟁력 있는 사람으로 만들어 나가는 데 문제해결이 요구된다.

① 문제해결이란 목표와 현상을 분석하고, 이 분석 결과를 토대로 주요과제를 도출해 바람직한 상태나 기대되는 결과가 나타나도록 최적의 해결안을 찾아 실행, 평가해 가는 활동을 의미한다.
③ 문제해결을 위해서는 고정관념, 편견 등 심리적 타성 및 기존의 패러다임을 극복해야 한다.
④ 새로운 아이디어를 효과적으로 발휘할 수 있는 창조적 문제해결 능력에 필요한 스킬 등을 습득하는 것이 필요하다.

25   정답 ③

문제해결을 효과적으로 잘하기 위해서는 발상의 전환을 할 필요가 있다. 즉, 기존에 가지고 있는 사물과 세상을 바라보는 인식의 틀을 전환하여 새로운 관점에서 보는 사고를 지향하여야 한다.

① 문제해결을 효과적으로 수행하기 위해서는 전략적 사고를 해야 한다. 즉, 현재 당면하고 있는 문제와 그 해결방법에만 집착하지 말고, 그 문제와 해결방안이 상위 시스템 또는 다른 문제와 어떻게 연결되어 있는지를 생각하는 것이 필요하다.
② 문제해결을 잘하기 위해서는 분석적 사고를 해야 한다. 즉, 전체를 각각의 요소로 나누어 그 요소의 의미를 도출한 다음 우선순위를 부여하고 구체적인 문제해결방법을 실행하는 것이 요구된다.
④ 문제해결 시 기술, 재료, 방법, 사람 등 필요한 자원 확보 계획을 수립하고 내·외부 자원을 효과적으로 활용하도록 해야 한다.

26   정답 ①

분석적 사고는 문제가 성과 지향의 문제인가, 가설 지향 또는 사실 지향의 문제인가에 따라 그 유형이 구분되는데, 현상 및 원인 분석 전에 지식과 경험을 바탕으로 일의 과정이나 결론을 가정한 후 다음 단계를 수행하는 것은 가설지향의 문제인 경우에 해당한다.

분석적 사고가 요구되는 문제의 종류

• 성과 지향의 문제 : 기대하는 결과를 명시하고 효과적으로 달성하는 방법을 사전에 구상하고 실행에 옮긴다.
• 가설 지향의 문제 : 현상 및 원인 분석 전에 지식과 경험을 바탕으로 일의 과정이나 결과, 결론을 가정한 다음, 검증 후 사실일 경우 다음 단계의 일을 수행한다.
• 사실 지향의 문제 : 일상 업무에서 일어나는 상식, 편견을 타파하여 객관적 사실로부터 사고와 행동을 출발한다.

27   정답 ④

고정관념에 얽매여 새로운 아이디어와 가능성을 무시해 버리는 경우 문제해결의 장애가 된다. 따라서 새로운 아이디어와 가능성을 수용하는 것은 장애요소라 볼 수 없다.

① 문제가 발생하면 직관에 의해 성급하게 판단함으로써 문제를 명확하게 분석하지 않고 대책 안을 수립·실행하는 것은 문제해결의 장애요인이 된다.
② 쉽게 떠오르는 단순한 정보에 의지하는 경우도 문제해결의 장애요인에 해당한다.
③ 너무 많은 자료를 수집하려고 노력하는 경우도 문제해결의 장애요인이다. 구체적 절차를 무시하는 무계획적인 자료 수집은 제대로 된 자료가 무엇인지를 알 수 없게 한다.

문제해결의 장애요인

• 문제를 철저하게 분석하지 않는 경우 : 문제가 무엇인지 문제의 구도를 심도 있게 분석하지 않으면 문제해결이 어려워진다. 즉, 어떤 문제가 발생하면 직관에 의해 성급하게 판단하여 문제의 본질을 명확하게 분석하지 않고 대책 안을 수립·실행함으로써 근본적인 문제해결을 하지 못하거나 새로운 문제를 야기하는 결과를 초래할 수 있다.
• 고정관념에 얽매이는 경우 : 상황이 무엇인지를 분석하기 전에 개인적인 경험이나 습관, 편견 등을 통해 정해진 규정과 틀에 얽매임으로써 새로운 아이디어와 가능성을 무시해 버리는 경우 문제해결의 장애가 된다.
• 쉽게 떠오르는 단순한 정보에 의지하는 경우 : 문제해결에 있어 알고 있는 단순한 정보들에 의존하는 경우 문제를 해결하지 못하거나 오류를 범하게 된다.

• 너무 많은 자료를 수집하려고 노력하는 경우 : 자료 수집에 있어 구체적 절차를 무시하고 많은 자료를 얻으려는 노력에만 집중하는 경우 제대로 문제해결을 할 수 없게 된다. 무계획적인 자료 수집은 무엇이 제대로 된 자료인지를 알지 못하는 우를 범할 우려가 많다.

28 정답 ③

코디네이터 역할을 하는 제3자가 권위나 공감에 의지하여 의견을 중재하고 타협과 조정을 통하여 해결을 도모하는 것은 소프트 어프로치에 의한 문제해결 방법에 해당한다.

① 소프트 어프로치에 의한 문제해결 방법은 대부분의 기업에서 볼 수 있는 전형적인 스타일로, 문제해결을 위해서 직접적인 표현이 바람직하지 않다고 여기며, 무언가를 시사하거나 암시를 통하여 의사를 전달함으로써 문제해결을 도모하려고 한다.
② 하드 어프로치에 의한 문제해결 방법은 서로의 생각을 직설적으로 주장하고 논쟁이나 협상을 통해 서로의 의견을 조정해 가는 방법이다.
④ 최근 많은 조직에서는 보다 생산적인 결과를 가져올 수 있도록 그룹이 어떤 방향으로 나아갈지 알려주고 주제에 대한 공감을 이룰 수 있도록 능숙하게 도와주는 퍼실리테이터를 활용하고 있다.

Tip

문제해결을 위한 방법

• 소프트 어프로치에 의한 문제해결
 – 대부분의 기업에서 볼 수 있는 전형적인 스타일로 조직 구성원들은 같은 문화적 토양을 가지고 이심전심으로 서로를 이해하는 상황을 가정함
 – 문제해결을 위해서 직접적인 표현이 바람직하지 않다고 여기며, 무언가를 시사하거나 암시를 통하여 의사를 전달하고 기분을 서로 통하게 함으로써 문제해결을 도모함
 – 코디네이터 역할을 하는 제3자는 결론으로 끌고 갈 지점을 미리 머릿속에 그려가면서 권위나 공감에 의지하여 의견을 중재하고, 타협과 조정을 통하여 해결을 도모함

• 하드 어프로치에 의한 문제해결
 – 상이한 문화적 토양을 가지고 있는 구성원을 가정하고, 서로의 생각을 직설적으로 주장하고 논쟁이나 협상을 통해 서로의 의견을 조정해 가는 방법
 – 중심적 역할을 하는 것이 논리, 즉, 사실과 원칙에 근거한 토론이며, 제3자는 이것을 기반으로 구성원에게 지도·설득하고 전원이 합의하는 일치점을 찾아내려고 함
 – 방법은 합리적이긴 하나 잘못하면 단순한 이해관계의 조정에 그치며, 창조적 아이디어나 높은 만족감을 이끌어 내기 어려움

• 퍼실리테이션에 의한 문제해결
 – 퍼실리테이션(Faciliation)이란 '촉진'을 의미하며, 어떤 그룹이나 집단이 의사결정을 잘 하도록 도와주는 일을 의미함
 – 퍼실리테이션에 의한 문제해결 방법은 깊이 있는 커뮤니케이션을 통해 서로의 문제점을 이해하고 공감함으로써 창조적인 문제해결을 도모함
 – 문제해결은 구성원이 자율적으로 실행하는 것이며, 제3자가 합의점이나 줄거리를 준비해놓고 예정대로 결론이 도출되어 가는 것이어서는 안 됨
 – 소프트 어프로치나 하드 어프로치 방법은 단순한 타협점의 조정에 그치지만 퍼실리테이션에 의한 방법은 초기에 생각하지 못했던 창조적인 해결방법이 도출되며, 구성원의 동기가 강화되고 팀워크도 한층 강화된다는 특징을 지님
 – 최근 많은 조직에서는 보다 생산적인 결과를 가져올 수 있도록 그룹이 어떤 방향으로 나아갈지 알려주고, 주제에 대한 공감을 이룰 수 있도록 능숙하게 도와주는 퍼실리테이션을 활용하고 있음

29 정답 ①

브레인스토밍(Brain Storming)법은 미국의 알렉스 오즈번이 고안한 그룹발산기법으로, 창의적인 사고를 위한 발산방법 중 가장 흔히 사용되는 대표적 방법이다. 브레인스토밍은 집단의 효과를 살려서 아이디어의 연쇄 반응을 일으켜 자유분방한 아이디어를 내고자 하는 것이다.

② 체크리스트법은 개선점을 구하기 위하여 모든 질문을 설정하고 하나씩 점검하면서 아이디어를 내는 발상법이다.
③ NM법은 비교발상법의 하나로, 주제와 본질적으로 닮은 것을 힌트로 하여 새로운 아이디어를 얻는 방법이다.

Tip

브레인스토밍의 구체적 진행 방법

• 주제를 구체적이고 명확하게 정한다.
• 구성원의 얼굴을 볼 수 있는 좌석 배치와 큰 용지를 준비한다.
• 구성원들의 다양한 의견을 도출할 수 있는 사람을 리더로 선출한다.
• 구성원은 다양한 분야의 사람들로 5~8명 정도로 구성한다.
• 발언은 누구나 자유롭게 할 수 있도록 하며, 모든 발언 내용을 기록한다.
• 아이디어에 대한 평가는 비판해서는 안 되며, 독자성과 실현 가능성을 고려해 최적 방안을 찾는다.

30 정답 ③

브레인스토밍의 4대 원칙의 하나는 '질보다 양(Speed)'이다. 즉, 양이 질을 낳는다는 원리로, 질에는 관계없이 가능한 많은 아이디어들을 생성해내도록 격려하는 것으로, 많은 아이디어를 생성해낼 때 유용한 아이디어가 들어있을 가능성이 더 커진다는 것을 전제로 한다. 브레인스토밍 활동 시 시간을 정해주거나 아이디어의 개수를 정해주기도 하는데, 이는 두뇌를 긴장시켜 빠른 시간에 많은 아이디어를 생성하도록 유도하는 것이다.

① 브레인스토밍의 4대 원칙의 하나인 '비판엄금(Support)'은 평가단계 이전에 결코 비판이나 판단을 해서는 안 되며 평가는 나중까지 유보한다는 것이다. 브레인스토밍의 특징은 개방에 있으며, 비판은 커뮤니케이션의 폐쇄와 연결되므로 금지되는 것이 원칙이다.

② '자유분방(Silly)'은 무엇이든 자유롭게 말하는 것을 의미하며, '이런 바보 같은 소리를 해서는 안 된다'는 등의 생각은 하지 않아야 한다.

④ 다른 사람의 아이디어에 자극되어 보다 좋은 생각이 떠오르며, 이를 서로 조합하면 재미있는 아이디어가 될 것 같은 생각이 드는 경우 즉시 조합시킴으로써 얻은 힌트를 헛되게 해서는 안 된다. 이를 '결합과 개선(Synergy)'의 원칙이라 한다.

31 정답 ②

논리적인 사고를 하기 위한 구성요소에는 생각하는 습관, 상대 논리의 구조화, 구체적인 생각, 타인에 대한 이해, 설득의 5가지를 들 수 있다. 자신의 생각처럼 되지 않을 때 자신의 논리로만 생각하면 독선에 빠지기 쉽다. 이때에는 상대의 논리를 구조화하는 것이 필요하다. 따라서 ②는 적절하지 않다.

32 정답 ④

논리적인 사고의 구성요소 중 설득은 자신의 사상을 강요하지 않고, 자신이 함께 일을 진행하는 상대와 의논하기도 하고 설득해 나가는 가운데 자신이 깨닫지 못했던 새로운 가치를 발견하고 생각해 내는 과정을 의미한다.

Tip

논리적 사고의 구성요소

• 생각하는 습관 : 논리적 사고의 가장 기본이 되는 것은 항상 생각하는 습관을 들이는 것이다. 생각할 문제는 우리 주변에 쉽게 찾아볼 수 있으며, 특정한 문제에 대해서만 생각하는 것이 아니라 일상적인 대화, 회사의 문서, 신문의 사설 등 어디서 어떤 것을 접하든지 늘 생각하는 습관을 들이는 것이 중요하다.

• 상대 논리의 구조화 : 자신이 제출한 기획안이 거부되거나 자신이 추진한 프로젝트가 거부당한 경우 이유나 원인을 생각하는 과정에서 자신의 논리로만 생각하면 독선에 빠지기 쉬우므로, 이 경우 상대의 논리를 구조화하는 것이 필요하다. 상대의 논리에서 약점을 찾고 자신의 생각을 재구축한다면 다른 메시지를 전달할 수 있으며, 자신의 주장이 받아들여지지 않는 원인 중에 상대 주장에 대한 이해가 부족하다는 것도 알 수 있다.

• 구체적인 생각 : 상대의 말을 잘 알 수 없을 때에는 구체적으로 생각해보는 것이 도움이 되는데, 업무 결과에 대한 구체적인 이미지를 떠올려 보거나 숫자를 적용하여 표현하는 등 구체적 이미지를 활용하면 한 번에 논리를 이해할 수 있다.

• 타인에 대한 이해 : 상대의 주장에 반론을 제시하는 경우 상대 주장의 전부를 부정하지 않아야 하며, 상대의 인격을 부정해서도 안 된다. 반론을 하던 찬성을 하던 논의를 함으로써 논점을 명확히 하고, 깊이 있는 이해를 통해 새로운 지식을 얻는 것이 바람직하다.

• 설득 : 설득의 과정은 나의 주장을 다른 사람에게 이해·납득시켜 내가 원하는 행동을 하게 만드는 것이다. 논리적 사고는 고정된 견해를 도출하거나 자신의 사상을 강요하는 것이 아니다. 자신이 함께 일을 진행하는 상대와 의논하기도 하고 설득해 나가는 가운데 자신이 깨닫지 못했던 새로운 가치를 발견하고 생각해 낼 수가 있다. 또한 상대에게 반론을 하는 가운데 상대가 미처 깨닫지 못했던 중요한 포인트를 발견할 수 있다. 이러한 설득은 공감을 필요로 하며 논증을 통해 더욱 정교해지는데, 이러한 공감은 논리적 사고가 기본이 된다.

33 정답 ②

논리적 사고를 개발하기 위해 흔히 사용되는 방법으로는 '피라미드 구조를 이용하는 방법'과 'So what 기법'의 두 가지가 있다. 피라미드 구조는 하위의 사실이나 현상부터 사고함으로써 상위의 주장을 만들어가는 방법으로, 보조 메시지를 통해 주요 메인 메시지를 얻고 다시 메인 메시지를 종합한 최종적인 정보를 도출해 내는 방법이다. 예를 들어 현재 제품 판매 업무를 맡고 있는 한 부서에서 발견할 수 있는 현상(보조 메시지)이 제품 A의 판매 부진, 고객들의 불만 건수 증가, 경쟁사의 제품 B의 매출 증가가 발견되었다고 한다면, 메인 메시지로 '우리 회사의 제품 A에 대한 홍보가 부족하고, 고객의 만족도가 떨어지고 있다'라는 메인 메시지를 도출할 수 있을 것이다. 이러한 메인 메시지들을 모아서 최종적으로 결론을 도출하는 방법이 피라미드 구조이다. 이러한 피라미드 구조를 사용함으로써 주변 사람들과 논리적인 이해가 가능하다.

34 정답 ③

비판적 사고는 지엽적인 문제까지 물고 늘어지거나 이를 확대하여 문제로 삼는 것이 아니라 문제의 핵심을 중요 대상으로 한다. 비판적 사고는 제기된 주장에 어떤 오류나 잘못이 있는가를 찾아내기 위하여 지엽적인 부분을 지식 정보를 바탕으로 한 합당한 근거에 기초를 두고 현상을 분석하고 평가하는 사고이다.

① 비판적 사고는 어떤 주제나 주장 등에 대해서 적극적으로 분석·종합·평가하는 능동적인 사고이다.
② 비판적 사고는 어떤 논증·추론·증거·가치를 표현한 사례를 타당한 것으로 수용할 것인가 또는 불합리한 것으로 거절할 것인가에 대한 결정을 내릴 때 요구되는 사고력이다.

35 정답 ②

비판적 사고를 개발·발휘하기 위해 요구되는 태도에는 지적 호기심, 객관성, 개방성, 융통성, 지적 회의성, 지적 정직성, 체계성, 지속성, 결단성, 다른 관점에 대한 존중 등이 있다. 결론에 도달하는 데 있어 감정적·주관적 요소를 배제하는 것이 필요하므로 ②는 옳지 않은 태도이다.

36 정답 ③

비판적 사고를 하기 위해 필요한 것은 고정관념을 탈피하는 것인데, 고정관념은 사물을 바라보는 편견이나 편협적인 시각을 의미하는 것으로 사물을 바로 보는 시각에 영향을 줄 수 있으며, 일방적인 평가를 내리기 쉽다는 문제점을 지닌다. 비판적 사고를 위해서는 지각의 폭을 넓히는 것이 필요한데, 지각의 폭을 넓히는 것은 정보에 대한 개방성을 가지고 편견을 갖지 않는 것으로, 고정관념을 타파하는 것이 중요하다.

① 문제의식은 비판적인 사고를 위해서 가장 먼저 필요한 것이다. 문제의식을 가지고 있다면 주변에서 발생하는 사소한 일에서도 정보를 수집할 수 있으며, 이러한 정보를 통해서 새로운 아이디어를 끊임없이 생산해 낼 수 있다. 문제의식은 당장 눈앞의 문제를 자신의 문제로 여기고 진지하게 다룰 생각이 있어야 생길 수 있는데, 자신이 지니고 있는 문제와 목적을 확실하고 정확하게 파악하는 것이 비판적인 사고의 시작이라 할 수 있다.
② 독창성이란 남의 것을 모방하지 않고 독자적으로 새롭고 독특한 것을 만들어 내는 성질 또는 독자적으로 작품의 아이디어를 만들어 내는 성질을 말한다.
④ 사소한 현상에 문제의식을 갖고 끊임없는 탐구와 발상의 전환을 통하여 비판적인 사고를 개발하여야 한다.

37 정답 ④

일반적인 문제처리능력의 과정(단계)는 '문제인식 → 문제 도출 → 원인분석 → 해결안 개발 → 실행 및 평가'의 5단계를 따른다. 문제처리능력은 문제해결능력 중 가장 적절한 절차에 따라 발생한

문제를 해결해 나가는 과정으로, 목표와 현상을 분석하고 이 분석 결과를 토대로 문제를 도출하여 최적의 해결책을 찾아 실행·평가해 나가는 일련의 활동을 수행하는 능력이라 할 수 있다.

문제해결절차
• 문제인식 : 해결해야 할 전체 문제를 파악하여 우선순위를 정하고, 선정문제에 대한 목표를 명확히 하는 단계
• 문제도출 : 선정된 문제를 분석하여 해결해야 할 것이 무엇인지를 명확히 하는 단계
• 원인분석 : 파악된 핵심 문제에 대한 분석을 통해 근본 원인을 도출하는 단계
• 해결안 개발 : 문제로부터 도출된 근본원인을 효과적으로 해결할 수 있는 최적의 해결방안을 수립하는 단계
• 실행 및 평가 : 해결안 개발을 통해 만들어진 실행 계획을 실제 상황에 적용하는 활동으로, 당초 장애가 되는 문제의 원인들을 해결안을 사용하여 제거하는 단계

38 정답 ①

환경 분석을 위한 주요 기법으로는 3C 분석, SWOT 분석방법이 있는데, 3C 분석은 사업 환경을 구성하고 있는 요소인 자사(Company), 경쟁사(Competition), 고객(Customer)에 대한 체계적인 분석을 통해서 환경 분석을 수행하는 것을 말한다. 3C 분석 중 고객 분석에서는 '고객은 자사의 상품·서비스에 만족하고 있는지'를, 자사 분석에서는 '자사가 세운 달성목표와 현상 간에 차이가 없는지'를, 경쟁사 분석에서는 '경쟁기업의 우수한 점과 자사의 현상과 차이가 없는지'에 대한 질문을 통해서 환경을 분석하게 된다.

② SWOT 분석은 기업내부의 강점·약점과 외부환경의 기회·위협요인을 분석 평가하고 이들을 서로 연관지어 전략을 개발하고 문제해결 방안을 개발하는 방법이다.
③ MECE(Mutually Exclusive and Collectively Exhaustive)란 서로 배타적이며 중복되지 않게 문제를 분류할 수 있도록 하는 기법으로, 어떤 사항과 개념을 중복 없이, 그리고 전체로서 누락 없는 부분집합으로 파악하는 것이라 할 수 있다.
④ SMART 기법은 구체성, 평가가능성, 어렵지만 달성 가능한 목표, 관련성, 시간 등 5가지 항목을 기초로 하는 목표 설정 방법이다.

39 정답 ③

SWOT 분석은 내부 환경요인과 외부 환경요인의 2개의 축으로 구성되어 있다. 우선 내부 환경요인은 자사 내부의 환경을 분석하는 것으로 다시 자사의 '강점(Strengths)'과 '약점(Weaknesses)'으로 분석되는데, 경쟁자와 비교하여 나의 강점과 약점을 분석한다.

외부 환경요인은 자사 외부의 환경을 분석하는 것으로, 분석은 다시 '기회(Opportunities)'와 '위협(Threats)'으로 구분된다. 좋은 쪽으로 작용하는 것은 기회, 나쁜 쪽으로 작용하는 것은 위협으로 분류한다. 이를 통해 내부의 강점과 약점을 외부의 기회와 위협을 대응시켜 기업의 목표를 달성하려는 발전전략을 SO전략, ST전략, WO전략, WT전략으로 구성한다.

40 　정답 ④

전체 문제를 개별화된 세부 문제로 쪼개는 과정은 핵심 문제 선정이 아니라 문제 구조 파악에 해당한다. 이는 문제의 내용 및 미치고 있는 영향 등을 파악하여 문제의 구조를 도출해내는 것을 말한다. 핵심 문제 선정은 문제에 영향력이 큰 이슈를 핵심이슈로 선정하는 것이다.

①, ② 문제 도출 단계는 문제해결과정 중 문제 인식 단계 다음으로 수행되는 단계로, 선정된 문제를 분석하여 해결해야 할 것이 무엇인지를 명확히 하는 단계이다. 이는 현상에 대하여 문제를 분해하여 인과관계 및 구조를 파악하는 것이라 할 수 있다.

③ 문제 구조 파악에서 중요한 것은 본래 문제가 발생한 배경이나 문제를 일으키는 메커니즘을 분명히 하는 것이다. 또한 문제 구조 파악을 위해서는 현상에 얽매이지 말고 문제의 본질과 실제를 봐야 하며, 한쪽만 보지 말고 다면적으로 보며, 눈앞의 결과만 보지 말고 넓은 시야로 문제를 바라봐야 한다.

41 　정답 ②

②는 목표설정 방법인 SMART 기법의 5가지 항목 중 하나이다. 나머지는 모두 Logic Tree를 작성할 때 주의해야 할 사항에 해당한다. Logic Tree 방법은 문제의 원인을 파악한다든지 해결책을 구체화할 때 제한된 시간 속에 넓이와 깊이를 추구하는 데 도움이 되는 기술로, 주요 과제를 나무모양으로 분해 · 정리하는 방법이다. 이는 전체 문제를 세부 문제로 쪼개는 과정을 통해 문제의 구조를 파악하는 방법에 해당한다.

SMART 기법의 5가지 항목
- 구체성(Specific) : 업무 목표를 구체화해야 함
- 평가가능성(Measurable) : 업무가 평가 가능해야 함
- 어렵지만 달성 가능한 목표(Aggressive Yet Achievable)
- 관련성(Relevant) : 업무 과제 성격과 관련되어 있어야 함
- 시간(Time – Bound) : 업무 마감일을 설정해야 함

42 　정답 ④

원인 파악 시에 나타날 수 있는 원인과 결과 사이의 패턴 중 원인과 결과를 구분하기 어려운 경우에 해당되는 패턴은 닭과 계란의 인과관계이다. 복잡한 인과관계는 두 가지 유형이 복잡하게 얽혀 있는 경우에 나타나는 패턴이다.

① 원인 분석은 Issue 분석, Data 분석, 원인 파악의 절차로 진행된다. 즉, 핵심 이슈에 대한 가설을 설정한 후, 가설 검증을 위해 필요한 데이터를 수집 · 분석하여 문제의 근본원인을 도출해 나가는 것이다.

② 가설 설정은 관련자료, 인터뷰 등을 통해 검증할 수 있어야 하며, 간단명료하고 논리적이며, 객관적이어야 한다. 일반적으로 이슈 분석은 핵심이슈 설정, 가설 설정, Output 이미지 결정의 절차를 거쳐 수행되는데, 핵심이슈가 설정된 후에는 이슈에 대해 자신의 직관, 경험, 지식, 정보 등에 의존하여 일시적인 결론을 예측해보는 가설을 설정한다.

③ Data 분석 내용은 Data 수집계획 수립, Data 정리 · 가공, Data 해석으로 구성된다. Data 분석은 데이터 수집계획 수립, 데이터 수집 및 분석의 절차를 거쳐 수행되는데, 데이터 수집 시에는 목적에 따라 데이터 수집 범위를 정하고 일부를 전체로 해석할 수 있는 자료는 제외해야 하며, 데이터 수집 후에는 목적에 따라 수집된 정보를 항목 별로 분류 정리한 후, 'What', 'Why', 'How' 측면에서 의미를 해석해야 한다.

Tip

원인 파악 시에 나타나는 원인과 결과 사이의 패턴
- 단순한 인과관계 : 원인과 결과를 분명하게 구분할 수 있는 경우로, 어떤 원인이 있고 여기에서 결과가 생기는 인과관계를 의미한다.
- 닭과 계란의 인과관계 : 원인과 결과를 구분하기 어려운 경우로, 브랜드의 향상이 매출확대로 이어지고 매출확대가 다시 브랜드의 인지도 향상으로 이어지는 경우가 이에 해당한다.
- 복잡한 인과관계 : 단순한 인과관계와 닭과 계란의 인과관계의 두 가지 유형이 복잡하게 서로 얽혀 있는 경우에 나타나며, 대부분의 경영상 과제가 이에 해당한다.

43 　정답 ①

해결안 도출은 열거된 근본 원인을 어떠한 시각과 방법으로 제거할 것인지에 대한 독창적이고 혁신적인 아이디어를 도출하고, 같은 해결안은 그룹핑하는 과정을 통해서 해결안을 정리하는 과정이다. 따라서 ①은 옳지 않다.

②, ③, ④ 모두 해결안을 정리하는 과정으로 적절하다.

44 정답 ①

해결안을 평가·선정할 때는 중요도와 실현 가능성 등을 고려하여 평가하는데, 문제해결과 고객만족도는 중요도의 평가 기준에 해당하며, 개발기간·개발능력·적용 가능성은 실현 가능성의 평가 기준에 해당한다.

45 정답 ②

실행상의 장애요인 해결을 위한 Monitoring 체제 구축은 실행계획 수립 시가 아니라 실행 및 Follow – up 단계에서 고려해야 할 내용이다. 실행 및 Follow – up 단계는 가능한 사항부터 실행하며, 그 과정에서 나온 문제점을 해결해가면서 해결안의 완성도를 높이고, 일정한 수준에 도달하면 전면적으로 전개해 나가는 것이 필요하다. 특히 실행상의 문제점 및 장애요인을 신속히 해결하기 위해서 Monitoring 체제를 구축하는 것이 바람직하다.

① 실행계획 수립은 무엇을(What), 어떤 목적으로(When), 어디서 (Where), 어떤 방법으로(How)의 물음에 대한 답을 가지고 계획하는 단계로, 자원(인적, 물적, 예산, 시간)을 고려하여 수립해야 한다.
③ 실행계획 수립 시에는 세부 실행내용의 난이도를 고려하여 가급적 구체적으로 세워야 한다.
④ 각 해결안별 구체적 실행계획서를 작성함으로써 실행의 목적과 과정별 진행내용을 일목요연하게 정리하도록 한다.

Tip

실행상의 모니터링(Monitoring) 체제 구축 시 고려해야 할 사항
• 바람직한 상태가 달성되었는가.
• 문제가 재발하지 않을 것을 확신할 수 있는가.
• 사전에 목표한 기간 및 비용은 계획대로 지켜졌는가.
• 혹시 또 다른 문제를 발생시키지 않았는가.
• 해결책이 주는 영향은 무엇인가.

46 정답 ①

제시된 사례의 상황은 직장생활에서 흔히 겪게 되는 상황으로, 논리적인 사고의 중요성을 일깨워준다. 논리적 사고는 사고의 전개에 있어서 전후의 관계가 일치하고 있는가를 살피고 아이디어를 평가하는 능력으로, 다른 사람을 공감시켜 움직일 수 있게 하며 짧은 시간에 헤매지 않고 사고할 수 있게 한다. 이러한 논리적인 사고는 특히 다른 사람을 설득하여야 할 과정에서 유용한데, 아무리 많은 지식을 가지고 있더라도 논리적 사고력이 부족한 경우 자신이 만든 계획이나 주장을 주위 사람에게 이해시켜 실현시키기가 어렵다.

47 정답 ③

퍼실리테이션에 의한 방법은 구성원의 동기가 강화되고 팀워크도 한층 강화된다는 특징을 지닌다.

① 퍼실리테이션(facilitation)이란 '촉진'을 의미하며, 어떤 그룹이나 집단이 의사결정을 잘 하도록 도와주는 일을 의미한다.
② 퍼실리테이션에 의한 문제해결방법은 깊이 있는 커뮤니케이션을 통해 서로의 문제점을 이해하고 공감함으로써 창조적인 문제해결을 도모한다.
④ 퍼실리테이션에 의한 문제해결은 구성원이 자율적으로 실행하는 것이며, 제3자가 합의점이나 줄거리를 준비해놓고 예정대로 결론이 도출되어 가는 것이어서는 안 된다.

48 정답 ②

창의적 사고는 선천적으로 타고나는 것으로만 정해지는 것이 아니라 후천적 노력에 의해 개발이 가능하며, 창의력 교육훈련을 통해서 개발할 수 있다. 따라서 C의 대화가 받아들이기 가장 어렵다고 할 수 있다.

49 정답 ③

자사는 현재 높은 기술개발 및 경쟁력을 확보하고 있는 상태이므로, 기술향상을 통한 경쟁력 확보는 해결해야 할 전략 과제로 볼 수 없다.

① 자사의 생산원가가 높은 구조이므로 이를 개선하기 위해 원가 절감을 할 필요가 있다. 따라서 원가 절감을 통한 생산비용 절감은 해결해야 할 전략 과제에 해당한다.
② 러시아 시장의 고객은 20∼30대 젊은 층이 중심이므로, 그들을 겨냥한 제품을 확대하는 것이 전략 방안이 될 수 있다.
④ 현재 온라인 구매가 80% 이상을 차지하고 있는데 자사의 온라인 구매시스템이 취약한 상태이다. 따라서 온라인 구매시스템을 보완·강화하는 전략이 필요하다.

50 정답 ②

과정평가는 사업의 목적물이 해당 대상 집단에게 적절히 전달되었는지를 평가하는 유형으로, 해당 집단을 선별하여 적절한 조치를 취하는 것에 중점을 두고 있다. 따라서 이 경우 평가자의 질문으로는 '중고 PC 보급 사업으로 보급 받은 이들이 정보화 소외계층을 어느 정도 대표하는가?'가 가장 적절하다.

51 정답 ②

문제해결절차는 문제 인식 → 문제 도출 → 원인 분석 → 해결안 개발 → 실행 및 평가 순서로 진행된다.

㉠ : 해결안을 도출하는 해결안 개발 단계에서 사용된다.

㉡ : 3C 분석 방법에 대한 설명으로, 문제 인식 단계의 환경 분석 과정에서 사용된다.

㉢ : Logic Tree 방법에 대한 설명으로, 문제 도출 단계에서 사용된다.

㉣ : Pilot Test에 대한 설명으로, 실행 및 평가 단계에서 사용된다.

따라서 문제해결절차에 따라 문제해결방법을 나열하면, ㉡ – ㉢ – ㉠ – ㉣의 순서가 된다.

52 정답 ④

문제해결은 문제 해결자의 개선의식, 도전의식과 끈기를 필요로 한다. 특히 문제 해결자의 현상에 대한 도전의식과 새로운 것을 추구하려는 자세, 난관에 봉착했을 때 헤쳐 나가려는 태도 등이 문제 해결의 밑바탕이 된다. 박민지씨의 경우 문제해결 방법에 대한 지식이 충분함에도 불구하고 도전의식과 끈기가 부족하여 문제해결에 어려움을 겪고 있다.

53 정답 ②

창의적 문제는 해답의 수가 분석적 문제보다 많으며, 많은 답 가운데 보다 나은 것을 선택한다.

구분	창의적 문제	분석적 문제
문제제시 방법	현재 문제가 없더라도 보다 나은 방법을 찾기 위한 문제 탐구로, 문제 자체가 명확하지 않음	현재의 문제점이나 미래의 문제로 예견될 것에 대한 문제 탐구로, 문제 자체가 명확함
해결 방법	창의력에 의한 많은 아이디어의 작성을 통해 해결	분석·논리·귀납과 같은 논리적 방법을 통해 해결
해답 수	해답의 수가 많으며, 많은 답 가운데 보다 나은 것을 선택	답의 수가 적으며, 한정되어 있음
주요 특징	주관적, 직관적, 감각적, 정성적, 개별적, 특수성	객관적, 논리적, 이성적, 정량적, 일반적, 공통성, 핵심정리

54 정답 ①

설정형 문제는 미래상황에 대응하는 경영전략의 문제로, 앞으로 어떻게 할 것인가 하는 문제를 말한다. 여태까지 해오던 것과 관계없이 미래 지향적인 과제나 목표를 설정함에 따라 발생하므로 목표 지향적 문제이며, 업무 수행 과정 중 발생하는 문제 유형이다.

55 정답 ④

업무 상황에서 발생하는 문제를 인식하고 문제를 방치하지 않고 도전하여 해결하려는 실천적 의지와 노력이 동반되어야 한다. 문제제기를 두려워하고 숨긴다면 그 조직의 발전은 멈추게 된다.

56 정답 ①

문제 해결을 잘 하기 위해서 필요한 4가지 기본적 사고는 전략적 사고, 분석적 사고, 발상의 전환, 내·외부 자원의 활용이다.

57 정답 ④

문제를 접한 다음 문제가 무엇인지 문제의 구도를 심도 있게 분석하지 않으면 문제해결이 어려워진다. 즉 어떤 문제가 발생하면 직관에 의해 성급하게 판단하여 문제의 본질을 명확하게 분석하지 않고 대책안을 수립하여 실행함으로써 근본적인 문제해결을 하지 못하거나 새로운 문제를 야기하는 결과를 초래할 수 있다.

58 정답 ②

하드 어프로치에 의한 문제해결방법은 상이한 문화적 토양을 가지고 있는 구성원을 가정하고, 서로의 생각을 직설적으로 주장하고 논쟁이나 협상을 통해 서로의 의견을 조정해 가는 방법이다. 이 때 중심적 역할을 하는 것이 논리, 즉 사실과 원칙에 근거한 토론이다. 제 3자는 이것을 기반으로 구성원에게 지도와 설득을 하고 전원이 합의하는 일치점을 찾아내려고 한다. 이러한 방법은 합리적이긴 하지만, 잘못하면 단순한 이해관계의 조정에 그치고 말아서 그것만으로는 창조적인 아이디어나 높은 만족감을 이끌어 내기 어렵다.

59 정답 ④

창의적 사고는 다음과 같은 세 가지 특징을 보인다. 첫째, 창의적 사고란 정보와 정보의 조합이다. 둘째, 창의적 사고는 사회나 개인에게 새로운 가치를 창출한다. 셋째, 창의적 사고는 창조적인 가능성이다. 또한 창의적 사고는 통상적인 것이 아니라 기발하거나, 신기하며 독창적인 것이다.

60 정답 ③

체크리스트는 본인이 업무의 각 단계를 효과적으로 수행했는지 자가점검하는 도구이지 상사가 점검해볼 수 있는 도구는 아니다.

61 정답 ④

문제 구조 파악을 위해서는 눈에 보이는 현상에만 얽매이는 것이 아니라 문제의 본질과 실제를 봐야 하며, 한쪽만 보지 말고 다면적으로 보며 눈앞의 결과만 보지 말고 넓은 시야로 보아야 한다.

62 정답 ②

'5Why' 기법의 첫 번째 프로세스는 해결해야 할 사항이나 문제를 한 문장으로 적는 것인데, 문제에서 제시된 문제점은 '최근 실적의 감소'이다. 이러한 실적이 감소하는 가장 직접적인 원인은 '고객의 PB서비스 계약 감소'라 할 수 있다. 다음으로 고객의 PB서비스 계약이 감소하는 원인은 '절대적인 고객 수의 감소'가 될 것이다. 그리고 절대적인 고객 수가 감소하는 것은 고객 서비스 등에 만족하지 못한 것이 원인이 될 수 있는데, 여기서는 '금융상품의 다양성 부족'으로 고객의 불만족이 발생한 것이 원인이 된다. 금융상품의 다양성이 부족한 것은 고객이 무엇을 원하는지 제대로 파악하지 못하였기 때문이라 할 수 있다. 따라서 고객의 수요 파악을 위한 '고객정보의 수집 부족'이 가장 근본적인 원인이 된다.

01

명제

01 ④	02 ①	03 ③	04 ④	05 ①	06 ②	07 ①	08 ②	09 ③	10 ⑤
11 ⑤	12 ①	13 ③	14 ③	15 ②	16 ③	17 ④	18 ⑤	19 ①	20 ④
21 ③	22 ⑤	23 ①	24 ①	25 ③	26 ④	27 ③	28 ③	29 ①	30 ①
31 ②	32 ②	33 ①	34 ①	35 ③	36 ③	37 ④	38 ③	39 ②	40 ③
41 ④	42 ②	43 ②	44 ②	45 ④	46 ④	47 ②	48 ②		

01 정답 ④

진달래를 좋아하는 사람은 내성적인 사람 → 내성적인 사람은 팝송을 좋아함 → 진달래를 좋아하는 사람은 팝송을 좋아함(p → q, q → r이 참이면, p → r도 참)

명제

명제의 참과 거짓을 판단하는 경우 '대우관계'와 '삼단논법'이 많이 활용된다.

- 명제 : 판단을 언어로 표현한 것이다. 'p이면 q이다'라는 형태를 취한다.
- 삼단논법 : '닭은 새이다. 새는 동물이다. 따라서 닭은 동물이다'에서처럼 'p이면 q이다'가 참이고 'q이면 r이다'가 참이면 'p이면 r이다'도 참이 성립되는 것을 말한다.
- 대우 : 명제 'p이면 q이다'에 대하여 'q가 아니면 p가 아니다'를 그 명제의 '대우'라고 한다. 명제가 참인 경우 그 '대우'는 반드시 참이다. 그러나 어떤 명제가 참이라도 '역'이 반드시 참인 것은 아니다.

02 정답 ①

'모든 천재 → 악필'이다. 따라서 철주는 천재이므로 철주는 악필이라 할 수 있다.

② '모든 화가 → 천재'가 성립한다고 '천재가 모두 화가'인 것은 아니다. 일반적으로 어떤 명제가 참일 때 그 역도 반드시 참이라 할 수 없다.
③, ⑤ 시인에 대한 정보는 제시되지 않았으므로 제시된 문장만으로는 알 수 없다.
④ 철주는 악필이며, 화가인지는 확실하지 않다.

03 정답 ③

은희의 시험점수는 주원이 받은 점수에서 15점을 더 받았고, 주미의 점수는 주원이 받은 점수의 5점을 더 받았으므로 '은희>주미>주원'순으로 시험점수가 높다.

간접 추론 문제

둘 이상의 전제로부터 새로운 결론을 이끌어내는 추론이다. 삼단논법이 가장 대표적이며 정언, 가언, 선언 삼단논법으로 나뉘며, 가언 삼단논법은 혼합가언과 순수가언으로 나뉜다.

04 정답 ④

카레를 좋아하는 사람은 고기덮밥도 좋아한다는 명제 앞에 은희가 카레를 좋아한다는 명제가 있으므로 은희는 고기덮밥도 좋아한다는 명제가 성립된다.

05 정답 ①

'치킨을 좋아하는 사람'을 p, '맥주를 좋아하는 사람'을 q, '감자튀김을 좋아하는 사람'을 r, 은희를 s라 했을 때, 첫 전제는 p → q, 두 번째 전제는 q → r, 세 번째 전제는 s → p가 된다. 따라서 명제 s → p → q → r이 성립되며 s → r인 '은희는 감자튀김을 좋아한다'가 정답이 된다.

대우 명제와 추론 문제 쉽게 푸는 방법

p, q, r … 등의 기호를 사용하는 것보다 스스로 알아보기 쉬운 단어나 기호를 정해 풀이과정에 적용하는 습관이 빠른 풀이의 지름길이다.

06 정답 ②

첫 번째와 두 번째 문장에서 '황금을 좋아하는 사람 → 재즈를 좋아함 → 마음이 따뜻한 사람'이 성립한다. 세 번째 문장 '클래식을 좋아하지 않는 사람은 황금을 좋아하는 사람'이 참이므로, '클래식을 좋아하는 사람 → 황금을 싫어함'이 성립한다. 클래식을 싫어하는 사람은 재즈를 좋아하고, 황금을 좋아하는 사람은 재즈를 좋아한다.

07 정답 ①

제시된 전제에서 '좋아한다'와 '잘한다'의 서술어가 모두 나타나는데, 문자 그대로 좋아한다는 서술어가 잘한다는 의미가 될 수 없다. 세 번째 전제를 통해 화학은 주미가 주원보다 더 잘하고, 지구과학은 은희가 주미보다 잘한다. 따라서 주원은 주미보다 화학을 못한다.

08 정답 ②

전제로 나온 '항상 점심은 샌드위치 아니면 볶음밥'이므로 점심에 샌드위치를 먹지 않았다면 볶음밥을 먹은 것이다. 어제, 내일, 모레 등은 전제에 나오지 않아 어떤 음식을 먹을지 알 수 없다.

09 정답 ③

원숭이가 하늘다람쥐, 청설모보다 몸집이 더 크고 하늘다람쥐가 청설모보다 몸집이 더 크지만 하늘다람쥐가 청설모보다 날쌘지는 알 수 없다.

10 정답 ⑤

두 번째 전제의 대우는 주미가 회식 중간에 집으로 가지 않아야지 성립되므로 '주미가 회식 중간에 집에 가지 않으면 은희가 온다.'가 적절하다.

11 정답 ⑤

전제1	만약 철수가 여행을 가지 않는다면, 동창회에 참석할 것이다.	p라면 q이다.
전제2	철수가 동창회에 참석한다면. 영희를 만날 것이다.	q라면 r이다.
결론	철수가 여행을 가지 않는다면 영희를 만날 것이다.	따라서 p라면 r이다.

12 정답 ①

두 번째 전제의 대우명제는 '케이스를 구매하는 사람은 스마트폰을 구매한다.'이다. 그러므로 이 문장과 제시된 문장을 삼단논법에 따라 순서대로 종합하면 블루투스 이어폰을 구매하면 케이스를 구매하는 것이 되며, 케이스를 구매하면 스마트폰을 구매한 것이 되고, 스마트폰을 구매하면 충전기를 구매하지 않음이 성립한다. 따라서 '블루투스 이어폰을 구매한 사람은 충전기를 구매하지 않는다.'가 성립된다.

13 정답 ③

급식을 먹은 학생 ⊃ 식중독에 걸린 학생 ⊃ 냉면을 먹은 학생

14 정답 ③

심신의 안정에 신경 쓰지 않는 사람은 축구에 관심이 없는 사람이며 야구에도 관심이 없다고 할 수 있다.

15 정답 ②

전제1	모든 여성은 초록색을 좋아한다.	모든 P는 M이다.
전제2	송이는 초록색을 좋아하지 않는다.	모든 S는 M이 아니다.
결론	송이는 여성이 아니다.	따라서 모든 S는 P가 아니다.

16 정답 ③

면접점수가 높은 순서는 주원, 주미, 은희 순이며 필기점수는 은희가 주원보다 높고, 은희가 주미보다 높으므로 은희는 셋 중 필기점수가 가장 높다.

17 정답 ④

정치인 중에 게임을 좋아하는 사람도 있고, 게임을 좋아하는 사람 중에는 의사도 있다. 그러므로 정치인 중에는 의사도 있다. '중에는'은 '전부'와 같은 의미를 가질 수 있으므로 모든 정치인이 의사일 수도 있다.

18 정답 ⑤

'성공한 작가는 존경받는다.'의 대우는 '존경받지 못하면 성공한 작가가 아니다.'이며 두 번째 전제와 연결하여 '어떤 하루 종일 글만 쓰는 작가는 성공한 작가가 아니다.'이다. 즉, 빈칸에 들어갈 적절한 명제는 '어떤 작가는 하루 종일 글만 씀에도 불구하고 성공하지 못한다.'이다.

19 정답 ①

'하루에 두 끼를 먹는 어떤 사람도 배고프지 않다.'를 다르게 표현하면 '하루에 두 끼를 먹는 사람은 배고프지 않다.'이다. 두 번째 전제와 연결하여 '아침을 먹는 모든 사람은 하루에 두 끼를 먹고, 하루에 두 끼를 먹는 사람은 배고프지 않다.'이므로 이를 정리하면 '아침을 먹는 모든 사람은 배고프지 않다.'가 적절하다.

20 정답 ⑤

야근을 하는 사람은 생산관리팀 사원일수도, 야근을 하는 사람이 품질관리팀 사원일수도 있다. 이를 정리하면 '품질관리팀 업무를 하는 어떤 사람은 생산관리팀 업무를 한다.'는 결론이 도출된다.

21 정답 ③

바다가 기분이 좋으면 별똥별이 떨어지고, 별똥별이 떨어지면 다음날 비가 올 것이라고 했으므로 '오늘 바다가 기분이 좋으면 내일 비가 올 것이다.'라는 명제는 참이다.

①, ⑤ 명제의 '이'로 항상 참인 것은 아니다.

22 정답 ⑤

미영>연아>연재의 순으로 점수가 높으며, 각각의 점수 차는 10점이다.

23 정답 ①

C는 A의 의견과 동일하다고 했으므로 C도 봄을 좋아한다.

24 정답 ①

두 번째 문장의 대우 명제는 'B를 구매하는 사람은 C를 구매한다.'이므로 'A를 구매 → B를 구매', 'B를 구매 → C를 구매', 'C를 구매 → D를 구매하지 않음'이 성립한다. 따라서 'A를 구매하는 사람은 D를 구매하지 않는다.'가 성립한다.

② B를 구매하는 사람은 C를 구매한다.
③ C를 구매하는 사람은 D를 구매하지 않는다.
④ 두 번째는 문장의 '역'에 해당하므로, 항상 참이라 할 수 없다.
⑤ A를 구매한 사람은 B와 C는 구매하지만 D는 구매하지 않는다.

25 정답 ③

수학 시험에서 민정이는 가장 높은 점수를 받았고, 2등을 한 정연이가 86점을 받았으므로 민정이의 수학 점수는 86점보다 높다.

26 정답 ④

약간 짧은 숏는 나무이고, 모든 나무는 산을 좋아하므로, 어떤 짧은 숏는 산을 좋아한다.

27 정답 ③

국화를 좋아하는 사람 → 해바라기를 좋아하는 사람 → 진달래를 싫어하는 사람

① 명제가 참일 때 역도 반드시 참인 것은 아니다.
② '싫어하지 않는다.'의 반대말은 '싫어한다.'이고, '좋아한다.'의 반대말은 '좋아하지 않는다.'이다.

28 정답 ③

종탁이는 준영이의 사촌 오빠이고, 미라는 종탁이의 누나이므로 나이 순으로 나열하면 '미라>종탁>준영'이다. 소영이의 경우, 준영이와 자매라는 것만 제시되어 있으므로 나이를 알 수 없다. 미라와 종탁은 남매이고 소영과 준영은 자매인데, 종탁과 준영이 사촌지간이므로, 미라와 소영이도 사촌 간임을 알 수 있다.

29 정답 ①

첫 번째 문장이 '모든 텔레비전은 어떤 DVD이다'이고, 네 번째 문징이 '어떤 책은 텔레비전이다'이므로 '어떤 책은 어떤 DVD이다'가 성립한다.

30 정답 ①

모든 거짓말쟁이는 긴 코와 텔레비전을 갖고 있다. 이들 중에는 우유를 마시지 않는 사람이 있는데 우유를 마시지 않는 모든 사람은 키가 작으므로, 긴 코를 가진 거짓말쟁이 중에는 키가 작은 사람이 있다.

31 정답 ②

전제1	가을이 오면 낙엽이 질 것이다.	p이면 q이다.
전제2	낙엽이 지지 않았다.	q가 아니다.
결 론	가을이 오지 않았다.	따라서 p가 아니다.

32 정답 ②

어떤 형광등이 백열등보다 밝으므로, 모든 형광등이 백열등보다 밝은 것은 아니다.

33 정답 ①

전제1 (대전제)	모든 사람은 죽는다.	모든 M(매개념)은 P(대개념)이다.	정언명제
전제2 (소전제)	아리스토텔레스는 사람이다.	모든 S(소개념)는 M(매개념)이다.	정언명제
결 론	아리스토텔레스는 죽는다.	모든 S(소개념)는 P(대개념)이다.	정언명제

삼단논법(Syllogism Syllogismus)

간접추리 가운데 연역법을 삼단논법이라고 한다. 두 개의 전제와 하나의 결론으로 이루어졌기 때문에 삼단논법이라고 하며 대체로 대전제, 소전제, 결론의 순서로 배열된다. 삼단논법은 그 전제를 구성하고 있는 판단의 종류가 정언판단인가 가언판단인가 선언판단인가에 따라, 정언적 삼단논법, 가언적 삼단논법, 선언적 삼단논법으로 구분한다.

- 정언적 : 어떤 명제, 주장, 판단을 아무 제약이나 조건 없이 단정 ↔ 가언적(假言的)·선언적(選言的)
- 선언판단 : 주제에 두 개 이상의 대응어 중의 하나와 일치 또는 불일치하는 판단
- 가언적 : 일정한 조건을 가정하여 성립되는 또는 그런 것

34 정답 ①

전제1	비가 오면, 땅이 젖는다.	p이면 q이다.
전제2	땅이 젖지 않았다	q가 아니다.
결 론	비가 오지 않았다.	따라서 p가 아니다.

35 정답 ③

'문학 → 시대정신 → 시대상황'이므로 문학을 이해하려면 시대상황을 이해해야 한다.

삼단논법

두 개의 명제로 대전제와 소전제를 이루고, 한 명제가 결론이 되는 형태이다. 삼단논법은 전제의 성격에 따라 정언삼단논법, 가언삼단논법, 선언삼단논법으로 구분된다.

36 정답 ③

상훈이는 병규와 같은 부서에 근무하는데, 우영이와 병규는 기술부에 근무하므로 상훈이도 기술부에 근무한다는 것을 알 수 있다.

①, ④ 영업부에 근무하는 것은 경호이며, 병규와 상훈, 우영이는 모두 기술부에 근무한다.

② 우영이는 병규의 상사이나, 우영이와 상훈이의 경우 누가 상사인지 알 수 없다.

37 정답 ④

수학은 원철>주영>민정 순으로 잘한다.

① 영어는 은주>민정 순으로 잘한다.

②, ③ 원철이는 수학을 주영이와 민정이보다 잘하지만, 나머지 사실은 알 수 없다.

38 정답 ③

제시된 조건에 따른 열전도율을 부등호로 나타내면, '은, 구리(둘 중 우선순위는 알 수 없음)>금>알루미늄'이다. 따라서 구리의 열전도율은 알루미늄보다 높다.

① 은과 구리는 금보다 열전도율이 높다는 것을 알 수 있으나, 제시된 조건만으로 은의 열전도율이 구리보다 낮은지는 알 수 없다.

② 은의 열전도율은 금보다 높고 금은 알루미늄보다 열전도율이 높으므로, 은의 열전도율이 알루미늄보다 높다.

④, ⑤ 제시된 네 가지 물질 중 알루미늄의 열전도율이 상대적으로 가장 낮다.

39 정답 ②

'헬스를 함'을 p, '근육량이 높다'을 q라 하고, '근 손실이 일어나지 않음'을 r이라 하면 첫 전제는 '헬스를 함'과 '근육량이 높다'로 이어지며(p → q), 마지막 전제는 '헬스를 함'과 '근 손실이 일어나지 않음'이 성립한다(p → r). 따라서 '근육량이 높다'와 '근 손실이 일어나지 않음'이 빈 칸에 들어가야 하므로(q → r) 대우인 '근 손실이 일어나지 않은 것은 근육량이 높은 것이다'가 되어야 한다.

직접 추론 문제

- 직접추론은 한 개의 전제로부터 새로운 결론을 이끌어내는 추론의 한 형태이다. 대우명제가 대표적이다.
- 대우 명제는 명제의 가정과 결론을 부정하고 자리를 뒤바꿈으로써 참과 거짓을 일치시키는 명제이다.
- 적절한 전제 및 결론을 도출해내는 문제 유형이 자주 출제되므로, 대우 명제에 대한 이해 및 논리 이론을 충분히 숙지한 후에 문제를 풀어야 한다.

40 정답 ③

'강의를 꾸준히 시청한 학생은 모두 대기업에 들어갔다'는 첫 번째 전제를 통해 '대기업에 들어간 사람 중 일부는 건강을 중요시한다.'는 결론이 나오기 위해서는 '강의를 꾸준히 시청한 학생'과 '건강을 중요시한다.' 사이에 다른 전제가 성립되어야 한다. 결론에서 모두가 아닌 일부로 한정지었으므로 강의를 꾸준히 시청한 학생 중 일부가 건강을 중요시 한다는 전제가 있어야 한다.

41 정답 ④

청설모를 p, 다람쥣과 동물을 q, 나무 위에서 도토리를 따는 동물을 r, 나뭇잎을 먹는 동물을 s라 하면 첫 번째 전제부터 결론까지 다음 과정이 성립한다. 첫 번째 전제는 p → q, 세 번째 전제는 r → p, 결론은 s → q로 r → p → q, s → q이다. 따라서 s → r 또는 s → p이면 결론이 참이 된다. 그러므로 ④ ~r → ~s(s → r)이 들어가야 한다.

42 정답 ②

'디자인팀'을 A, '전시회를 갔다.'를 B, '회사를 가지 않는 날'을 C라 했을 때, 첫 번째 명제와 세 번째 명제는 각각 A → B, C → B가 성립한다. 마지막 명제가 참이 되려면 C → A 아니면 ~A → ~C가 되어야 하므로 '디자인팀이 아니면 회사를 간다.'가 빈칸에 들어갈 전제로 적절하다.

43 정답 ②

'오늘 한 청소'를 p, '미루지 않았음'을 q, '집안이 깨끗해진다.'가 r이라 하면 첫 번째 명제는 ~p → ~q, ~p → ~r이 빈칸에 있어야 ~p → ~q → ~r이 성립한다. 대우도 참이므로 ~q → ~r 의 대우인 '집안이 깨끗한 것은 미루지 않은 것이다.'가 된다.

44 정답 ②

삼단논법이 성립하려면 주원이 다음 난이도를 시작하지 못한 것에 대한 명제가 필요하다. 첫 번째 명제에 체력이 모두 닳으면 다음 난이도를 시작할 수 없다고 했기에 '주원의 체력이 모두 닳았다.' 적절한 명제다.

45 정답 ④

'가구를 만들지 못한 것'을 p, '산사태가 일어나지 않음'을 q, '나무를 베지 않음'을 r, '법으로 규제함'을 s라 한다. 첫 번째 명제에서 r → q, 세 번째 명제에서 s → r, 네 번째 명제는 s → p이므로 도출되기 위해서 빈칸에 ~p → ~q가 필요하다.

46 정답 ④

재즈 페스티벌에 참가하는 팬을 A, 록페스티벌에 참가하는 팬을 B, 일렉트로닉 페스티벌에 참가하는 팬을 C라고 할 때, 재즈 페스티벌에 참가하는 팬은 록페스티벌에 참가하며 록페스티벌에 참가하는 팬은 일렉트로닉 페스티벌에도 참여한다고 볼 수 있으므로, 재즈 페스티벌에 참가하는 팬은 일렉트로닉 페스티벌에 참가하는 것이 성립한다.

47 정답 ②

'음악을 좋아한다.'를 A, '독서를 좋아한다.'를 B, '미술을 좋아한다.'를 C라고 하면 첫 번째 전제는 A → ~B형태로, 세 번째 전제는 C → ~A의 형태가 된다. 첫 번째 전제의 대우는 B → ~A이기 때문에 세 번째 명제가 참이 되려면 C → B 또는 ~B → ~C가 필요하다.

48 정답 ②

동영상 사이트를 즐겨 찾는 모든 사람이 고양이 동영상을 선호하고, 모든 구독자가 동영상 사이트를 선호하면, 강아지 동영상을 보는 모든 구독자는 고양이 동영상을 선호하는 명제가 성립되므로 '강아지 동영상을 보는 모든 사람은 동영상 사이트를 즐겨 찾는다.'가 빈칸에 들어갈 전제가 된다.

02 | 명제추론

01 ③	02 ③	03 ②	04 ①	05 ⑤	06 ②	07 ①	08 ③	09 ⑤	10 ①
11 ③	12 ②	13 ①	14 ②	15 ②	16 ④	17 ①	18 ③	19 ③	20 ①
21 ④	22 ②	23 ③	24 ④						

01 정답 ③

현재의 중요성>미래의 중요성
따라서 현재가 미래보다 중요하다.

02 정답 ③

초록 상자>빨간 상자=검정 상자>파란 상자
따라서 초록 상자는 파란 상자에 들어가지 않는다.

03 정답 ②

A의 나이>B의 나이=C의 나이
C의 나이<D의 나이
따라서 C는 A보다 나이가 적다.

04 정답 ①

정직한 사람은 거짓말을 하지 않으며, 거짓말을 하지 않는 사람은 모두가 좋아하므로 정직한 사람은 모두가 좋아한다.

05 정답 ⑤

그림을 잘 그리는 사람은 감정이 풍부한 사람이고, 감정이 풍부한 사람은 모두가 좋아하므로
그림을 잘 그리는 사람은 모두가 좋아한다.

06 정답 ②

'명랑한 사람 → 마라톤을 좋아함 → 체력이 좋고, 인내심도 있음' 이므로 명랑한 사람은 인내심이 있다.
이것의 대우 명제는 '인내심이 없는 사람은 명랑하지 않다.'이다.

07 정답 ①

제시된 문장을 통해 '녹차를 좋아함 → 커피를 좋아함 → 우유를 좋아함 → 홍차를 좋아하지 않음'을 알 수 있다. 따라서 삼단논법에 따라 '녹차를 좋아하는 사람은 홍차를 좋아하지 않는다.'는 문장은 옳다.

오답해설

② '녹차를 좋아하는 사람은 커피를 좋아한다.'가 성립하므로, 그 역인 '커피를 좋아하는 사람은 녹차를 좋아한다.'는 일반적으로 성립한다고 할 수 없다.
③ 우유를 좋아하는 사람은 홍차를 좋아하지 않는다.
④ 제시된 문장에서 '커피를 좋아하는 사람은 홍차를 좋아하지 않는다.'가 성립하므로, 그 대우명제인 '홍차를 좋아하면 커피를 좋아하지 않는다.'가 성립한다. 따라서 ④도 옳지 않다.
⑤ 녹차를 좋아하는 사람은 우유를 좋아한다.

08 정답 ③

A방송을 시청하는 사람은 B방송을 시청하지 않고, C방송을 시청하는 사람은 모두 B방송도 시청한다. 따라서 A방송을 시청하는 사람들 중 C방송을 시청하는 사람은 없다.

09 정답 ⑤

가장 작은 긴수염고래도 가장 큰 범고래보다는 크다. 그러나 일부 밍크고래는 가장 큰 범고래보다 작다고 하였으므로, 어떤 밍크고래는 가장 작은 긴수염고래보다 작다. 따라서 ⑤번은 반드시 참이다.

오답해설

① 모든 범고래는 가장 큰 돌고래보다 크다고 하였으므로 거짓이다.
② 어떤 밍크고래는 가장 큰 범고래보다 작으므로, 모든 긴수염고래보다 작다. 하지만, 나머지 밍크고래들이 긴수염고래보다 크다고 언급되어 있지 않다.
③ 일부의 밍크고래가 가장 큰 범고래보다 작다고 했으나, 돌고래만큼 작다고 하지는 않았다.
④ 일부 밍크고래는 가장 큰 범고래보다 작다고 하였으므로, 가장 작은 밍크고래는 가장 큰 범고래보다 작다.

10 정답 ①

민기는 영어를 유창하게 할 것이고 역사에 관심이 많은 사람은 모두 영어를 유창하게 할 것이므로, 민기가 영어를 잘하기 위해서는

역사에 관심이 많아야 한다.
그러므로 민기는 역사에 관심이 많다는 말은 참이다.

11 정답 ③

초콜릿을 좋아하는 사람은 모두 우유를 좋아하고, 우유를 좋아하는 사람은 모두 두유를 싫어한다. 따라서 초콜릿을 좋아하는 연수는 두유를 싫어한다.

12 정답 ②

진호는 약속 때마다 가장 늦게 도착한다고 하였다. 그리고 약속장소에 소담이는 진호보다 먼저, 영미는 소담이보다 일찍 도착하였으므로 영미 – 소담 – 진호 순으로 도착했다. 따라서 영미는 진호보다 먼저 약속장소에 도착했음을 알 수 있다.

13 정답 ①

창명이는 현우의 동생과 같은 직업으로 회사원이라고 했으므로 현우의 동생은 회사원이다.

14 정답 ②

수원은 은희의 선배이고, 은희는 주미와 동기이다. 주미는 민지의 후배이다. 부동식으로 표현하면 다음과 같다.
주원>은희=주미, 민지>주미

15 정답 ②

주원 뒤에는 2명이 서있으므로 주원은 한 가운데에 서있다. 수아 앞에 2명 이상이 서있으므로 주원의 뒤에 위치하고 주미보다 앞에 서있다. 민지 바로 앞에는 은희가 서있으므로 서있는 순서대로 도식화하면 '은희 – 민지 – 주원 – 수아 – 주미'순이다.

16 정답 ④

첫 번째 조건에서 'D>A>C'가 성립하며, 두 번째 조건에서는 'E>B>C'가 성립됨을 알 수 있다. 세 번째 조건에서 E는 A와 D사이에 들어왔다고 했으므로 'D>E>B>A>C'또는 'D>E>A>B>C'의 순서가 된다. A와 B는 어떤 것이 빠른지 알 수 없다.

① 'D – E – A – B – C'의 순서도 가정할 수 있으므로 단정할 수 없다.
② D가 가장 빠른 속도로 들어왔다.
③ B의 최고 속도는 E보다 느리며 C보다 빠르다.
⑤ C는 A~E 중 가장 느리므로 A와 B 뒤에 들어오게 된다.

17 정답 ①

진급한 사람은 주원과 주미이다. 주원은 A, B, C성과를 냈고, 주미는 A, C성과를 냈으므로 진급에 중요한 영향을 끼치는 성과는 A, C성과가 된다. 그러나 A, C성과 중 어떤 것이 진급에 가장 큰 영향을 끼치는지 제시된 내용만으로 알 수 없다.

18 정답 ③

월요일에는 회의를 개최하지 않는다고 했으므로, 화요일과 목요일에 회의가 개최한다는 것을 알 수 있다. 마지막 명제의 대우는 '화요일에 회의를 개최하거나 수요일에 개최하면, 금요일에도 회의를 개최한다.'가 된다. 이것도 참이 되는데, 화요일에 회의를 개최하므로 금요일에도 개최하게 된다. 따라서 ○○○○공사가 회의를 개최해야 하는 날은 '화요일, 목요일, 금요일' 총 3일이 된다.

19 정답 ③

주영의 첫째 동생은 22세, 둘째 동생은 19세이며, 우경의 첫째 동생은 26세, 둘째 동생은 24세, 막내 동생은 22세이다. 그러므로 주영의 첫째 동생과 우경의 막내 동생은 동갑이다.

20 정답 ①

모든 선생님이 노래를 잘하기 때문에 어떤 선생님은 노래를 잘한다.

21 정답 ④

오토바이>택시>전철>버스

22 정답 ②

당도가 높은 순서로 나타내면, '배>사과'이고 '홍시>포도>사과'라는 것을 알 수 있다. 따라서 사과가 다른 과일에 비해 가장 달지 않다.

①, ④, ⑤ 배와 홍시, 배와 포도의 당도 순서는 알 수 없다.
③ 홍시가 포도보다 당도가 높다.

23 정답 ③

결벽증이 있는 사람은 어떠한 모자도 쓰지 않으므로 검은 모자 역시 쓰지 않는다.

24 정답 ④

혈당이 낮아지면 혈중 L의 양이 줄어들고, 혈중 L의 양이 줄어들면 시상하부 알파 부분에서 호르몬 B가 분비되는데, 시상하부 알파 부분에서 호르몬 B가 분비되는 경우 시상하부 감마 부분에서 호르몬 D가 분비된다. 따라서 ④와 같이 혈당이 낮아지면 시상하부 감마 부분에서 호르몬 분비가 억제된다는 것은 옳지 않은 추론이다.

① 혈당이 낮아지면 혈중 L의 양이 줄어들고 이로 인해 시상하부 알파 부분에서 호르몬 B가 분비된다. 또한 시상하부 알파 부분에서 호르몬 B가 분비되면, 시상하부 감마 부분에서 호르몬 D가 분비되며, 이 호르몬 D는 식욕을 증가시키게 된다.

② 혈당이 높아지면 혈중 L의 양이 늘어나게 되며, 이는 시상하부 알파 부분에서 호르몬 A 분비를 유도한다. 그리고 호르몬 A가 분비되는 경우 시상하부 베타 부분에서 호르몬 C가 분비되는데, 이는 물질대사를 증가시키는 호르몬이다. 따라서 올바른 추론이 된다.

③ 혈당이 높아지면 혈중 L의 양이 늘어나고, 혈중 L의 양이 늘어나는 경우 시상하부 알파 부분에서 호르몬 A가 분비되며, 시상하부 알파 부분의 호르몬 A는 시상하부 베타 부분에서 호르몬 C가 분비되게 된다. 따라서 혈당이 높아지면 시상하부 알파 부분과 베타 부분에서 각각 호르몬 A와 C를 분비하게 되므로 ③도 올바른 추론이 된다.

⑤ 혈당이 낮아지면 혈중 L의 양이 줄어들고 이로 인해 시상하부 알파 부분에서 호르몬 B가 분비된다.

03 조건추론

01 ⑤	02 ②	03 ②	04 ⑤	05 ①	06 ④	07 ⑤	08 ③	09 ①	10 ①
11 ⑤	12 ①	13 ①	14 ③	15 ④	16 ⑤	17 ③	18 ⑤	19 ③	20 ④
21 ②	22 ②	23 ⑤	24 ④	25 ④	26 ④	27 ①	28 ③	29 ③	30 ③
31 ②	32 ②	33 ③	34 ④	35 ②	36 ④	37 ②	38 ①	39 ③	40 ②
41 ④	42 ①	43 ⑤	44 ④	45 ④	46 ⑤	47 ①	48 ①	49 ⑤	50 ④
51 ①	52 ①	53 ④	54 ⑤	55 ⑤	56 ④	57 ②	58 ①	59 ③	60 ④
61 ⑤	62 ④	63 ②	64 ④	65 ②	66 ②	67 ①	68 ②	69 ④	70 ①
71 ④	72 ①	73 ⑤	74 ③	75 ②	76 ①	77 ⑤	78 ②	79 ②	80 ②
81 ①	82 ①	83 ②	84 ③	85 ③	86 ①				

01 정답 ⑤

'A보다 B를 좋아한다.'를 A<B로 표시하면 다음과 같이 나타낼 수 있다.
- A : 수학>영어
- B : 수학>과학
- C : 영어>과학

주어진 조건으로는 A의 경우에는 과학의 선호도를, B의 경우 영어의 선호도를, C의 경우 수학의 선호도를 알 수 없다. A와 B는 세 과목(영어, 과학, 수학) 중에서 가장 좋아하는 과목을 말하고 있으므로 그 말이 옳은지 그른지 모두 알 수 없다.

문제유형에 관한 설명
주어진 문장들을 토대로 마지막 문장의 참과 거짓을 가려내는 문제 유형이다. 위 문제와 같이 대·소를 묻는 경우 문장에서 비교가 되는 대상의 어휘를 크기를 나타내는 기호로 간단하게 정리하면 보다 쉽게 문제를 해결할 수 있다.

02 정답 ②

'A가 B보다 무겁다'를 A>B로 표시할 때,
두꺼비, 개구리, 독수리의 무게를 정리하면 다음과 같다.
두꺼비>개구리
개구리=독수리
따라서 '두꺼비는 독수리보다 무겁다.'라는 B의 말만 옳다.

03 정답 ②

조건에 따르면 철수가 기혼자이면, 자녀가 두 명이라고 했는데, 영희는 자녀가 한 명이라고 했으므로 철수와 영희는 부부 사이가 아니다.

추론
주어진 몇 개의 명제(전제)들로부터 새로운 하나의 명제(결론)을 유도하는 것을 추론이라고 한다. 전제를 구성하는 모든 명제들이 참일 때 결론도 참이면 이 추론은 타당하다고 한다. 반면, 전제를 구성하는 모든 명제들이 참임에도 불구하고 결론이 거짓일 때 이 추론은 타당하지 않다고 한다.

04 정답 ⑤

나정이의 아버지와 어머니가 야구 코치라는 조건만으로는 나정이의 직업을 파악할 수 없다. 따라서 A와 B의 말이 옳은지 그른지 판단할 수 없다.

05 정답 ①

안경을 쓴 숯는 모두 갈매기이다.
↓
모든 갈매기는 과자를 좋아한다.
↓
안경을 쓴 숯는 과자를 좋아한다.
따라서 A만 옳다.

06 정답 ④

물렁한 ◈는 사과이고, 모든 사과는 빨갛다고 했으므로 물렁한 ◈는 빨갛다.
따라서 A와 B의 말은 모두 옳지 않다.

 Tip

논지 전개 방식

- 연역법 : 일반적 사실이나 원리를 전제로 하여 개별적인 특수한 사실이나 원리를 결론으로 이끌어내는 추리방법을 이른다. 경험에 의하지 않고 논리상 필연적인 결론을 내게 하는 것으로 삼단논법이 그 대표적인 형식이다.

  예 모든 사람은 잘못을 저지를 수 있다. 모든 지도자도 사람이다. 그러므로 지도자도 잘못을 저지를 수 있다.

- 귀납법 : 개별적인 특수한 사실이나 원리를 전제로 하여 일반적인 사실이나 원리로 결론을 이끌어내는 연구방법을 이른다. 특히 인과관계를 확정하는 데에 사용된다.

  – 일반화 : 사례들을 제시한 후 그를 통해 다른 사례들도 모두 마찬가지라는 결론을 도출한다.

    예 국어는 소리, 의미, 어법의 3요소로 이루어져 있다. 영어도 마찬가지이다. 중국어도 마찬가지이다. 그러므로 모든 언어는 소리, 의미, 어법의 3요소로 이루어져 있다.

  – 유추 : 서로 다른 범주에 속하는 두 대상 간에 존재하는 유사성을 근거로 구체적 속성도 일치할 것이라는 결론을 도출한다.

    예 지구에는 생물이 산다. 화성에는 지구와 마찬가지로 공기, 육지, 물이 있다. 따라서 화성에도 생물이 살 것이다.

07 정답 ⑤

주어진 조건만으로는 사랑이가 일어나는 시간과 가족 중 사랑이가 잠자리에 드는 순서를 알 수 없다. 따라서 A와 B의 말은 옳은지 그른지 판단할 수 없다.

08 정답 ③

제시된 조건을 통해 길수, 영수, 성모 순으로 나이가 많음을 알 수 있다.
따라서 A와 B의 말은 모두 옳다.

09 정답 ①

세 사람의 수학 점수를 정리하면 다음과 같다.

- 민지의 점수+15(점)=윤지의 점수
- 민지의 점수+5(점)=수지의 점수

이를 통해서 윤지, 수지, 민지의 순서로 수학 점수가 높음을 알 수 있다.
따라서 A의 말만 옳다.

10 정답 ①

주어진 조건에 따르면 '물개, 악어, 뱀' 순서로 예쁘다는 것을 알 수 있다.
따라서 A의 말만 옳다.

11 정답 ⑤

주어진 조건으로 알 수 있는 것은 미란이가 주부가 아니라는 사실 뿐이며, 미란이의 직업은 알 수 없다. 따라서 A와 B의 말은 옳은지 그른지 판단할 수 없다.

 Tip

조건추리 문제 풀이 시 유의점

㉠ 모든 A는 모든 B이다.
  모든 B는 모든 C이다.
  → 모든 A는 모든 C이다.

㉡ A는 B이다.
  A는 C이다.
  → 모든 B는 모든 C라고 할 수 없다.

12 정답 ①

사내식당의 아침 메뉴는 된장찌개이거나 김치찌개인데 오늘의 아침 메뉴는 된장찌개가 아니므로 오늘 C사 구내식당의 아침 메뉴는 김치찌개임을 알 수 있다.
따라서 오늘 아침 성균이 된장찌개를 먹었다는 B의 말은 옳지 않다.

13 정답 ①

세 번째 조건에서 '현민이는 천재이다.'라고 했고, 두 번째 조건에서는 '모든 천재는 바나나를 좋아한다.'라고 했으므로 '현민이는 바나나를 좋아한다.'라는 A의 말은 옳다.

 Tip

'모든 x' 또는 '어떤 x'의 참 · 거짓

- 모든 x에 대하여

  – 한 개의 예외도 없이 성립하면 참

  – 성립하지 않는 예가 있으면 거짓

- 어떤 x에 대하여

  – 한 개라도 성립하면 참

  – 모든 x에 대하여 성립하지 않으면 거짓

14 정답 ③

a, b, c, d가 벤치에 앉는 순서는 다음과 같다.
왼쪽 [c – d – b – a] 오른쪽
따라서 A와 B의 말은 모두 옳다.

15 정답 ④

주어진 조건에 따라 정리하면 '배구선수, 농구선수, 야구선수, 역도선수' 순으로 손이 크다. 손이 가장 큰 것은 배구선수이며, 손이 가장 작은 것은 역도선수이다.

따라서 A와 B의 말은 모두 옳지 않다.

16 정답 ⑤

제시된 조건을 정리하면 다음과 같다.

• 책을 많이 읽는 사람 → 감수성이 풍부한 사람 → 발라드를 즐겨 듣는 사람
• 20대 여성들 → 발라드를 즐겨 들음

따라서 A와 B의 말은 주어진 조건만으로는 판단할 수 없다.

17 정답 ③

두 번째 조건에서 세미와 휘경 중 한 사람만 승진하였다고 했고, 세 번째 조건에서 적어도 두 명이 승진하였다고 했으므로 송이와 민준 중 한 사람 이상이 승진해야 한다. 그런데 첫 번째 조건에서 송이와 민준은 함께 승진한다고 했으므로 송이와 민준은 모두 승진하였다. 따라서 A와 B의 말은 모두 옳다.

18 정답 ⑤

제시된 조건들을 정리하면 다음과 같다.

산을 좋아함 → 나무를 좋아함 → 꽃을 좋아함 → 어린이를 좋아함 → 동물을 좋아함

제시된 조건만으로는 나무를 좋아하는 사람이 산을 좋아하는지, 꽃을 좋아하는 사람이 나비를 좋아하는지 알 수 없다. 따라서 A와 B의 말은 모두 알 수 없다.

19 정답 ③

조건들을 정리하면 다음과 같다.

하마를 좋아하지 않음 → 악어를 좋아하지 않음 → 물소를 좋아하지 않음

'하마를 좋아하지 않음(p) → 악어를 좋아하지 않음(q)'이 참이므로 그 대우인 '악어를 좋아함(~q) → 하마를 좋아함(~p)' 역시 참이 된다. 따라서 A와 B의 말은 모두 옳다.

20 정답 ④

A, B, C, D, E는 5층인 아파트에 함께 살고 있다. A와 B는 같은 간격을 유지하고 있고, B와 D도 같은 간격을 유지하고 있다. A, B, D는 이 순서를 유지한다.

• A는 5층에 살고 있다.

5	A
4	
3	B
2	
1	D

또는

5	A
4	B
3	D
2	
1	

• C는 E보다 위층에 살고 있다.

5	A
4	C
3	B
2	E
1	D

또는

5	A
4	B
3	D
2	C
1	E

④의 경우 언제나 옳은 것은 아니지만, 경우에 따라 가능하다.

21 정답 ②

|수영| |민정| |혜진| |영민| |선영| 순으로 앉아 있으므로 혜진이 정답이다.

22 정답 ②

첫 번째	두 번째	세 번째	네 번째	다섯 번째
♦	♠	◇	♣ 혹은 ☆	☆ 혹은 ♣
♦	♠	♣ 혹은 ☆	☆ 혹은 ♣	◇

23 정답 ⑤

빨간색 기둥의 위치는 노란색 기둥 앞일 수도 있고, 파란색 기둥 앞일 수도 있다. 초록색 기둥의 위치는 빨간색 기둥 뒷일 수도 있고, 파란색 기둥 뒷일 수도 있고, 노란색 기둥 뒷일 수도 있고, 보라색 기둥 뒷일 수도 있다. 따라서 어느 기둥이 맨 뒤에 있는지 알 수 없다.

24 정답 ④

단서를 정리해보면 다음과 같다.

• 첫 번째 조건에 따라 비밀번호에 소수(2, 3, 5, 7)은 포함되지 않으므로 비밀번호를 구성하는 숫자는 0, 1, 4, 6, 8, 9이다.
• 세 번째 조건과 네 번째 조건에서 비밀번호를 구성하는 숫자에서 9가 제외된다는 것을 알 수 있다. 따라서 0, 1, 4, 6, 8이 비밀번호를 구성하는 숫자가 된다.

- 다섯 번째 조건에 따라 모든 숫자가 한 번씩만 사용된다는 것을 알 수 있다.
- 두 번째 조건에서 6이나 8은 하나만 들어간다고 했으므로 가능한 비밀번호는 '8410' 또는 '6410' 두 가지이다.

소수(素數)
1과 그 자신 이외의 자연수로는 나눌 수 없는 자연수를 뜻한다.
예 2, 3, 5, 7 …

25 정답 ④
- 첫 번째 조건에 의해 (A, ?, ?), (B, ?, ?) (?, ?, ?)으로 나누어진다.
- 세 번째와 네 번째, 다섯 번째 조건에 따라 (A, ?, ?), (B, D, H), (?, ?, ?)으로 나누어진다는 것을 알 수 있다.
- C와 I가 같은 팀이 되고, F와 G가 같은 팀이 되면서 두 번째 조건을 만족시키려면 (A, F, G), (B, D, H), (C, E, I)로 팀이 나누어진다.

26 정답 ④
제시된 조건에 따라 정리하면 다음과 같다.

5층	E	D	E	D
4층	C	C	C	C
3층	D	E	B	B
2층	B	B	A	A
1층	A	A	D	E

① A는 1층 또는 2층에 위치한다.
② D는 1층에 위치할 수 있다.
③ B가 D보다 위층에 위치하는 경우가 존재한다.
⑤ E가 A보다 아래층에 위치하는 경우가 존재한다.

27 정답 ①
- 방A의 안내문이 참일 경우 방B에는 괴물이 있다. 또한 방C는 비어있는 것이 되므로 보물이 있는 곳은 방A가 된다.
- 방B의 안내문이 참일 경우 방C에는 보물이 없다. 그러므로 보물이 있는 곳은 방A가 된다.
- 방C의 안내문이 참일 경우 방A와 방B 중 한 방은 비어있고 다른 한 방에는 괴물이 있어야 한다. 그러나 이때 방A가 거짓이어야 하는데 이를 충족시키기 위해서는 방B에는 괴물이 없어야 한다. 그러나 이는 다시 방B가 비어 있어서는 안 된다는 점에서 모순된다.

따라서 반드시 참이 되는 것은 방A 또는 방B의 안내문이다.
방A나 방B의 안내문이 참인 두 경우 모두 방A에는 보물이 있다는 결론을 얻을 수 있으므로 올바른 결론이다.

② 방A의 안내문이 참일 경우 방B에는 괴물이 있고, 방B의 안내문이 참일 경우 방B는 비어 있어야 한다. 따라서 올바른 결론으로 보기 어렵다.
③ 방A의 안내문이 참일 경우 방B에는 괴물이 있게 된다.
④ 방A의 안내문이 참일 경우 방C는 비어 있어야 한다. 따라서 올바른 결론이 될 수 없다.
⑤ 방A의 안내문이 참이든 방B의 안내문이 참이든 보물은 언제나 방A에 있다. 그러므로 방C에는 보물이 있을 수 없다.

문제해결방법
조건으로 제시된 문장 속에 내포된 참과 거짓을 정리하여 주의 깊게 살필 필요가 있으며, 문장 뒤에 숨겨진 의미를 파악할 수 있어야 한다.

28 정답 ⑤
A, B, C, D, E 중 거짓말을 하는 사람은 오직 두 사람뿐이고 나머지 세 사람은 사실을 말하고 있으며, 거짓말을 하는 두 사람 중 한 사람은 범인이라고 한다.
㉠, ㉢ A와 C의 진술이 모두 참이라고 한다면, A가 범행 시간인 11시에 있었다고 주장하는 장소가 각각 다르다는 모순이 발생한다. 그러므로 A와 C 두 사람 중 적어도 한 사람은 거짓말을 하고 있다.
㉡, ㉤ B와 E의 진술이 모두 참이라고 한다면, C가 범행 시간인 11시에 함께 있었다고 주장하는 사람이 각각 다르다는 모순이 발생한다. 그러므로 B와 E 중 적어도 한 사람은 거짓말을 하고 있다.
㉣ 거짓말을 하는 사람의 수는 총 두 사람인데 A와 C 중 적어도 한 사람, B와 E 중 적어도 한 사람이 거짓말을 하고 있으므로 D의 진술은 참이다.
㉤ D의 진술이 참이므로 B의 진술 역시 참이 된다. B의 진술이 참이므로 A와 C는 범행 시간에 B와 같이 있었다. 그러므로 A와 C는 범인이 될 수 없다.
그러므로 범인은 E이다.

상반된 주장의 참 · 거짓
위의 문제에서는 서로 상반된 주장을 하고 있는 두 사람을 두고 '적어도 한 사람'이 거짓말을 하고 있다고 판단하고 있다. 문장추리 문제에서 주의해야 할 점은 상반된 주장들 가운데 참과 거짓을 제대로 가리는 것이다. 예를 들어 서로 상반된 주장을 하고 있는 두 사람 중 어느 한 사람이 반드시 사실을 말하고 있다는 보장이 없는데, 두 사람 모두 거짓말을 하고 있을 가능성도 있기 때문이다.

29 정답 ③

㉠ 델타행성은 X행성의 침공 대상에서 제외된다.
㉡ X행성은 베타행성 혹은 델타행성을 침공할 것이라고 하였다. 그런데 ㉠에 따르면 X행성은 델타행성을 침공하지 않을 것이므로 베타행성이 X행성의 침공 대상이 된다.
㉢ X행성이 감마행성을 침공하지 않는다면 알파행성을 침공할 것이라고 하였으므로 감마행성과 알파행성 중 한 행성은 X행성의 침공 대상이 될 것이다.
㉣ X행성이 베타행성을 침공한다면 감마행성을 침공하지 않을 것이라고 하였는데, ㉡에 따르면 베타행성은 이미 침공 대상이므로 감마행성은 침공 대상이 되지 않는다. ㉢에 따르면 감마행성과 알파행성 중 한 행성은 X행성의 침공 대상이 되므로 감마행성을 제외한 알파행성이 X행성의 침공 대상이 된다.
그러므로 X행성은 알파행성과 베타행성을 침공할 것이다.

30 정답 ③

의료보험 가입이 필수이므로 이 전제 조건을 토대로 세부 조건을 순서대로 확인해야 한다.
의료보험 가입을 통해 확인할 수 있는 조건으로는 ㉢이 있다. 의료보험에 가입 시 변액보험에 가입하지 않는데 의료보험은 필수이므로 변액보험에는 가입하지 않는다.
㉠ 정기적금에 가입하면 변액보험에 가입한다고 하였는데, 이는 곧 변액보험에 가입하지 않으면 정기적금에 가입하지 않는다는 의미가 된다. ㉢을 통해 변액보험에 가입하지 않음을 알 수 있으므로 정기적금에도 가입하지 않는다.
㉣ 연금저축, 주택마련저축, 정기적금 중 최소한 두 가지는 반드시 가입한다고 하였는데 이미 정기적금에 가입하지 않는다고 하였으므로 나머지 두 가지인 연금저축과 주택마련저축에는 가입한다.
㉤ 해외펀드에 가입할 경우 주택마련저축에 가입하지 않는다고 하였는데, 이는 곧 주택마련저축에 가입하면 해외펀드에는 가입하지 않는다는 의미가 된다. 그런데 이미 주택마련저축에 가입한다고 하였으므로 해외펀드에는 가입하지 않는다.
㉡ 주식형 펀드와 해외펀드 중 하나만 가입한다고 하였는데 해외펀드에는 가입하지 않으므로 주식형 펀드에 가입하게 된다.

가입함	가입하지 않음
• 의료보험 • 연금저축 • 주택마련저축 • 주식형 펀드	• 변액보험 • 정기적금 • 해외펀드

31 정답 ②

㉡ A가 문을 열었다면, C도 문을 열었다고 하였는데, 이는 곧 C가 문을 열지 않았다면 A도 문을 열지 않았다는 의미가 된다. ㉣에서 C가 문을 열지 않았다고 하였으므로 A는 문을 열지 않았다.
㉢ A가 문을 열지 않았다면, B가 문을 열었거나 C가 문을 열었다고 하였다. 그런데 A와 C 모두 문을 열지 않았으므로 B가 문을 열었다.
㉤ D가 문을 열었다면, B가 문을 열지 않았다고 하였다. 이는 곧 B가 문을 열었다면 D는 문을 열지 않았다는 의미이다. 즉, D는 문을 열지 않았다.
㉥ 앞서 D가 문을 열지 않았다고 하였으므로 E 역시 문을 열지 않았다는 것을 알 수 있다.

32 정답 ②

큰어머니와 사촌동생은 반드시 함께 방문해야 한다. → 사촌동생과 고모는 반드시 함께 방문해야 한다. → 큰어머니와 고모는 함께 방문할 수 있다.

오답
해설

① 큰아버지와 형수는 함께 방문할 수 없다. → 형수와 할아버지는 반드시 함께 방문해야 한다. → 큰아버지와 할아버지는 함께 방문할 수 없다.
③ 큰어머니와 삼촌은 반드시 함께 방문해야 한다. → 조카와 삼촌은 반드시 함께 방문해야 한다. → 할머니와 조카는 함께 방문할 수 없다. → 큰어머니와 할머니는 함께 방문할 수 없다.
④ 큰어머니와 사촌동생은 반드시 함께 방문해야 한다. → 사촌동생과 고모는 반드시 함께 방문해야 한다. → 고모와 형수는 함께 방문할 수 없다. → 큰어머니와 형수는 함께 방문할 수 없다.
⑤ 고모와 형수는 함께 방문할 수 없다. → 사촌동생과 고모는 반드시 함께 방문해야 한다. → 형수와 사촌동생은 함께 방문할 수 없다.

33 정답 ③

㉡, ㉤ 아파트에 사는 사람들은 모두 오른손잡이다. 그러므로 왼손잡이인 철수는 아파트에 살지 않는다.
㉣ 아파트에 살지 않는 철수가 남구의 주민이라면 그는 가난할 것이다.
㉢ 아파트에 살지 않는 철수가 북구의 주민이라면 그는 의심이 많지 않을 것이다.
철수가 남구에 살고 있다면 그는 가난할 것이다. 그런데 철수는 가난하지 않다는 전제가 주어졌으므로 철수가 살고 있는 곳은 북구이다. 철수가 북구에 산다면 그는 의심이 많지 않을 것이므로 ③은 참이다.

① 철수가 남구에 살고 있다면 가난할 것이므로 철수는 가난하지 않다고 주장하는 ①은 거짓이 된다. 만약 철수가 북구에 살고 있을 경우 그가 가난한지 가난하지 않은지에 대해서는 주어진 조건만으로는 알 수 없다.

② 철수가 북구에 살고 있다는 전제가 주어졌다면 참이다. 그러나 철수가 남구에 살고 있는 경우를 생각해야 한다. 남구에서 아파트에 사는 사람은 모두 의심이 많다. 이 명제의 대우는 '의심이 많지 않은 사람은 남구의 아파트에 살지 않는다.'가 된다. 이것이 곧 '남구에서 아파트에 살지 않는 사람은 의심이 없다.'는 결론으로 이어지지는 않는다. 그러므로 철수가 남구에 살 경우 그가 의심이 많은지 많지 않은지의 여부는 판단할 수 없다.

④ 철수가 북구에 살고 있다면 그는 의심이 많지 않을 것이다.

⑤ 남구에서 아파트에 사는 사람들은 모두 의심이 많다. 그러나 철수는 아파트에 살지 않으므로 남구에 사는 철수가 의심이 많은지, 많지 않은지의 여부는 판단할 수 없다.

34 정답 ⑤

모든 A종 공룡>모든 B종 공룡>모든 D종 공룡
A종 공룡은 모두 가장 큰 B종 공룡보다 크고 일부 C종 공룡은 가장 큰 B종 공룡보다 작다고 하였으므로, 어떤 C종 공룡은 가장 작은 A종 공룡보다 작다는 내용은 참임을 알 수 있다.

① 모든 A종 공룡이 모든 D종 공룡보다 크다고 했으므로 가장 작은 A종 공룡만한 D종 공룡이 있다는 명제는 거짓이다.

② 주어진 조건만으로는 C종 공룡의 크기 범위를 확정할 수 없다.

③ 주어진 조건만으로는 가장 작은 C종 공룡의 크기 범위를 확정할 수 없다.

④ 주어진 조건만으로는 C종 공룡과 D종 공룡의 크기를 비교할 수 없다.

35 정답 ②

어떤 금속은 광택을 내며, 모든 금속은 전기가 통하므로 참이다.

①, ④ 한 명제가 참이라 할지라도 그 명제의 역과 이가 반드시 참이 될 수는 없다.

③ 광택을 내지 않는 금속도 있다는 내용의 명제가 참인 조건으로 주어지지 않은 이상, ⓒ을 '금속에는 광택이 나는 것과 나지 않는 것이 있다.'로 해석할 수 없다. 즉, '어떤 금속'은 금속 중의 일부를 말하고 있지만, 그렇다고 그 금속 이외의 다른 모든 금속들이 광택이 없다고 확정할 수 없으므로 ③은 반드시 참이 될 수 없다.

⑤ '광택을 내지 않는 금속은 없다.'는 '모든 금속은 광택이 난다.'

의 대우다. 그러나 ⓒ에서는 '모든 금속'이 아닌 '어떤 금속'을 두고 이야기하였으므로 ⑤는 반드시 참이 될 수 없다.

36 정답 ④

은희와 수아가 서로 다른 주장을 하고 있어 둘 중에서 한명은 진실을, 다른 한명은 거짓을 말하고 있다. 은희가 참일 경우에는 수아는 거짓이 되며 반장에게 숙제를 낸 사람은 주미와 수아가 되어야 하는데 숙제를 낸 사람은 한 명이므로 성립될 수 없는 조건이다. 반대로 은희가 거짓이 될 경우에는 수아의 말이 참이 되며 수아를 제외한 네 사람의 말은 참이 되므로 반장에게 숙제를 낸 사람은 주미가 된다.

37 정답 ②

첫 번째 조건에 따라 K씨는 A자격증을 가지고 있다.
세 번째 조건에서 A자격증을 취득하기 위해서는 D자격증이 있어야 한다고 했으므로 K씨는 D자격증도 가지고 있다.
네 번째 조건에 따라 K씨는 E자격증도 가지고 있어야 한다.
다섯 번째 조건에 따라 K씨는 B자격증은 취득하지 못했음을 알 수 있다.
두 번째 조건에 따라 K씨는 C자격증도 취득할 수 없다.
따라서 K씨는 A, D, E자격증 3개를 갖고 있다.

38 정답 ①

병의 조언을 통해 D가 가장 먼저 일어났다는 사실을 알 수 있다. 다음으로 갑의 조언에서 'B – A – E' 또는 'E–A–B'의 순서가 되며, 을의 조언에서 'A – C – D' 또는 'D – C – A'의 순서가 된다는 것을 알 수 있다. 그런데 D가 가장 먼저 일어났다는 것은 참이므로, 을의 조언에서 'D – C – A'의 순서(⊙)만 참이 된다. 정의 조언에 따라 A와 C는 연이어 일어나지 않았으므로, ⊙에 갑의 조언을 연결시키면 'D – C – B – A – E' 또는 'D – C – E – A – B'가 참이 된다는 것을 알 수 있다. 따라서 어떤 경우이든 네 번째로 일어난 사건은 'A'가 된다.

39 정답 ②

ⓒ 1년은 365일이므로, 어제까지 한국 나이로 18세인 학생이 366일 후에 한국 나이로 20세가 되기 위해서는 어제는 12월 31일이 되어야 한다.

ⓒ 1년을 365일로 계산한 것이므로 양력으로 계산한 것이다.

⊙ 윤년이 되는 경우 1년이 366일이 되므로, 어제(12월 31일)부터 366일 후는 한국 나이로 19세가 된다. 따라서 윤년이어서는 안 된다.

ⓔ 어제(12월 31일)부터 366일 후에는 1월 1일이 된다.

40 정답 ②

구분	수요일	목요일	금요일
민희		○	
수경			○
정민	○		
영철			○
경수		○	

조건에 따르면 위 표처럼 구분이 된다. 따라서 시험은 하루에 두 명씩 볼 수 있으므로 경수는 민희와 같이 목요일에 시험을 본다.

41 정답 ④

포유동물 A는 꼬리가 없다고 하였으므로, ⓜ에 따라 포유동물 A는 육식동물은 아니라는 것을 알 수 있다. ⓛ에서 "물에 살면서 육식을 하지 않는 포유동물은 모두 다리가 없다"라고 하였으므로, 만약 A가 다리가 없다면 A는 물에 산다는 것을 알 수 있다. 따라서 ④는 반드시 참이 된다.

42 정답 ①

퇴사한 사람은 철수와 미희인데, 철수는 A, B, C요인을 모두 가지고 있고 미희는 A, C요인을 가지고 있으므로, A와 C가 퇴사에 영향을 미치는 요인이라 할 수 있다. 그런네 A요인과 C요인 중 어떤 것이 퇴사에 더 큰 영향을 미치는지는 제시된 내용만으로 알 수 없다. 따라서 ①은 반드시 참이라 할 수는 없다.

②, ③ 재직 중인 사람은 영희와 만수인데, 영희는 A요인과 B요인이 있으며, 만수는 B요인만 가지고 있다. 따라서 재직 중인 사람은 모두 B요인을 가지고 있으며, C요인은 가지고 있지 않다. 따라서 모두 참인 진술이다.
④ 철수는 A, B, C요인이 모두 영향을 미치며, 미희는 A와 C요인이 영향을 미쳤다. 따라서 퇴사한 사람만 놓고 보면 A와 C요인이 큰 영향을 미친다고 할 수 있다.
⑤ 미희는 A, C요인이 영향을 미쳤다. 그러나 미희를 제외한 사람들은 퇴사여부와 상관없이 B요인을 가지고 있다. 따라서 참인 진술이다.

43 정답 ⑤

E − A − D와 C − B − D순으로 들어왔고 A − C이므로
E − A − C − B − D 순으로 들어왔다.

44 정답 ④

이들이 앉아 있는 순서는 다음과 같다.
왼쪽 |재한| |지훈| |선예| |윤훈| 오른쪽

45 정답 ④

제일 먼저 A 뒤에는 2명이 있으므로 A는 가운데 위치한다.
E 앞에서 2명 이상이 있으므로 A의 뒤에 위치하고 C보다는 앞에 위치한다.
또한 D 바로 앞에 B가 있으므로
키 큰 순서대로 배열하면 B − D − A − E − C

46 정답 ⑤

F는 A보다 늦게 내렸고 D보다는 빨리 내렸으므로, 내린 순서는 'A − F − D'이다.
E는 B보다 한 층 더 가서 내렸고 D보다는 세 층 전에 내렸으므로, 'B − E − ( ) − ( ) − D'가 된다.
D가 마지막 7층에서 내린 것이 아니므로, C가 7층에 내린 것이 된다.
이를 종합하면, 2층부터 내린 순서는 'B(2층) − E(3층) − A(4층) − F(5층) − D(6층) − C(7층)'가 된다.
따라서 홀수 층에서 내린 사람은 'E(3층), F(5층), C(7층)'가 된다.

47 정답 ①

네 명이 각자 선호하거나 싫어하는 음식을 정리해 보면 다음과 같다.

	피자	치킨	보쌈	탕수육
주희	×	×	△	△
세진	△	△	△	×
정운	×	△	△	△
희아	△	△	○	△

희아는 보쌈을 주문할 것이다. 주희는 피자와 치킨을 싫어하는데 희아가 보쌈을 주문하였으므로 탕수육을 주문하게 될 것이다. 세진은 피자와 치킨을 주문할 수 있는데, 정운이 피자를 싫어하므로 정운이 치킨을 주문하고 세진이 피자를 주문하게 될 것이다.

48 정답 ①

- A 문구점은 맨 왼쪽에 있다.
- 대형 문구점은 A 문구점과 접해 있지 않다.
- 팩스를 보낼 수 있는 문구점은 중형 문구점의 바로 오른쪽에 있다.

A 문구점		
중형	소형	대형
	팩스	

또는

A 문구점		
소형	중형	대형
		팩스

- 소형 문구점에서는 코팅을 할 수 있다.
- C 문구점에서는 복사를 할 수 있다.

A 문구점	C 문구점	B 문구점
소형	중형	대형
코팅	복사	팩스

49 정답 ⑤

- 맨 오른쪽 우리의 애완동물은 빨간 리본을 달고 있다.

			빨간 리본

- 페럿은 기니피그의 바로 오른쪽에 있다.
- 미니 토끼는 파란 리본을 달고 있다.
- 미니 돼지는 초록 리본을 달고 있다.

미니 토끼	미니 돼지	기니피그	페럿
파란 리본	초록 리본		빨간 리본

또는

미니 돼지	미니 토끼	기니피그	페럿
초록 리본	파란 리본		빨간 리본

- 파란 리본을 단 애완동물은 노란 리본을 단 애완동물의 바로 왼쪽에 있다.

미니 돼지	미니 토끼	기니피그	페럿
초록 리본	파란 리본	노란 리본	빨간 리본

50 정답 ④

- B 선물세트는 맨 가운데에 놓여있고, 굴비가 들어 있는 선물세트는 맨 왼쪽에 놓여 있다.

		B 선물세트		
굴비				

- D 선물세트의 바로 왼쪽에는 E 선물세트가 놓여 있다.

E 선물세트	D 선물세트	B 선물세트		
굴비				

		B 선물세트	E 선물세트	D 선물세트
굴비				

- E 선물세트에는 홍삼이 들어 있다.

A 선물세트	C 선물세트	B 선물세트	E 선물세트	D 선물세트
굴비			홍삼	

- C 선물세트에 굴비는 들어 있지 않다.

A 선물세트	C 선물세트	B 선물세트	E 선물세트	D 선물세트
굴비			홍삼	

- 한우가 들어 있는 선물세트의 바로 오른쪽 선물세트에는 한과가 들어 있다.

A 선물세트	C 선물세트	B 선물세트	E 선물세트	D 선물세트
굴비	한우	한과	홍삼	곶감

51 정답 ①

먼저, 세 번째와 다섯 번째 조건에서 세찬이는 회사원이고 윤하는 교사라는 것을 알 수 있다. 그런데, 첫 번째 조건에서 영희는 가수도 의사도 아니라고 했으므로, 영희는 공무원이 된다는 것을 알 수 있다.

다음으로, 영희와 세찬, 윤하가 각각 공무원, 회사원, 교사이므로 찬영이의 직업은 가수나 의사 중 하나이다. 그런데 네 번째 조건에서 찬영이는 가수가 아니라고 했으므로 찬영이의 직업은 의사가 된다. 따라서 은희의 직업은 가수가 된다.

구분	가수	공무원	교사	의사	회사원
영희	×	○	×	×	×
은희	○	×	×	×	×
세찬	×	×	×	×	○
찬영	×	×	×	○	×
윤하	×	×	○	×	×

52 정답 ①

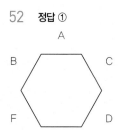

A
B   C
F   D
E

53 정답 ④

• 맨 왼쪽 사람은 검은 정장을 입었다.

검은 정장		

• 철수는 소미의 바로 오른쪽에 있다.

소미	철수	
검은 정장		

또는

	소미	철수
검은 정장		

• 민철이는 회색 정장을 입었다.

소미	철수	민철
검은 정장	파란 정장	회색 정장

54 정답 ⑤

• 미영은 양준이의 바로 왼쪽에 서 있다.
• 미영은 운동화를 신고 있다.

미영	양준	
운동화		

또는

	미영	양준
	운동화	

• 샌들을 신은 학생은 슬리퍼를 신은 학생의 바로 오른쪽에 서 있다.

미영	양준	
운동화	슬리퍼	샌들

• 현민이 입고 있는 티셔츠는 줄무늬가 아니다.
• 줄무늬 티셔츠를 입은 학생과 단색 티셔츠를 입은 학생은 서로 떨어져 있다.

미영	양준	현민
운동화	슬리퍼	샌들
줄무늬	체크무늬	단색

55 정답 ⑤

제시된 A~E의 진술 중 B가 거짓일 때 모순이 생기지 않는다. B를 제외한 나머지가 참이라고 할 때 학생 일곱 명의 몸무게를 모두 비교하면 '영희>진욱>효진=성민>승하>윤아>선영'이다. 따라서 효진이보다 무거운 학생은 영희, 진욱이다.

56 정답 ④

위 조건에 따르면, 노란색 컵에는 주스가 있다.

컵	빨간색	갈색	검정색	노란색	파란색
내용물	포도주	물	맥주	주스	비어있음

57 정답 ②

구분	부산	대구	강릉	제주도
해찬	×	×	×	○
영호	×	○	×	×
진수	○	×	×	×
민규	×	×	○	×

58 정답 ①

B의 말이 거짓이 되기 위해서는 (앞면 – 음), (뒷면 – 해)인 카드를 찾아야 한다. 앞면으로 음이 쓰여 있는 10장의 카드와 뒷면으로 해가 쓰여 있는 3장의 카드를 모두 뒤집어 보아야 이를 알 수 있지만 A가 1만 원을 내고 처음 확인했을 때 (앞면 – 음), (뒷면 – 해)인 카드를 찾을 가능성도 있다.

오답해설

ⓒ ㉠에서의 경우와 같이 1장씩만 뒤집어 (앞면 – 음), (뒷면 – 해)인 카드를 찾는다면 B의 말이 거짓임을 알 수 있지만 10장의 카드를 모두 뒤집어도 B의 말이 참이라고 확신할 수는 없다. 따라서 뒷면이 해인 3장의 카드를 모두 뒤집어 앞면이 음이 아님을 확인해야 하므로 12만원을 초과하기 전에 진위를 반드시 확인할 수 있는 것은 아니다.

ⓒ B의 말이 사실이라면 (앞면 – 음), (뒷면 – 달)이거나 (앞면 – 양), (뒷면 – 달)인 카드를 찾아야 한다. 그렇기 때문에 A가 확인해야 할 카드는 13장뿐이므로 A는 최대 13만 원이면 진위

를 판단할 수 있다. 진위를 확인하기 위해서는 앞면으로 음이 쓰여 있는 10장의 카드와 뒷면으로 해가 쓰여 있는 3장의 카드를 모두 뒤집어 보아야 한다. 나머지 양이 쓰여 있는 앞면 카드 2장과 달이 쓰여 있는 5장의 카드는 B의 말에 대한 진위를 판단하는 데 있어서 고려할 필요가 없다.

59 정답 ③

제시문의 내용을 정리해보면 다음과 같은 결론을 얻을 수 있다.

- 결론1 : 재준은 A+, A, B 중 한 등급
- 결론2 : A+면 45세 이상 → 45세 이상 아니면 A+아님(∵ 대우)
- 결론3 : 35세 이상이면 A 또는 자녀 없음 → A가 아니고 자녀가 있으면 35세 미만(∵ 대우)
- 결론4 : A면 이직 경력 없음 → 이직 경력 있으면 A아님(∵ 대우)
- 결론5 : B면 대출 받았음 → 대출 받지 않았으면 B 아님(∵ 대우)
- 결론6 : 무주택 사원은 대출 안 받음 → 대출 받았으면 무주택 사원 아님(∵ 대우)

결론을 종합하여 재준의 상황을 추론하면,

- 재준은 35세 미만(∵ 결론3)
- 재준은 A+, A 평가 아님(∵ 결론 2, 4) → 갑은 B등급을 받음
- 재준은 주택을 소유(∵ 결론 5, 6)

그러므로 재준은 35세 미만이고, 주택을 소유하고 있다.

① 35세 미만이면 B등급을 받았으므로 대출을 받고, 대출을 받았다면 무주택 사원이 아니다.

②, ④ 재준은 A가 아니고 자녀가 있으므로 35세 미만이다.

⑤ 45세 이상이 아니라면 A 또는 B등급을 받는데 갑은 이직 경력이 있으므로 B등급을 받고 B등급일 경우 대출을 받았으므로 무주택 사원이 아니다.

60 정답 ④

㉠에 따르면 피부과는 A이다. ㉢에 따르면 분식점은 D, E, F 중 하나이고 고깃집도 D, E, F 중 하나이다. ㉡에 따르면 분식점은 D, F 중 하나이고 고깃집도 D, F 중 하나이다. ㉠, ㉡, ㉢에 따라 미용실은 B임을 알 수 있다. ㉣에 따르면 PC방은 C이다. 그러므로 마지막으로 남은 카페는 E이다.

61 정답 ⑤

B와 C가 서로 상반된 진술을 하고 있어 어느 한쪽이 참이면 다른 한쪽은 거짓이 된다. B의 진술이 참일 경우에 C의 진술은 거짓이 되며 B의 진술과 A, C, D, E의 진술을 종합하면 결국 C와 E가 용의자가 되는데, 용의자는 한 명이므로 B의 진술이 참인 조건은 성립할 수 없다. 반대로 B의 진술이 거짓일 경우에는 C의 진술은 참이 되며 B가 한 진술은 거짓 진술이 되기 때문에 범인은 스스로

훔쳤다고 진술한 E가 된다.

62 정답 ④

A는 B, C를 야근을 하지 않고 집으로 간 사람이라 보고했고, D는 C가 야근을 하지 않고 집으로 갔다고 보고했다. A의 보고가 사실이면 D의 보고는 거짓일 수 없기 때문에 A와 D의 보고가 모두 사실일 경우와 A와 D의 보고가 모두 거짓인 경우로 나뉜다. A, D의 보고가 사실이면 B, C의 보고가 거짓이 되며 나머지는 사실을 말해야 하지만 E의 보고가 거짓이 되기 때문에 조건을 충족하지 못한다. A, D의 보고가 거짓일 경우에는 A, D가 야근을 하지 않은 사원이 되며 나머지 사원은 사실을 보고한 것이 된다.

63 정답 ②

한 명만 거짓말을 하고 있으므로 네 명은 사실을 말할 수밖에 없다. 즉, 거짓말을 하는 사람이 한 명인 경우를 찾으면 된다. 주미, 민지, 수아 등 순서가 명확한 조건을 먼저 대입하면 '주원 → 주미 → 민지'순이다. 남은 주원이 한 말을 대입하면 '주원 → 주미 → 민지 → 은희→ 수아'가 되지만, 은희가 한 말을 대입하면 '주원 → 주미 → 은희 → 민지 → 수아'가 되어 주원 및 민지가 한 말과 모순이 생기게 된다. 그러므로 거짓말을 한 사람은 은희가 된다.

64 정답 ④

조건에 따라 순서를 정하면 'E－A－D'와 'C－B－D'순이 된다. 여기서 C가 A보다 늦게 들어왔다고 했으므로 'E－A－C－B－D'순으로 들어왔다.

65 정답 ②

민혁이 수현하고 민지를 지목해 두 사람이 같이 코인 노래방으로 가는 걸 봤다고 말했고, 수아는 은희가 도서관에서 공부하는 모습을 본 적이 없다고 말했다. 이는 민혁, 수아의 말이 사실일 경우와 민혁의 말이 거짓말이고 수아의 말이 사실일 경우, 민혁의 말이 사실이고 수아의 말이 거짓일 경우, 민혁, 수아의 말이 모두 거짓말일 경우 총 네 가지로 나눌 수 있다.

㉠ 민혁, 수아의 말이 모두 사실일 경우 : 민혁과 수아의 말이 사실이라면 은희와 수현의 말이 거짓이 되지만 민지의 말도 거짓말이 되기 때문에 두 사람이 받는 벌칙이 성립할 수 없다.

㉡ 민혁이 한 말이 거짓말, 수아가 한 말이 사실일 경우 : 수현이 한 말이 사실이 되고 은희가 하는 말은 거짓말이 되고 민지, 민혁의 말도 거짓이 되어 두 사람이 받는 벌칙이 성립할 수 없다.

㉢ 민혁이 한 말이 사실, 수아가 한 말이 거짓일 경우 : 은희가 한 말이 사실이 되고, 수현, 민지가 하는 말은 거짓이 되지만 수아의 말도 거짓이기 때문에 두 사람이 받는 법칙이 성립할 수 없다.

ⓔ 민혁, 수아의 말이 모두 거짓말일 경우 : 민혁, 수아는 거짓말을 했고, 나머지는 진실을 말한 것이기 때문에 민혁, 수아가 벌칙을 수행하게 된다.

66 정답 ②
병이 생일날 받은 선물의 수 :
$$\frac{7(갑이 받은 선물 수)+11(을이 받은 선물 수)}{2}=9(개)$$
병이 생일날 받은 선물의 수는 9개로 10개 미만이므로 B의 말만 옳다.

67 정답 ①
세 사람의 인사고과 점수를 정리하면
K씨의 점수+15(점)=L씨의 점수
K씨의 점수+5(점)=P씨의 점수
이를 통해서 L씨, P씨, K씨 순서로 인사고과 점수가 높음을 알 수 있다.
따라서 A의 말만 옳다.

68 정답 ②
조건 세 가지를 적용하면 배드민턴부에는 주원과 은희가 들어가고, 야구부에는 정원이, 수아는 배구부에 들어간다. 따라서 야구부에는 정원과 민지 또는 정원과 주미가 들어갈 수 있고, 배구부에는 수아와 민지 또는 수아와 주미가 들어갈 수 있다. 결국 정원은 민지와 반드시 같은 동아리에 들어가는 것은 아니다.

① 동아리마다 최대 두 명이 들어갈 수 있으며 주원과 은희는 같은 동아리에 들어가야 한다. 다른 동아리에는 이미 한 명씩 들어가 있기 때문에 들어갈 수 있는 동아리는 배드민턴부 밖에 없다.
③, ④ 정원과 수아가 각각 한 명씩 들어가 있는 상태인데, 동아리에 들어갈 수 있는 최대 정원은 두 명이기 때문에 주미와 민지는 같은 동아리에 들어갈 수 없다.
⑤ 정원이 있는 야구부에 민지가 들어가면 남은 주미는 수아가 있는 배구부에 들어가게 된다.

69 정답 ④
조건을 적용해 주원은 C공정에서 근무하며 수아는 B또는 D공정에서 근무하고, 은희는 A또는 E공정에서 근무하게 된다. 결론은 은희가 E공정에서 근무하게 되면 주미는 A, B, D공정에서 근무하게 되므로 A공정에서만 근무하는 것이 아니다.

① 조건에서 수아는 주원의 옆 공정에서 근무하게 되어있으므로 B공정 또는 D공정에서 근무할 수밖에 없다.
② 은희는 양 끝에 있는 공정, A공정 또는 E공정에서 근무할 수밖에 없다.
③ 주미가 B공정에서 근무하면 D공정에는 수아가 근무하게 되고, 민지는 은희가 근무하는 공정에서 남은 공정에서 근무하게 되므로 A 또는 E공정에서 근무한다.
⑤ A공정을 은희가, B공정을 수아가 근무하면 남은 공정은 D공정과 E공정이 되므로 주미는 민지의 옆 공정에서 근무할 수 있다.

70 정답 ①
주어진 조건대로 학생들의 짝을 배치하면 다음과 같다.

철수	준호	광훈	영수
진숙	명숙	혜진	영희

그러므로 짝의 배치가 알맞은 것은 ①의 철수 – 진숙이다.

71 정답 ④

구분	보안요원	근무장소	근무시간
5층	민지	게임 코너	주말저녁
4층	주원	의류 코너	평일오전
3층	수아	가구 코너	주말점심
2층	은희	명품 코너	평일점심
1층	주미	식품 코너	평일저녁

ⓔ에서 주미는 1층에서 근무하고 있으며 출근시간은 평일 저녁이다. ⓑ에서 은희는 평일 저녁에 출근하는 사원과 인접한 층에서 근무한다 했으므로 은희는 2층에서 근무한다. 3층은 ⓐ에서 가운데층에 근무하는 수아가 되고, 민지는 수아와 인접한 층에서 근무하지 않으므로 5층이 된다. 따라서 주원은 남은 층인 4층에서 근무하고 있다.

72 정답 ①
ⓔ에서 주미의 출근시간은 평일 저녁이다. ⓑ에서 은희가 2층이라는 사실을 알 수 있고, ⓓ에서 평일 저녁 근무자는 평일 점심에 출근하는 사원과 인접한 층에 있다고 했으므로 은희는 평일 점심에 출근하고 있다. ⓐ으로 3층에 수아가 근무하고 있음을 알 수 있으며 ⓒ에서 주말 점심에 출근하는 사원과 인접한 층에서 근무하고 있다고 했으므로 수아가 주말 점심에 출근하고 있다.

73 정답 ⑤

ⓒ에서 은희는 주말 점심에 가구 코너로 출근하는 사람과 인접한 층에서 근무하고 있으므로 3층에서 근무하는 수아는 가구 코너에서 근무하고 있다.

74 정답 ③

수아는 3층에서 근무하고 있으며 평일 저녁에 출근하는 사람과 인접한 층에서 근무하는 사원은 은희이다.

① 수아는 3층 은희는 2층에서 근무하고 있다.
② ⓒ, ⓐ을 통해 민지는 수아와 인접하지 않고 5층에서 근무하며 평일 오전에 출근하는 사원과 인접해 있다고 했으므로 4층인 주원의 출근시간은 평일 오전이 된다.
④ 1층에서 근무하는 사원이 주미이며 평일 저녁에 출근한다는 조건과 ⓒ을 통해 은희가 평일 점심에 근무한다는 사실을 알 수 있다.
⑤ 평일 오전에 근무하는 주원은 ㉠을 통해 의류 코너에서 근무한다는 사실을 알 수 있다.

75 정답 ②

은희	주미	주원
장려상	최우수상	우수상
손목시계	안경	구두

조건 ⓒ에서 주원은 맨 오른쪽에 앉아 있다고 했을 때, ⓒ에서 은희는 장려상을 들고 있으며 안경을 쓰고 있지 않고 있다. ⓒ에서는 안경을 쓴 학생이며 오른쪽에는 구두를 신고 있으므로 주미라는 것을 유추할 수 있다. 주미는 가운데 자리에 앉아 있으며 왼쪽에는 은희가 있고, 오른쪽에는 구두를 신은 주원이 앉아 있다. ⓒ에서 오른쪽에 있는 주원이 구두를 신고 있다 했으며 주미는 손목시계를 착용하지 않기 때문에 은희가 손목시계를 착용하고 있다.

76 정답 ①

주원은 오른쪽에 앉아 있고, 주원의 왼쪽에 앉은 주미가 최우수상을 받았다는 결론을 도출해낼 수 있다.

77 정답 ⑤

구분	명희	영희	선희	현희	명수
청소기 돌리기	×	○	×	×	×
물걸레질	×	×	○	×	×
쓰레기 처리	○	×	×	×	×
욕실청소	×	×	×	○	×
베란다청소	×	×	×	×	○

78 정답 ②

구분	수희	철규	정화	영민	민우
포도 맛	×	×	×	○	×
딸기 맛	×	○	×	×	×
오렌지 맛	×	×	○	×	×
블루베리 맛	×	×	×	×	○
체리 맛	○	×	×	×	×

79 정답 ②

광명이의 진술에 의하면 금요일과 토요일에는 시험을 보지 않으며, 치수의 진술에 의하면 화요일에도 시험을 보지 않는다. 또한 형규와 미영, 영희의 진술을 종합해 볼 때 시험은 월요일과 목요일에 보며, 수요일에는 시험을 보지 않는다는 것을 추론할 수 있다.

80 정답 ②

여섯 명의 학생들은 왼쪽에서부터 경철, 현숙, 정수, 민서, 병국, 영민이의 순으로 앉아 있으며, 진술 C는 거짓이다. 따라서 정수의 바로 왼쪽에 앉은 사람은 현숙이다.

81 정답 ①

제시된 〈원칙〉을 통해 알 수 있는 사실은 X의 확률이 Y의 확률보다 낮다면, 담고 있는 정보의 양은 X가 Y보다 많다는 것이다. 'ㄱ'의 경우와 같이 주사위를 던져 3이 나올 확률(X의 확률)은 동전을 던질 때 앞면이 나올 확률(Y의 확률)보다 낮다. 따라서 "정상적인 주사위를 던질 때 3이 나올 것이다"는 "정상적인 동전을 던질 때 앞면이 나올 것이다"보다 더 많은 정보를 담고 있다(X가 담고 있는 정보의 양이 Y가 담고 있는 정보의 양보다 더 많다). 따라서 'ㄱ'은 원칙을 바르게 적용한 것이다.

ㄴ. "월성 원자력 발전소에 문제가 생기거나 고리 원자력 발전소에 문제가 생긴다"는 "월성 원자력 발전소에 문제가 생긴다"보다 확률이 높으므로, 더 많은 정보를 담고 있는 것이 아니다. 따라서 'ㄴ'은 제시된 원칙을 바르게 적용한 것이 아니다.

ㄷ. 앞의 내용이 더 많은 정보를 담고 있으므로, 옳지 않다.

82   정답 ①

주어진 조건을 표로 만들면 다음과 같다.

구분	A	B	C	D	E
민형	×	×	×	○	×
재현	×	×	○	×	×
윤오	×	○	×	×	×
진수	○	×	×	×	×
정우	×	×	×	×	○

따라서 진수가 가진 상자는 A다.

83   정답 ②

E가 참여하지 못하므로, 조건2에 의해 D는 반드시 참석해야 한다. D가 참석한다면 조건3에 의해 C도 참석해야 한다. 조건4에 의해 B가 참석하지 않는 경우 F도 참석할 수 없으므로, 이 경우 최대 참석자는 3명(A, C, D)이 되어 문제의 조건에 맞지 않는다. 따라서 B가 참석해야 한다. B가 참석하는 경우 조건1에 의해 A는 참석할 수 없다. 문제에서 4명으로 팀을 꾸릴 수 있는 경우를 묻고 있으므로 F도 참석해야 한다. 따라서 위의 조건을 모두 만족하면서 4명으로 팀을 구성할 수 있는 것은 'B, C, D, F'가 참석하는 한 가지 경우뿐이다.

84   정답 ③

갑은 E에 가입해야 하므로 ㄷ에 따라 B에는 가입하지 않는다. ㄱ의 대우인 'B에 가입하지 않으면 A에 가입하지 않는다.'도 참이 되므로, A에도 가입하지 않는다. A에 가입하지 않으므로, ㅁ에 따라 F, G에 가입해야 한다. ㄹ의 대우 'F에 가입하면 D에는 가입하지 않는다.'도 참이 되므로, 갑은 D에 가입하지 않게 된다. 따라서 ㄴ에 따라 갑은 C에 가입해야 한다. 따라서 ③이 옳다.

85   정답 ③

두 번째 조건에서 연이와 서경 중 한 사람만 승진하였다고 했고, 세 번째 조건에서 적어도 두 명이 승진하였다고 했으므로 지수와 서준 중 한 사람 이상이 승진해야 한다. 그런데 첫 번째 조건에서 지수와 서준은 함께 승진한다고 했으므로 지수와 서준은 모두 승진하였다. 따라서 A와 B의 말은 모두 옳다.

86   정답 ①

최저 합격 점수를 x라고 하면,

30명의 평균 : $(x+6)$

합격자의 평균 : $(x+30)$

불합격자의 평균 :

$30(x+6)=20(x+30)+10$

$30x+180=20x+600+5x+10$

$30x-20x-5x=600+10-180$

$5x=430$

$\therefore x=86(점)$

01 자료분석1

01 ①	02 ②	03 ④	04 ③	05 ③	06 ①	07 ①	08 ③	09 ②	10 ④
11 ②	12 ③	13 ④	14 ①	15 ③	16 ⑤	17 ④	18 ④	19 ⑤	20 ①
21 ④	22 ②	23 ④	24 ③	25 ②	26 ④	27 ③	28 ②	29 ④	30 ②
31 ①	32 ②	33 ②	34 ④	35 ④	36 ③	37 ⑤	38 ②	39 ⑤	40 ②
41 ③	42 ③	43 ④	44 ④	45 ②	46 ⑤	47 ④	48 ③	49 ①	50 ④
51 ③									

01 정답 ①

A씨는 현재 계층이 10년 전 계층보다 높으므로 세대 내 이동을
하였고, 부모의 계층보다 본인의 계층이 높으므로 세대 간 이동을
하였다.

②, ⑤ B씨는 계층 상승을 하였으므로 중층이나 상층일 가능성이
있다. 그런데 현재 계층이 부모의 계층보다 낮으므로 B씨의 현
재 계층은 중층이다.
③ C씨의 계층이 부모의 계층보다 높으므로 부모의 계층은 중층
이거나 하층일 수 있다.
④ D씨는 세대 내 하강 이동을 통해 현재 계층이 부모의 계층과
같아졌다. 이는 10년 전 D씨의 계층이 부모의 계층보다 높았
음을 의미하므로 D씨는 세대 간 이동을 경험하였다.

02 정답 ②

조건에 제시된 내용에 따라 표를 작성하면 다음과 같다.

광고 모델	1년 계약 금(만원)	1회당 광고효과	1년 광고비 (만원)	1년 광고 횟수	총 광고 효과
A	1,000	200	2,000	$\frac{2,000}{20}$	20,000
B	600	160	2,400	$\frac{2,400}{20}$	19,200
C	700	170	2,300	$\frac{2,300}{20}$	19,550
D	800	190	2,200	$\frac{2,200}{20}$	20,900
E	1,200	220	1,800	$\frac{1,800}{20}$	19,800

정 사원 : 1회당 광고효과가 200만원이 넘는 사람이 없어.
　　　　→ 1회당 광고효과가 200만원이 넘는 사람 : A E
김 대리 : 1년 광고 횟수로 따지면 B가 발탁되겠는데?
　　　　→ 1년 광고 횟수가 가장 높은 사람은 B(120)이다.
최 주임 : 1년 광고비는 A가 제일 낮은 것 같네.
　　　　→ 1년 광고비가 가장 낮은 사람은 E(1,800)이다.

03 정답 ④

위의 표를 참고하면 총 광고효과가 가장 높아 최종 발탁되는 사람
은 'D'이다.

04 정답 ③

각 팀의 총 누적승점을 구하면 다음과 같다.
• A : 79
• B : 63
• C : 42
• D : 89
• E : 65
• F : 89
그러므로 총 누적승점이 가장 높은 팀은 D와 F이다.

05 정답 ③

A장관은 네팔어만 사용하며 F장관은 에스파냐어만 사용한다. 통
역관 중에서 A장관이 사용하는 네팔어를 할 수 있는 통역관은
'을' 한 명뿐이므로, '을'은 반드시 필요하다. 또한 '을'은 영어를 할
수 있으므로, 통역을 위해서는 역시 영어를 할 수 있는 통역관 '정'
이 필요하다. '정'은 한국어를 할 수 있으므로, 한국어로 '병'에게
전달하면, 병은 에스파냐어를 통해 F장관에게 전달할 수 있다. 따
라서 A장관이 F장관과 의사소통을 하기 위해서는 최소한 3명(을,
정, 병)의 통역관이 필요하다.

06 정답 ①

㉠ A장관은 네팔어만 할 수 있고 B장관은 영어만 할 수 있으므로, 영어와 네팔어를 통역할 수 있는 '을'만 있으면 의사소통이 가능하다. 따라서 ㉠은 옳다.

㉡ H장관은 한국어만을 이용하며 통역관 '정'은 한국어와 영어, 스와힐리어를 사용하므로, 통역관이 '정'밖에 없다면 H장관은 최대 B, E, G 3명의 장관과 의사소통을 할 수 있다. 따라서 ㉡도 옳다.

07 정답 ①

A의 종전자산 평가액이 10억 원이므로 이주비 보증을 받을 수 있는 한도는 10억 원의 60%인 6억 원이며 보증료를 계산하면,

$600,000,000 \times \frac{0.45}{100} \times \frac{100}{365} = 34,205.47 \cdots \fallingdotseq 345,000(원)$

08 정답 ③

각 조합의 보증료를 계산해보면

A는 $20,000,000,000 \times \frac{0.45}{100} \times \frac{100}{365} = 24,657,534.24 \cdots \fallingdotseq 2,466(만 원)$

B는 $50,000,000,000 \times \frac{0.62}{100} \times \frac{365}{365} = 31,000,000 = 3,100(만 원)$

C는 $10,000,000,000 \times \frac{0.92}{100} \times \frac{100}{365} = 25,205,479.45 \cdots \fallingdotseq 2,521(만 원)$

따라서 보증료가 높은 순서대로 나열하면 B − C − A이다.

09 정답 ②

① 최 부장과 박 부장을 제외한 나머지 팀원들이 모두 회원권이 있다면 금요일에 최 부장과 박 부장은 테이블석에서, 나머지 팀원들은 레드석에서 볼 때 총 122,000원이 든다.
→ 최 부장, 박 부장 : 40,000원×2=80,000원
나머지 6명 : 7,000원×6=42,000원
따라서 총 122,000원이다.

② 이 대리는 프로야구를 연간 12회씩 3년 동안 주중에 옐로우석에서 관람한다고 하면, 회원권 가입 후 관람하는 것이 더 저렴하다.
→ 3년 동안 총 36회를 관람, 옐로우석
• 회원권이 없을 때 : 9000원×36=324,000원
• 회원권이 있을 때 : 120,000원(가입비)+(6,000원×36)=336,000원
따라서 회원권 가입 후 구매하는 것이 12,000원이 더 비싸다.

③ 사원 C씨는 지난 달 주중에 프리미엄석으로 4회 관람하였고, 김 대리는 회원권을 가입해 주말과 공휴일에 블루석으로 6회 관람하였을 때, 김 대리가 구매한 것이 더 저렴하다.

→ 사원 C씨 : 70,000원×4=280,000원
김 대리 : 120,000(가입비)+(12,000×6)=192,000원
따라서 김 대리가 구매한 것이 88,000원 더 저렴하다.

④ 연간 8회씩 프로야구를 주말에 레드석에서 관람하는 하대리가 회원권 가입비 50% 할인 이벤트로 가입을 했을 때, 처음 1년 동안은 손해를 보게 된다.
→ 회원권 가입비가 60,000원, 연간 8회 관람, 처음 1년
• 회원권이 없을 때 : 12,000원×8=96,000원
• 회원권이 있을 때 : 60,000원(가입비 50%)+(9,000원×8)=132,000원
따라서 가입 후 처음 1년 동안은 36,000원 손해를 보게 된다.

⑤ 최 부장과 박 부장을 제외한 나머지 팀원들이 모두 회원권이 있다면 금요일에 최 부장과 박 부장은 테이블석에서, 나머지 팀원들은 레드석에서 볼 때 최 부장, 박 부장과 팀원들의 가격 차이는 38,000원이다.
→ 최 부장, 박 부장 : 40,000원×2=80,000원
나머지 6명 : 7,000원×6=42,000원
80,000원 − 42,000원=38,000원
따라서 최 부장, 박 부장과 팀원들의 가격 차이는 38,000원이다.

10 정답 ④

연간 x회 관람한다고 하면
• 회원권이 없을 때 : $1,2000 \times x = 12,000x$
• 회원권이 있을 때 : 120,000원×(1 − 0.3)(가입비)+(9,000원×x)$=84,000+9,000x$

따라서 이익을 보기 위해서는 $12,000x > 84,000 + 9,000x$이어야 한다.

계산해보면 $12x > 84 + 9x$, $3x > 84$, $x > 28$이다. 그러므로 1년간 29회 이상 관람을 하면 이익이 생긴다.

11 정답 ②

3월 기준 청년 고용지표에 의하면 실업자 수가 가장 적은 연도는 445,000명인 2017년이다. 2021년은 480,000명으로 2017년 다음으로 실업자 수가 가장 적다.

12 정답 ③

2019년은 12월 기준으로 3월에 비해 실업자 수가 489,000명에서 430,000명으로 59,000명이 감소했고, 2017년은 445,000명에서 389,000명으로 56,000명이 감소했다. 그러므로 2019년은 3월에 비해 실업자 수의 감소가 2017년보다 크다.

13 정답 ④

총점이 1,000점이므로, 각 구성별 만점은 학업성적이 400점, 직무적성시험이 500점, 면접이 100점이 된다. 학업성적은 한 등급마다 20점 차이가 나며, 직무적성시험성적은 50점 차이가 난다. 이를 토대로 '소미'의 성적을 살펴보면 다음과 같다.

- 학업성적 : 340점
- 직무적성시험성적 : 400점
- 면접점수 : 85점(85점×0.2)=102점 → 100점이 초과되므로 100점으로 함

따라서 '소미'의 총점은 840점이 된다.

14 정답 ①

㉠에서 스웨덴과 이탈리아의 국가별 자발적 분담금 총액 증가액이 다른 국가들에 비해 낮다고 했으므로, [표1]에 따라 스웨덴과 이탈리아는 D 또는 E국 중의 하나가 된다. ㉡에서 노르웨이와 영국은 2018년 대비 2019년 국가별 자발적 분담금 총액 증가율이 다른 국가들에 비해 높다고 했으므로, 노르웨이와 영국은 B 또는 C국 중의 하나가 된다. ㉢에서 노르웨이와 스웨덴의 1인당 자발적 분담금은 다른 국가들에 비해 많다고 했으므로, 노르웨이와 스웨덴은 C 또는 D국 중의 하나가 된다.

위의 결과를 종합하면, C국은 노르웨이, D국은 스웨덴, B국은 영국, E국은 이탈리아가 되며, 나머지 A국은 스페인이 되므로, ①이 적절하다.

문제해결 영역을 위한 노하우

- 문제해결 영역은 이름 그대로 자료를 얼마나 빠르고 정확하게 해결할 수 있는가에 중점을 두고 있으므로, 선택지 중에는 계산 과정 없이도 걸러낼 수 있는 오답이 상당수 포함되어 있으므로 오답부터 제거하면 문제풀이 시간을 줄일 수 있다.
- 문제해결 문제를 해결하기 위해서는 대부분 추론 과정을 거쳐야 하는데, 이는 어디까지나 주어진 자료 내에서의 추론이어야 하며, 자의적으로 판단해서는 안 된다.
- 지시문과 선택지를 먼저 파악할 경우 풀이 시간을 줄일 수 있는 문제들이 상당수 존재한다. 지시문과 선택지를 읽어 그 문제를 통해 구해야 하는 것이 무엇인지 확인한 후, 주어진 자료를 훑어보면서 필요 항목에 체크하며 문제를 풀어 나가야 한다.
- 새로운 용어, 지수의 정의가 있는 경우에는 지문을 읽기 전에 이것부터 확인한다. 같은 순서의 계산이 반복되는 비교문제의 경우 먼저 식을 깔끔하게 나열하고 시작하면 시간을 단축할 수 있다.
- 표가 여러 개 있는 경우 각 표의 제목을 먼저 확인하고 표 안의 단위를 잘 살핀다.

15 정답 ③

구분	남자비율(%)	여자비율(%)
농업	$\frac{250}{400}×100=62.5$	$\frac{150}{400}×100=37.5$
어업	35	65
광업	83.3	16.7
제조업	45.5	54.5
건설업	85.7	14.3
도매업	65	35
숙박업	20	80

㉠ 표에 따르면 여성고용비율이 가장 높은 산업은 숙박업이다.

㉣ 제조업+건설업=900+150=1,050

$\frac{1,050}{2,000}×100=52.5(\%)$

16 정답 ⑤

3분기 판매량 : $\frac{140}{400}×100=35(\%)$

3분기 판매액 : $\frac{160}{520}×100≒31(\%)$

따라서 전체의 $\frac{1}{3}$을 넘지 못했다.

① 1분기부터 3분기까지 판매액 합계 상위 2개 제품은 A와 C이다.

1분기부터 3분기까지의 판매액을 구하면 다음과 같다.

A : 65+120+160=345, B : 70+60+130=260

C : 75+120+130=325, D : 65+60+100=225

② 2분기에 전 분기 대비 판매량, 판매액 모두 증가한 제품은 A뿐이다.

구분	판매량			판매액		
	1분기	2분기		1분기	2분기	
A	70	100	+30	65	120	+55
B	55	50	−5	70	60	−10
C	85	80	−5	75	120	+45
D	40	70	+30	65	60	−5

③ 평균 판매 단가는 (판매액÷판매량)이므로 분기별 판매 단가를 구하면

1분기 : 275÷250=1.1, 2분기 : 360÷300=1.2,

3분기 : 520÷400=1.3

④ B제품은 2분기에 판매량과 판매액이 일시 감소했으나 3분기에 회복되었다.

17 정답 ④
2010년의 출생코호트별 완결출산율은 1.32이다.
1.32×300=396(명)

18 정답 ④
완결출산율이므로 셋째아를 낳고 넷째아 이상을 낳은 경우도 살펴야 한다.
(0.072+0.006)×700=0.078×700=54.6(명). 소수점 이하는 반올림하므로 약 55명이 된다.

19 정답 ⑤
중위의 출생코호트별 완결출산율은 2000년 1.74, 2005년 1.43으로 1.74 − 1.43=0.31(명) 감소하였다.
따라서 $\frac{0.31}{1.74}×100≒17.816(\%)$ 감소하였다.

20 정답 ①
2005년 노인 인구의 성비 : $\frac{1,760}{2,623}×100≒67$(명)

21 정답 ④
1995년의 노년부양비는 8.3%이고 2005년의 노년부양비는 12.6%이므로,
∴ 12.6 − 8.3=4.3(%p)

22 정답 ②
각 자전거의 대여소마다 수요일 요금을 구해서 더하면 된다. 위표에서 수요일에 각 대여소의 요금은 A대여소 2,500(원), B대여소 2,800(원), C대여소 3,000(원), D대여소 2,600(원), E대여소 3,000(원)이므로 모두 더하면 13,900(원)이다.

23 정답 ④
각 자전거 대여소마다 요일별 시간당 요금을 구해서 더해야 한다. 총 대여료는 A가 26,500(원), B가 26,900(원), C가 26,800(원), D가 24,800(원), E가 29,500(원)이다. 따라서 D대여소가 가장 저렴하다.

24 정답 ③
오전 시간의 총 모집인원은 3+2+2+3+3=13, 오후 시간의 총 모집인원은 3+2+2+3+3=13으로 각각 13명이다.

25 정답 ②
아르바이트생 중에서 3/5 오전에 근무할 수 있는 사람은 A, B, E, G, H, J이다. 표2에 의하면, A는 3/5에 오전 시간에 근무할 수 있고, B는 종일 근무를 할 수 있으며, E도 종일 근무를 할 수 있다. G 역시 종일 근무를 할 수 있으며, H와 J는 오전 근무를 할 수 있다.

26 정답 ④
신청금액은 29,944(백만 원)이고 선정 금액은 5,000(백만 원)이므로,
∴ $\frac{5,000(백만 원)}{29,944(백만 원)}×100≒16.7(\%)$

27 정답 ③
3개 공장에서 생산하는 A음료수의 1일 생산량은 15,000+36,000+9,000=60,000(개)이고, (가)공장의 1일 생산량은 15,000(개)이므로 생산량 비율은 $\frac{15,000}{60,000}×100=25(\%)$이다.

28 정답 ②
각 공장이 B음료수 생산 비율을 구하면 다음과 같다.
(가)공장 : $\frac{22,500}{15,000+22,500+7,500}×100=50(\%)$
(나)공장 : $\frac{48,000}{36,000+48,000+18,000}×100≒47(\%)$
(다)공장 : $\frac{14,000}{9,000+14,000+5,000}×100=50(\%)$
∴ (나)공장의 생산 비율이 약 47%로 가장 낮다.

29 정답 ④
A의 경쟁률 : 933:601=1.6:1
B의 경쟁률 : 585:370=1.6:1
C의 경쟁률 : 792:269=2.9:1
D의 경쟁률 : 766:46=16.7:1

30 정답 ②
C의 합격자 수는 269명이고, 이 중 여성의 수는 131명이다.
∴ $\frac{131}{269}×100≒48.7(\%)$

31 정답 ①
제품의 탄소함유량은 계수×제품무게×제품 1g당 탄소함유량이므로 제품별 탄소함유량을 구하면 다음과 같다.
• A : 0.625×1,000×6.0=3,750mg, 3.75g

- B : 0.625×1,200×14.0=10,500mg, 10.5g
- C : 0.625×800×8.5=4,250mg, 4.25g
- D : 0.625×1,500×20.0=18,750mg, 18.75g

제품의 등급이 우수 이상이려면 탄소함유량(g)이 8미만이어야 한다. 그러므로 A와 C 제품이 해당되어서 2개이다.

32 정답 ②
2020년에 A역을 이용한 총 승객 수에서 30대가 차지하는 비율을 곱하면, 3,200,000명×0.25=800,000명이다.

33 정답 ②
C역을 이용한 30대 이상의 승객 수는 2,400,000×0.47(=0.18+0.17+0.12)=1,128,000(명)이며, B역을 이용한 30대 미만의 승객 수는 1,800,000×0.19(=0.03+0.16)=342,000(명)이다.
따라서 대략 1,128,000÷342,000≒3.3(배)이다.

34 정답 ④
2020년 B역의 이용 승객 중 비율이 가장 높았던 연령대는 40대이며, 그 비율은 38%이다. B역의 40대 이용 승객 수를 구하면 1,800,000×0.38=684,000(명)이다. 그리고 A역의 이용 승객 중 비율이 가장 낮았던 10대 이용 승객 수는 3,200,000×0.07=224,000(명)이다. 따라서 승객 수의 차이는 684,000 − 224,000=460,000(명)이다.

35 정답 ②
졸업성적과 면접점수를 합친 총점이 170점 이상인 지원자는 모두 44명이다. (아래 표의 밑줄 친 부분) 이 중에서 면접 점수가 80점 이상인 지원자는 면접점수가 70점인 5명을 제외한 39명이다.

면접점수 / 졸업성적	60점	70점	80점	90점	100점
100점	1	_5_	_4_	_6_	_1_
90점	3	4	_5_	_5_	_4_
80점	1	3	8	_7_	_5_
70점	4	5	7	5	_2_
60점	2	3	5	3	2

36 정답 ③
합산성적이 상위 25% 이내에 들어야 합격하게 되는데, 지원자가 100명이므로 합산성적이 높은 상위 25명이 합격자가 된다. (아래 표의 밑줄 친 부분)

(단위 : 명)

면접점수 / 졸업성적	60점	70점	80점	90점	100점
100점	1	5	_4_	_6_	_1_
90점	3	4	5	_5_	_4_
80점	1	3	8	7	_5_
70점	4	5	7	5	2
60점	2	3	5	3	2

합격자의 총점 평균은, $\dfrac{(200×1)+(190×10)+(480×14)}{25}=$ 184.8(점)이다. 소수점 이하는 무시하므로 184점이 합격자의 총점 평균이 된다.

37 정답 ⑤
영양사 충원율=$\dfrac{274}{286}×100≒95.8(\%)$

38 정답 ②
전체 급식 시행 학교 수는 286개이고, 총 급식인력은 1,195명으로 전체 급식 시행 학교에 대한 급식인력의 평균은
$$\dfrac{\text{급식인력 총계}}{\text{전체 급식 시행 학교 수}}=\dfrac{1,195}{286}=4.17832 \cdots$$
따라서 약 4명이다.

39 정답 ⑤
영국의 특허 등록 수는 43,181건, 연구원 수는 270,000명이므로 연구원 1인당 특허 등록 수는 $\dfrac{43,181}{270,000}≒0.16(건)$이다.

40 정답 ②
일본의 노동인구 천 명당 연구원 수가 8.0명이므로 노동인구 500명당 연구원 수를 x라 하면
1,000:8.0=500:x,
∴ x=4.0
따라서 일본의 노동인구 500명당 연구원 수는 4.0명이다.

41 정답 ③

GDP 대비 총 R&D 비용인 1.33%가 663,000,000달러이므로,

$\dfrac{663,000,000}{x}=0.0133$

$x=663,000,000 \div 0.0133$

$\therefore x ≒ 49,849,624,060$(달러)

42 정답 ③

A 시험에서 20점 미만을 받은 학생 : 2+3+4+8+7=24(명)

A 시험에서 20점 미만을 받은 학생들의 B 시험 점수 분포

0~9점 : 2+4=6(명)

10~19점 : 3+8=11(명)

20~29점 : 7(명)

그 중 모두가 최저점수(0점, 10점, 20점)를 받았을 경우의 평균은,

$\dfrac{0 \times 6 + 10 \times 11 + 20 \times 7}{24}=\dfrac{250}{24} ≒ 10.4$(점)

그 중 모두가 최고점수(9점, 19점, 29점)를 받았을 경우의 평균은,

$\dfrac{9 \times 6 + 19 \times 11 + 29 \times 7}{24}=\dfrac{466}{24} ≒ 19.4$(점)

43 정답 ④

2021년 노인인구의 진료비의 비중은 $\dfrac{271,357}{696,271} \times 100 ≒ 39\%$

노인인구의 약품비의 비중은 $\dfrac{64,966}{162,179} \times 100 ≒ 40.1\%$

44 정답 ④

2020년 노인인구 진료비의 비중은 $\dfrac{245,643}{646,623} \times 100 ≒ 38\%$이고,

2021년 진료비의 비중은 39%이므로 전년대비 약 1%p 증가하였다.

① 표 1에서 알 수 있다.

② 2019년 노인인구 약품비의 비중은 $\dfrac{53,864}{139,259} \times 100 ≒ 38.7\%$

이고, 2020년 노인인구 약품비의 비중은 $\dfrac{59,850}{152,905} \times 100 ≒$

39.1% 전년대비 약 0.4%p 증가하였다.

③ 2019년 노인인구 진료비의 비중은 $\dfrac{213,615}{580,170} \times 100 ≒ 36.8\%$이다.

⑤ 표 2에서 알 수 있다.

45 정답 ②

2021년 50세 이상 가구원 수를 모두 더하면 1,650이다. 2021년

전체 가구원 수가 3,080이므로, $\therefore \dfrac{1.65}{3.08} \times 100 ≒ 53.6(\%)$

46 정답 ⑤

2018년 65세 이상은 0.57%로 가장 많은 농가 가구원 수이다.

47 정답 ④

해외직접투자가 가장 많았던 달부터 순서대로 나열하면 9월 910,672(천 달러), 3월 727,834(천 달러), 5월 655,072(천 달러), 12월 640,651(천 달러), 11월 601,326(천 달러), 10월 572,495(천 달러), 8월 566,190(천 달러) 순이다.

쉬운 계산법

위와 같은 문제는 숫자가 낮은 달들은 제외하고 숫자가 높은 달들만 계산하는 것이 시간을 줄이는 방법이다. 1, 2, 4, 6, 7월은 제외하고 다른 달들을 계산한다. 그러나 무엇보다 빨리 계산하는 방법은 보기에 있는 달만 계산하는 것이 가장 빠르다.

48 정답 ③

2021년 2월에 550(천 달러)로 우리나라가 가장 낮은 해외직접투자를 한 곳부터 나열하면 중동 550(천 달러), 아프리카 4,587(천 달러), 중남미 7,304(천 달러), 대양주 12,924(천 달러), 북미 32,028(천 달러), 아시아 194,620(천 달러) 순이다.

쉬운 계산법

2021년 2월을 중심으로 숫자가 가장 낮은 곳을 찾으면 시간을 절약할 수 있다.

49 정답 ①

A국의 석유 소비 세계 점유율은 2012년에 6.2(%)로 가장 낮은 비율을 보인다.

50 정답 ④

2015년부터 2018년에 걸친 석유 생산량의 총량은 162.6+164.8+166.9+174.1=668.4(백만 톤)이다. 이 중, 2017년도의 석유 생산량이 차지하는 비율을 계산하면 $\dfrac{166.9}{668.4} \times 100 ≒ 25(\%)$이다.

51 정답 ③

$\dfrac{318,900,000,000}{246.6} ≒ 12.9$(억 명)

02 자료분석2

01 ③	02 ③	03 ②	04 ③	05 ①	06 ④	07 ③	08 ②	09 ⑤	10 ②
11 ④	12 ⑤	13 ①	14 ②	15 ②	16 ②	17 ⑤	18 ⑤	19 ②	20 ②
21 ②	22 ⑤	23 ①	24 ④	25 ④	26 ⑤	27 ⑤	28 ①	29 ⑤	30 ②
31 ③	32 ③	33 ①	34 ⑤	35 ②	36 ②	37 ⑤	38 ⑤	39 ④	40 ③
41 ①	42 ②	43 ⑤	44 ②	45 ⑤	46 ①	47 ⑤	48 ④		

01 정답 ③

아내의 총 양육활동 참여시간은 금요일에는 663분, 토요일에는 763분으로 금요일에 비해 토요일에 증가하였다.

 Tip

표 유형의 문제

㉠ 자료가 많은 문제 유형은 선택지를 먼저 보고 문제를 푸는 습관을 들이자, 바로 오답을 발견할 수 있기 때문에 풀이 속도가 빨라진다.

㉡ 온라인 시험으로 전환되면서 모니터 화면을 바라보기 때문에 집중력이 흐트러질 수 있다. 마우스 포인트를 적극적으로 활용해야 수치 등을 확인하는 데 도움이 되기 때문에 익숙해지는 것이 중요하다.

02 정답 ③

두 가지 질환을 동시에 앓지는 않는다고 했으므로 매립지 주변 거주민 중 환자의 비율은

$$\frac{(94+131+47+70+77+102+15+42)}{1,375} \times 100 ≒ 42(\%)이다.$$

03 정답 ②

2020년 가구당 총 지출액이 평균 2,000만 원이었고 이 중 교육비가 차지한 비율은 23%이므로 이 해의 가구당 교육비 지출액은 2,000×0.23=460(만 원)이다. 또한 2021년 가구당 총 지출액은 2,500만 원이므로 교육비 지출액은 2,500×0.29=725(만 원)이다. 따라서 2021년의 가구당 교육비는 2020년에 비해 265만 원이 증가하였다.

04 정답 ③

여자의 수 : 200×0.7=140(명)
남자의 수 : 200 − 140=60(명)
∴ 140 − 60=80(명)

 오답 해설

A에서 G가 요구하는 값을 모두 채운 표는 다음과 같다.

성별＼인원	선호자 수	비선호자 수	전체
남	40	20	60
여	80	60	140
전체	120	80	200

① 민트초코 선호자 전체(F) : 200×0.6=120(명)
　민트초코 비선호자 전체(G) : 200 − 120=80(명)
　민트초코 비선호자 중 여자의 수(D) : 80 − 20=60(명)
　민트초코 선호자 중 여자의 수(C) : 140 − 60=80(명)

　∴ $\frac{C}{D} = \frac{4}{3}$

② 남자의 민트초코 선호율 : $\frac{40}{60} \times 100 ≒ 66.67(\%)$

　여자의 민트초코 선호율 : $\frac{80}{140} \times 100 ≒ 57.14(\%)$

　남자의 민트초코 선호율이 여자의 민트초코 선호율보다 높다.

④ 민트초코의 전체 선호자 수는 120(명)이고, 그 중 여자 선호자(C)는 80(명)이므로 남자의 수는 120 − 80=40(명)으로 2배 많다.

⑤ 민트초코를 선호하지 않는 여자의 수(D)는 60(명)이고, 민트초코를 선호하지 않는 남자의 수는 20(명)이므로 남자보다 더 많다.

 Tip

전체 인원수에서 일부 인원과 비율을 구하는 유형

㉠ 해당 영역의 인원수=(총 영역)×(해당 영역의 비율)

㉡ 해당 영역의 비율(%)= $\frac{해당 영역의 인원수}{총 인원수} \times 100$

05 정답 ①

2034년은 2019년의 15년 후이므로 2019년의 0~14세 인구는 고스란히 15~29세 인구가, 15~29세 인구는 30~44세 인구가, 30~44세 인구는 45~59세 인구가, 45~59세 인구는 60세 이상 인구가 되며, 사망자가 없으므로 60세 이상 인구는 그대로 60세 이상 인구에 포함된다.

① 사망자가 없으므로 2019년 인구 합계에 2034년 0~14세 인구를 더하면 된다. 2019년과 2034년의 15~29세 성별 인구 대비 0~14세 성별 인구의 비율이 동일하므로

2019년 15~29세 남성 인구 대비 0~14세 남성 인구의 비율

: $\dfrac{1,650}{1,500}=1.1$

2019년 15~29세 여성 인구 대비 0~14세 여성 인구의 비율

: $\dfrac{1,920}{1,600}=1.2$

2034년 0~14세 남성 인구 : $1,650\times1.1=1,815$(명)

2034년 0~14세 여성 인구 : $1,920\times1.2=2,304$(명)

2034년 남성 인구 : $6,190+1,815=8,005$(명)

2034년 여성 인구 : $6,890+2,304=9,194$(명)

2034년 전체 인구 : $8,005+9,194=17,199$(명)

문제에서는 인구에서 여성이 차지하는 비율의 증가 여부를 묻고 있으므로,

2019년 여성 인구의 비율 : $\dfrac{6,890}{6,190+6,890}\times100≒52.68$(%)

2034년 여성 인구의 비율 : $\dfrac{9,194}{17,199}\times100≒53.46$(%)

따라서 여성 인구 비율은 증가할 것이다.

오답해설

② 2034년 연령대별 인구를 구하면

0~14세 인구 : $1,815+2,304=4,119$(명)

15~29세 인구 : $1,650+1,920=3,570$(명)

30~44세 인구 : $1,500+1,600=3,100$(명)

45~59세 인구 : $1,250+1,280=2,530$(명)

60세 이상 인구 : $990+1,040+800+1,050=3,880$(명)

따라서 전체 인구에서 0~14세 인구가 차지하는 비중이 가장 높다.

③ 2019년 전체 인구는 13,080명, 2034년 전체 인구는 17,199명이다.

$\dfrac{17,199-13,080}{13,080}\times100≒31.49$(%)

따라서 2034년의 총 인구는 2019년에 비해 약 31%가량 증가한다.

④ 2034년 60세 이상 인구는 3,880명이다.

이 중 남성은 $990+800=1,790$(명)

60세 이상 인구에서 남성이 차지하는 비율은

2019년 : $\dfrac{800}{800+1,050}\times100≒43.24$(%)

2034년 : $\dfrac{1,650}{1,650+1,920}\times100≒46.21$(%)

따라서 60세 이상 인구에서 남성이 차지하는 비율은 2019년에 비해 증가한다.

⑤ 2034년 연령대별 인구를 구하면

0~14세 인구 : $1,815+2,304=4,119$(명)

15~29세 인구 : $1,650+1,920=3,570$(명)

따라서 0~14세 인구는 15~29세 인구보다 549명 더 증가한다.

06 정답 ④

바이러스 유행 전 영양제별 섭취 가구 수는 다음과 같다.

비타민D : $40+30+20+30=120$(가구)

비타민C : $10+50+10+30=100$(가구)

오메가 : $20+10+10+40=80$(가구)

아연 : $10+10+10+40=70$(가구)

바이러스 유행 후 영양제별 섭취 가구 수는 다음과 같다.

비타민D : $40+10+20+10=80$(가구)

비타민C : $30+50+10+10=100$(가구)

오메가 : $20+10+10+10=50$(가구)

아연 : $30+30+40+40=140$(가구)

바이러스 유행 전 · 후 영양제별 섭취 가구 수의 차이를 (유행 전 – 유행 후)로 구하면

비타민D : $120-80=40$(가구)

비타민C : $100-100=0$(가구)

오메가 : $80-50=30$(가구)

아연 : $70-140=-70$(가구)

따라서 바이러스 유행 전 · 후 가구 수에서 가장 큰 차이를 보인 항목은 아연이다.

07 정답 ③

주원의 업무성실도(A) : 총계 – (실적 평가 항목의 합) : $520-(94+81+79+92+83)=91$(점)

은희의 직무 시험 점수(B) : 총계 – (실적 평가 항목의 합) : $546-(97+80+91+86+94)=98$(점)

한별의 총계 : 실적 평가 항목의 합 : $91+94+79+77+84+81=506$(점)

08 정답 ②

2018년 상반기 불량 사례 건수 총계 및 평균 : $4+186+89+102+24+6=411$(건), $411\div6=68$(건)

2018년 하반기 불량 사례 건수 총계 및 평균 : $2+112+81+98+22+2=317$(건), $317\div6=52$(건)

2019년 상반기 불량 사례 건수 총계 및 평균 : 6+204+100+102+18+8=438(건), 438÷6=73(건)

2019년 하반기 불량 사례 건수 총계 및 평균 : 5+125+65+35+4=234(건), 234÷6=39(건)

2020년 상반기 불량 사례 건수 총계 및 평균 : 115+55+4+8+1=183(건), 183÷6=30(건)

2020년 하반기 불량 사례 건수 총계 및 평균 : 3+105+63+2=173(건), 173÷6=28(건)

2021년 상반기 불량 사례 건수 총계 및 평균 : 5+100+60+2+3=170(건), 170÷6=28(건)

2021년 하반기 불량 사례 건수 총계 및 평균 : 1+90+50+4+1+2=148(건), 148÷6=24(건)

2018년 하반기 불량 사례 총계는 317(건)이며, 2019년 하반기 불량 사례 총계는 234(건)이다. 따라서 증가하는 것이 아니라 감소했다.

① 2018년 연간 불량 사례 중 상반기 평균은 2018년 상반기 총계인 411(건)에서 불량 항목 6가지를 나눈 68(건)이므로 60건 이상이다.

③ 2020년 상반기 불량 건수 중 전원불량이 차지하는 비율은 $\frac{(2020년\ 상반기\ 전원불량)}{(2020년\ 상반기\ 총계)}\times100$이므로 계산하면 $\frac{55}{183}\times100$ ≒30.05(%)로 28(%)이상이다.

④ 2021년 상반기 불량 건수 중 파손이 차지하는 비율은 $\frac{3}{170}\times100$≒1.76(%)이다.

⑤ 2018년 상반기 불량 사례 건수는 411(건)이며, 2021년 상반기 불량 사례 건수 총계는 170(건)이므로, 241(건)의 차이를 보인다.

09   정답 ⑤

연간 총 투자액은 다음과 같다.

2018년 총 투자액 : 19+45+55+25+98=242

2019년 총 투자액 : 20+48+62+28+125=283

2020년 총 투자액 : 22+60+70+32+135=319

2021년 총 투자액 : 28+77+68+31+130=334

⑤ 2021년 총 투자액은 334(억 원)에서 2018년 총 투자액은 242(억 원)을 빼면 92(억 원)이 나온다. 따라서 100억 이하이다.

① 2021년 전체 투자액에서 AI/빅 데이터 분야의 비율은 다음과 같이 구할 수 있다. $\frac{28}{334}\times100$≒8.3(%)

② 2021년의 전체 투자액은 334(억 원)으로 연간 전체를 통틀어 가장 많은 투자액이다.

③ 2019년 전체 투자액에서 바이오가 차지하는 비율은 $\frac{62}{283}\times100$≒21.9(%)이다.

④ 2018년 전체 투자액은 242(억 원)이며 총 다섯 가지 항목에 투자하고 있다. 242÷5=48.4(억 원)

10   정답 ②

세탁기 생산량은 당월 2월에 163(개)이 증가해 1,098(개)이 생산되었다면 3월에는 124(개)가 감소하여 974(개)가 생산되었다. 12월까지 증감이 일정하게 반복하고 있으므로 8월에는 163(개)가 증가한 생산량이면 9월 생산량은 124(개)가 감소한 1,091(개)가 된다.

에어컨 생산량은 매달 생산량이 135(개)가 일정하게 증가하고 있다. 2월 생산량인 274개에서 135(개)가 증가한 409(개)가 3월 에어컨 생산량이 된다.

11   정답 ④

2019년도 임대주택 비율은 월세보다 더 높으며, 연도별 비율을 합산했을 때에는 가장 높은 비율을 가지고 있다. 합산했을 때 가장 낮은 비율에 속하는 주택 소유 형태는 전세이며, 가장 높은 주택 소유 형태는 임대주택이다.

② 2021년의 전세 비율을 구하면 $\frac{2021년\ 전세}{2021년\ 전체}\times100$, $\frac{281}{2,126}\times100$≒13.21(%)로 12% 이상이다.

③ 2020년 자가의 비율은 $\frac{911}{2,672}\times100$≒34.09(%)로 33%이상이다.

12   정답 ⑤

2019년 B시의 도시선호 비율은 18(%)이며 2020년에는 17(%)로 1(%p)감소했다.

13   정답 ①

귀족 남자의 평균 혼인연령은 왕족 남자의 평균 혼인연령보다 낮다.

② 승려의 평균 혼인연령은 알 수 없다.

③ 귀족의 평균 자녀 수는 $\frac{(80\times5)+(120\times6)}{200}$=5.6(명)

④ 평균 사망연령의 남녀 간 차이는 승려는 2년, 귀족은 11년으로 승려가 귀족보다 적다.

⑤ 귀족의 평균 혼인연령은 여자는 20세로 왕족의 여자 혼인연령 15세보다 높다.

14 정답 ②

2020년 고객의 성수기 입국은 3,238(명)이며, 2019년 성수기 입국은 3,327(명)이다. 따라서 2020년도 입국은 전년도에 비해 $\frac{3,238 - 3,327}{3,238} \times 100 ≒ -2.7(\%)$' 변동되었다. 따라서 3% 이상 감소한 것은 아니므로 옳지 않은 설명이다.

① 2019년 비성수기 출국 고객은 2,761(명)이며, 2021년 출국 고객은 2,881(명)이다. 두 해의 평균은 $\frac{2,761 + 2,881}{2} = 2,821$(명)이다.

③ 비성수기 입국은 2018년 이후 계속하여 증가하고 있다.

④ 성수기 · 비성수기 입출국의 합계를 통해 볼 때 비성수기의 경우 입국의 비중이 절대적이며, 성수기에는 출국이 절대적 비중을 차지한다고 할 수 있다.

⑤ 2018년 성수기에 입국은 전년도에 비해 $\frac{2,872 - 2,997}{2,872} \times 100 ≒ -4.3(\%)$ 변동되었으므로, 4% 이상 감소하였다.

15 정답 ②

A는 오후 5시에 도서관에서 아르바이트를 하고 오후 9시에 영어학원에서 speaking test를 봤다.

16 정답 ②

Ⓑ의 비율은 $\frac{60}{200} \times 100 = 30(\%)$이며, Ⓓ의 비율은 100 - 69 = 31(%)이므로, Ⓓ의 비율이 조금 높다. 빈칸을 채우면 아래와 같다.

만족도	응답자수(명)	비율(%)
매우 만족	Ⓐ (44)	22%
만족	60	Ⓑ (30%)
보통	Ⓒ (62)	Ⓓ (31%)
불만족	28	14%
매우 불만족	Ⓔ (6)	3%
합계	200	100%

Ⓐ : 200×22÷100 = 44
Ⓒ : 200×31÷100 = 62
Ⓔ : 200×3÷100 = 6

① 매우 만족을 나타내는 응답자수는 44명이므로, 보통을 나타낸 응답자수는 62명의 절반 이상이 된다.

③ 매우 불만족의 비율은 3%이므로, 200×0.03 = 6(명)이 매우 불만족으로 응답하였고, 불만족으로 응답한 고객의 비율은 14%이므로 11%p의 차이를 보인다.

④ 조사 대상자 수는 총 200명이고, 매우 만족에 응답한 고객은 44명이다.

⑤ Ⓔ의 비율은 3%이며 Ⓐ의 비율인 22%보다 낮은 수준이다.

17 정답 ⑤

Y선수는 2017년에 가장 많은 홈런수를 기록하였다.

18 정답 ⑤

특허출원 수수료 : 출원료+심사청구료 : 기본료+(면당추가료×전체면수)+청구항당 심사청구료×청구항수

구하고자 하는 면당추가료를 x, 청구항당 심사청구료를 y라 하면 다음과 같이 나타낼 수 있다.

• 사례 A : 기본료+20x+2y = 70,000(원)
• 사례 B : 기본료+20x+3y = 90,000(원), (50%감면 전)
• 사례 C : 기본료+40x+2y = 90,000(원), (70% 감면 전)

∴ 연립하여 계산하면 x = 1,000(원), y = 20,000(원)

19 정답 ②

ⓒ 2020년 5월 온라인쇼핑 거래액은 전월대비 $\frac{(73,821 - 71,000)}{71,000} \times 100 ≒ 4\%$ 증가했다.

ⓒ 2021년 5월 모바일 거래액은 전월대비 $\frac{(56,285 - 53,556)}{53,556} \times 100 ≒ 5.1\%$ 증가했다.

㉠ 2021년 4월 온라인쇼핑 거래액은 전년 동월대비 $\frac{(87,355 - 71,000)}{71,000} \times 100 ≒ 23\%$ 증가했다.

㉣ 2020년 5월 온라인쇼핑 거래액 중 모바일 거래액의 비율은 $\frac{42,055}{73,821} \times 100 ≒ 57\%$이다.

20 정답 ②

4월 모바일 거래액의 비율 : $\frac{53,556}{87,355} \times 100 ≒ 61.3\%$

5월 모바일 거래액의 비율 : $\frac{56,285}{90,544} \times 100 ≒ 62.2\%$

즉, 62.2 - 61.3 = 0.9%p 증가하므로 6월 모바일 거래액의 비율은 62.2+0.9 = 63.1%

∴ 100,000×0.631 = 63,100(억 원)

21 정답 ②

각 공업회사의 집적회로 생산 비율을 구하면 다음과 같다.

A 공업회사 : $\dfrac{7,100}{7,500+9,000+7,100}\times100≒30(\%)$

B 공업회사 : $\dfrac{14,000}{36,000+15,000+14,000}\times100≒21(\%)$

C 공업회사 : $\dfrac{22,500}{14,000+18,000+22,500}\times100≒41(\%)$

D 공업회사 : $\dfrac{7,200}{6,400+4,800+7,200}\times100≒39(\%)$

E 공업회사 : $\dfrac{10,000}{2,800+2,100+10,000}\times100≒67(\%)$

∴ B 공업회사의 생산 비율이 약 21%로 가장 낮다.

22 정답 ⑤

종사자가 네 번째로 많은 사업체는 500명이 종사하고 있는 소매업이다.

① 전체 사업체 중 도매업이 차지하는 비율은 $\dfrac{250}{5,000}\times100=$ 5(%)로 전체 사업체 중 5(%)를 차지한다.

② 종사자 수가 가장 많은 사업체는 제조업이며 4,000명이 종사하는 남성이 종사자수 중 가장 많다.

③ 소매업 종사자 중 남성은 120명이 종사하며, 여성은 260명 많은 380명이 종사하고 있다.

④ 제조업 종사자의 남녀 차이는 남성 종사자의 값에서 여성 종사자를 뺀 값이다. 4,000 − 1,100 = 2,900

23 정답 ①

먼저 G는 조건 ◎에 의해 인적성 점수가 70점 미만이므로 선발 대상에서 제외된다.

조건 ㉠에 의해 A 또는 E 중 적어도 한 명은 반드시 선발해야 한다. 따라서 경우의 수는 A만 선발하는 경우, E만 선발하는 경우, A·E 모두 선발하는 경우가 있다.

(1) A만 선발하는 경우

조건 ㉢, ◎, ㉮에 의해 D, B, F를 선발해야 하지만 이렇게 되면 조건 ㉡에 어긋난다. 그리고 이 경우 불합격자의 학업 성적이 합격자보다 높은 경우가 발생하여 조건 ⓐ에도 어긋난다. 따라서 A가 선발되는 경우가 없어야 한다. 또한 A와 E 모두 선발하는 경우도 고려할 필요가 없으므로 E만 선발되는 경우만 구하면 된다.

(2) E만 선발되는 경우

조건 ㉲에 의해 A, C, F는 모두 선발 대상에서 제외된다. 조건 ㉮에서 B를 선발하는 경우에는 반드시 F를 함께 선발해야 하지만 이미 F는 선발 대상에서 제외되었으므로 B도 선발할 수 없다. 마찬가지로 조건 ㉮에서 D도 선발 대상에서 제외된다.

따라서 E만 선발될 수 있다.

따라서 신입사원으로 선발될 수 있는 사람은 E뿐이다.

24 정답 ④

2017년부터 국가별 수입량이 꾸준히 늘어난 나라는 프랑스, 네덜란드, 폴란드이다. 2021년 이들 나라에서 수입한 삼겹살을 모두 더하면 46,303(톤)이다.

25 정답 ④

2021년 가구원 1인당 경지면적이 가장 큰 영농형태는 특용작물임을 [표]를 통해 바로 알 수 있다.

26 정답 ⑤

㉠ 내구성 부문에서 경쟁력점수가 가장 높은 국가는 B국으로 109점이며, 경량화 부문에서 경쟁력점수가 가장 낮은 국가는 D국으로 85점이다.

㉡ 전체 경쟁력점수를 살펴보면, A국은 519점, B국은 488점, C국은 514점, D국은 459점, E국은 460점으로 E국이 B국보다 더 낮다.

㉢ 경쟁력점수가 가장 높은 부문과 가장 낮은 부문의 차이가 가장 큰 국가는 D국으로 22점이고, 가장 작은 국가는 C국으로 8점이다.

27 정답 ⑤

2021년 서울의 전체 인구수는 5,158,922 + 4,923,643 = 10,082,565

2020년 서울의 전체 인구수는 5,144,429 + 4,973,919 = 10,118,348

따라서 차이는 10,118,348 − 10,082,565 = 35,783명이다.

28 정답 ①

서울 : $\dfrac{546,883}{4,973,919}\times100≒10.99$

부산 : $\dfrac{217,783}{1,728,585}\times100≒12.59$

따라서 2020년 65세 이상 남성 인구수의 비율은 부산이 더 높다.

29 정답 ⑤

인구 1인당 경지 면적은 경지 면적을 인구수로 나눈 것이다(인구 1인당 경지 면적 = $\dfrac{경지\ 면적}{인구수}$). 그런데 '경지 인구밀도 =

$\dfrac{\text{인구수}}{\text{경지 면적}}$'이라 하였으므로, 인구 1인당 경지 면적은 경지 인구밀도의 역수가 된다. 따라서 경지 인구밀도가 가장 높은 국가가 인구 1인당 경지 면적이 가장 좁은 국가가 되며, 경지 인구밀도가 가장 낮은 국가가 인구 1인당 경지 면적이 가장 넓은 국가가 된다. 따라서 D국의 인구 1인당 경지 면적이 가장 좁으며, C국의 인구 1인당 경지 면적이 가장 넓다.

30 정답 ②

일반출장여비의 경우 운임과 일비, 숙박비, 식비의 합계를 구하면 된다.

먼저 운임의 경우 철도임을 실비로 지급하므로, '22,500+22,500=45,000(원)'이 된다.

일비의 경우 1일당 18,000원을 지급하므로, '3×18,000=54,000(원)'이다.

숙박비의 경우 70,000원과 50,000원이 지급되었지만, 1일당 상한액이 60,000원이고 상한액 내에서 실비로 지급되므로, 지급되는 금액은 '60,000+50,000=110,000(원)'이 된다.

식비의 경우 식비는 1일 2식비를 기준으로 지급하므로 1식비는 10,000원이 된다. 숙박의 경우 1식비를 추가로 지급되므로 1일차와 2일차의 경우 '20,000+10,000=30,000(원)'이 지급되며, 3일차의 경우 '20,000(원)'이 된다.

따라서 식비는 모두 '60,000+20,000=80,000(원)'이 지급된다.

이상을 종합하면, A가 받을 총 출장여비는 '45,000+54,000+110,000+80,000=289,000(원)'이다.

31 정답 ③

양천구는 8월(24)보다 7월(21)의 미세먼지의 대기오염도가 더 낮다.

32 정답 ③

6개월 미만의 국외여행허가를 받은 25세 이상의 병역미필자는 1년 단수여권을 발급받게 되는데, 1년 단수여권은 2회만 여권발급을 신청해도 10년 유효기간의 복수여권 수수료와 맞먹는 비용을 부담하게 된다.

① 여권 발급제도 개선 전에는 24세가 된지 11개월이 지난 병역미필자에게는 국외여행허가기간이 6개월 이상, 1년 까지면 1년 복수여권이 발급된다.

② 여권 발급제도 개선 전 25세 이상의 병역 미필자가 국외여행허가기간이 1년 초과일 경우 허가기간의 해당 기간까지 복수여권이 나온다.

④ 여권 발급제도 개선 전에 1년까지 국외여행허가를 받은 25세 이상의 병역미필자는 1년 복수여권을 발급받았다.

33 정답 ①

ㄱ. (참) 2020년 여성의 육아휴직 이용률은 $\dfrac{894}{8,565}\times100 ≒ 10.4\%$ 이다.

ㄴ. (참) 2021년 전체 육아휴직 이용률은 $\dfrac{1,188}{24,941}\times100 ≒ 4.76\%$ 이고, 2019년 전체 육아휴직 이용률은 $\dfrac{603}{28,369}\times100 ≒ 2.12\%$이므로 2배 이상이다.

ㄷ. (거짓) 전체 육아휴직 이용인원 중 남성의 비중을 구해보면

2019년 : $\dfrac{25}{603}\times100 ≒ 4.14\%$

2020년 : $\dfrac{50}{944}\times100 ≒ 5.29\%$

2021년 : $\dfrac{55}{1,188}\times100 ≒ 4.62\%$

따라서 2021년도 육아휴직 이용 남성의 비중은 2019년도에 비해 줄어들었다.

ㄹ. (거짓) 남성의 육아휴직 이용률은

2019년 : $\dfrac{25}{18,620}\times100 ≒ 0.13\%$

2021년 : $\dfrac{55}{15,309}\times100 ≒ 0.35\%$이므로 증가폭은 약 0.22%p 이다.

여성의 육아휴직 이용률은

2019년 : $\dfrac{578}{9,749}\times100 ≒ 5.92\%$

2021년 : $\dfrac{1,133}{9,632}\times100 ≒ 11.76\%$이므로 증가폭은 약 5.84%p 이다.

34 정답 ⑤

전체 육아휴직 대상 인원 중 A회사의 비율은 $\dfrac{14,929}{24,941}\times100 ≒ 59.8\%$이므로 약 60%이다.

전체 육아휴직 인력대체율은 $\dfrac{344}{1,188}\times100 ≒ 28.9\%$이므로 약 29%이다.

35 정답 ②

㉠ 1차 투표 : 각각 그룹의 1순위에게 투표하므로 결과는 다음과 같다.

• a : 7표
• b : 9표
• c : 10표

• d : 4표

따라서 1차 투표에서는 b와 c가 선택된다.

ⓒ 2차 투표 : b와 c에게 투표한 2차 투표 결과를 정리하면 다음과 같다.

• 1번~7번(7명) : 3순위인 b에게 7표 투표
• 8번~16번(9명) : 1순위인 b에게 9표 투표
• 17번~22번(6명) : 1순위인 c에게 6표 투표
• 23번~26번(4명) : 1순위인 c에게 4표 투표
• 27번~28번(2명) : 3순위인 b에게 2표 투표
• 29번~30번(2명) : 2순위인 c에게 2표 투표

따라서 b는 18표, c는 12표를 얻어 b가 2022년 상반기 신제품으로 출시된다.

36 정답 ②

표는 관료제의 성공이유 및 실패이유를 요약하고 있다. 또한 이에 대한 극복방안으로는 〈보기〉의 ㄱ~ㄹ이 제시되었다.

ㄱ. 명령 계층 구조가 실패한 이유는 명령체계를 통해 주어진 임무만을 수행하는 데 익숙해졌기 때문이다. 주어진 임무의 수행이 반복되다 보면 복잡성을 다룰 수 없게 되는 것은 당연하다. 또한 지배 방식이 조직지능을 확보하는 최선의 방법이 될 수 없다고 하였으므로 조직 지능을 확보할 수 있는, 지배방식 이외의 방식을 강구해야 한다. 두 가지 모두 지배와 명령으로 인해 초래된 것이므로 이의 극복을 위한 방안으로는 자율적 업무수행을 강조하는 것이 적절할 것이다.

ㄴ. 지나친 분업으로 인해 기능 간의 조정이 결여되고, 또한 광범위한 조정이 이루어지지 못하게 된 상황에서 개방형 직제의 설치를 통해 기능별 전문가를 유치하게 되면 오히려 분업이 촉진될 것이다.

ㄷ. 지나친 충성심은 복종으로 이어지므로 스스로에게 동기를 부여하지 못한 채로 명령에만 충실한 상황을 초래할 수 있다. 또한 관리자와 전문가 등 엘리트 집단은 빠른 승진을 기대하나 관료제는 기본적으로 계층제 형식의 피라미드 구조를 띠므로 그들이 원하는 만큼의 승진은 이루어지기 힘들다. 이때 능력중심의 보상제도를 채택하게 되면 명령에만 충실하여 스스로에게 동기부여를 하지 못하던 사람들에게는 동기를 부여할 수 있게 될 것이고 엘리트 집단의 불만 역시 해소할 수 있을 것이다.

ㄹ. 정실주의와 족벌주의를 억제하고 엄격한 기강을 확립하는 것은 오히려 집단주의보다는 개인주의에 가깝다. 그러므로 정보 집약 업무 등 심층관계가 요구되는 분야에서 개인주의를 더욱 강조하는 것은 옳지 못하다.

37 정답 ⑤

코리아 그랑프리 대회 전의 상위권 드라이버 10명은 모두 코리아 그랑프리 대회에 나갔다. 이 10명에, 코리아 그랑프리 대회에 출전한 선수 중 이 10명과 이름이 겹치지 않는 리우찌, 바리첼로, 가무이, 하이트펠트, 홀켄버그 5명을 더하면 15명이다.

38 정답 ⑤

18번째 그랑프리 대회는 17회 코리아 그랑프리 대회 이후이므로 1~17번째 대회에서 누적 점수를 구하면 된다. 기록이 상위권인 드라이버들을 대상으로 1~16번째 대회에서의 누적 점수와 17회 코리아 그랑프리 대회에서의 점수를 더하면 답을 맞출 수 있다.

*1위 : 25, 2위 : 18, 3위 : 15, 4위 : 12, 5위 : 10 (점)

해밀턴 : 199+18=217 (점)
슈마허 : 206+12=218 (점)
알론소 : 190+25=215 (점)
웨버 : 220+0=220 (점)
마사 : 207+15=222 (점)

따라서 1~17번째 대회에서 누적 점수가 1위인 드라이버는 마사다.

39 정답 ④

신문과 TV 광고를 합해서 볼 때 가장 큰 손해를 본 기업을 알기 위해 표로 정리하면 다음과 같다.

구분	A기업		B기업		C기업	
	신문	TV	신문	TV	신문	TV
광고 후 선호기업을 바꾼 경우	20	54	11	24	21	80
합계	74		35		101	
광고 후 선호기업으로 선택된 경우	18	68	20	57	14	33
합계	86		77		47	

A기업 : 86 – 74=12
B기업 : 77 – 35=42
C기업 : 47 – 101=– 54

따라서 C기업이 신문과 TV 광고를 합해서 볼 때 가장 큰 손해를 보았다.

신문 광고를 통해 가장 큰 이득을 본 기업은

A기업 : 18 – 20=– 2
B기업 : 20 – 11=9
C기업 : 14 – 21=– 7 이므로 B기업이다.

40 정답 ③

앞의 표를 참고하면

A기업 : 68 − 54 = 14

B기업 : 57 − 24 = 33

C기업 : 33 − 80 = − 47 이므로 TV광고 후 가장 큰 이득을 본 기업은 B, 가장 큰 손해를 본 기업은 C이다.

41 정답 ①

기타계절, 월간사용량이 500kWh인 경우의 요금 계산

ㄱ. 기본요금 : 6,060원 (3단계 단가)

ㄴ. 전력량요금 : 64,180원 (1~3단계 요금의 합계, 원미만 절사)

- 1단계 : 200kWh×73.3원 = 14,660원
- 2단계 : 200kWh×142.3원 = 28,460원
- 3단계 : 100kWh×210.6원 = 21,060원

ㄷ. 기후환경요금 : 500kWh×5.3원 = 2,650원

*기후환경요금 단가 : 5.3원/kWh('21년 1월 기준)

6,060원(ㄱ)+64,180원(ㄴ)+2,650원(ㄷ)=72,890원

따라서 전기요금은 72,890원이다.

42 정답 ②

표준전압이 3,300V이상 66,000V 이하인 한 회사가 선택할 수 있는 것은 고압A (3,300~66,000V)이다.

또한 고압 A의 선택 Ⅰ은 기본요금이 낮고 전력량 요금이 높으므로 전기 사용시간(설비가동률)이 월 200시간 이하인 고객에게 유리하며, 선택 Ⅱ는 기본요금이 높고 전력량 요금이 낮으므로 전기 사용시간(설비가동률)이 월 200시간 초과 500시간 이하인 고객에게 유리하다고 하였다. 따라서 월 200시간 이하라면 고압 A의 선택 Ⅰ이 가장 저렴하다 할 수 있다.

43 정답 ⑤

ㄱ. 각 치료분야의 줄기세포 치료제를 투여한 환자수는 각 치료분야 환자수×투여율을 구하여 모든 치료분야를 더하면 된다. 이때 투여율에 변화가 없고 각 치료분야의 환자수만 10% 증가한다면 각 치료분야 환자수×투여율도 10% 증가할 것이다. 따라서 줄기세포 치료제를 투여한 전체 환자수도 10% 증가한다.

ㄴ. 모든 치료분야에서 줄기세포 치료제를 투여한 환자 1명당 투여비용은 동일하다고 하였으므로 여러 분야 중 한 분야만 선택해서 계산을 하면 된다. 자가면역 분야의 환자 1명당 투여

비용 = $\dfrac{\text{시장 규모}}{\text{줄기세포 치료제를 투여한 환자 수}} = \dfrac{12,500만 달러}{5,000×0.01}$

250만 달러가 된다.

ㄹ. 유전자 분야의 줄기세포 치료제를 투여한 환자수는 100명이고, 신경분야는 500명이다. 반면 유전자 분야의 환자수가

2,000명 증가하고 투여율이 절반으로 감소하면 줄기세포 치료제를 투여한 환자수는 250명이고, 신경분야는 350명이 된다. 변화가 있기 전 유전자와 신경분야의 환자수의 합은 600명이고, 변화가 있은 후 유전자와 신경분야의 환자수의 합도 600명이 된다. 따라서 시장규모에는 아무런 변화가 없다.

44 정답 ②

시험에서 4점 이하를 받은 자는 선정 대상에서 제외되므로, A, C, E는 제외된다.

B, D, F, G를 대상으로 각 시험에서 받은 점수를 환산하면 다음과 같다.

구분	1차 시험 환산 점수	2차 시험 환산 점수	3차 시험 환산 점수	합계
B	14	24	24	62
D	18	18	28	64
F	14	18	28	60
G	16	21	20	57

따라서 환산 점수가 가장 높은 D가 핵심 인재로 선정된다.

45 정답 ⑤

지원자 (지원한 팀)	1차 시험 환산 점수	2차 시험 환산 점수	3차 시험 환산 점수	합계
B(전력관리팀)	14	24	24	62
D(전산관리팀)	18	18	28	64
F(전산관리팀)	14	18	28	60
G(전력관리팀)	16	21	20	57

부서의 결원 수와 희망 지원자 수를 비교하여 지원자 수가 더 많은 곳에서 희망 부서에 배치되지 못하는 사람이 나오게 된다. 전력관리팀과 전산관리팀은 모두 결원 수가 1명이나 지원자 수는 2명이므로, 여기에 지원한 사람의 환산 점수를 계산하면 다음과 같다. 따라서 희망 부서에 배치되지 못하는 사람은 F와 G이다.

46 정답 ①

경조사비 50만 원에 대한 결재권은 사장에게 있으며, 전결되지 않았으므로 결재 양식으로 옳은 것은 ①이다.

전결되었다면, 최종 결재란에 위임받은 자를 표시하여야 한다.

47 정답 ⑤

각 기관의 간의 내진성능평가점수와 내진보강공사점수는 다음과 같다.

	내진성능 평가지수	평가 점수	내진보강 공사지수	공사 점수
A	$82 \div 100 \times 100 = 82$	3	$91 \div 100 \times 100 = 91$	3
B	$72 \div 80 \times 100 = 90$	5	$76 \div 80 \times 100 = 95$	3
C	$72 \div 90 \times 100 = 80$	1	$81 \div 90 \times 100 = 90$	1
D	$83 \div 100 \times 100 = 83$	3	$96 \div 100 \times 100 = 96$	5

B와 D는 합산 점수가 동일하지만, D가 내진보강대상건수가 많으므로, D가 최상위기관이 되고, C가 최하위기관이 된다.

48 정답 ④

첫 번째 보기 내용에 해당되는 것은 D(29)+E(25)=A(54)가 유일하다. 따라서 A가 헝가리가 되고 D와 E는 세르비아 또는 루마니아가 된다.

두 번째 보기 내용에 해당되는 것은 C(4)+E(1)=B(5)가 유일하다. 첫 번째 보기와 두 번째 보기를 조합해 보면 B는 체코, C는 불가리아, D는 루마니아, E는 세르비아이다.

Challenges are what make life interesting;
overcoming them is what makes life meaningful.
도전은 인생을 흥미롭게 만들며, 도전의 극복이 인생을 의미있게 한다.

– 조슈아 J. 마린 Joshua J. Marine